高校受験

国語長文問題 60日完成

新版

PLAN UP

プラン・アップ

等々力 肇

評論社

はしがき

いくつかの受験科目のうち、「国語」はなかなか能率があがらないという声を耳にします。なかには、どうせいくらやってもダメだなどという、なさけないことをいう人もいます。

国語の学習は、学校の**国語の時間を十分に活用する**ことが第一のきめてです。そのために、わずかの時間でもいいから、**明日のための準備**を必ずやる。**前の時間の授業**のことを思い出す。**問題点・疑問点**を自分でさがしておく。このことをしっかり続けていけば、きっとわかる授業の楽しさを味わうことができます。

さて、目前にせまった高校入試のために、この問題集は編集されています。この本の**特色と使い方**を説明しますから、よく読んでください。

一　この本の構成

この問題集にはこれまで実際に出題された数多くの問題文から、これからの入試に役立つ問題を精選して収録してあります。

目次を見て、すぐ気がつくでしょう。問題文はほぼ、**小説・随筆・論説文・説明文・古文の繰り返し**になっています。いろいろな種類の問題に慣れて、バランスのよい対応力をつけるのがねらいです。

前半は、比較的クセの少ない公立高校の問題文、後半は、国立・有名私立高校の問題文を置いてあります。**易より難へ、簡単より複雑へ**という**学習の原理**に基づいている配列です。

一日分の時間は、前半は15分、後半は20～25分くらいを目安にやってみましょう。

二　学習プランをたてる

りっぱな成果をあげるためには、**しっかりした計画と確実な実行**が必要です。無理のない学習計画をたて、**学習計画表**の月日らんに記入してから勉強にとりかかってください。計画どおり勉強することは、はじめはたいへんですが、少し続けると苦にならなくなるものです。

入試直前で、時間的にゆとりがなかったら、問題をとびとびにやるか、**にが手の種類の文章**（たとえば論説文とか）**を集中的**にやりましょう。

三　効果的な学習態度

答合わせをしたらおしまいでは進歩は期待できません。一番たいせつなのは「**なぜ**」「**どうして**」**誤答してしまったかをよく考える**ことです。碁や将棋のプロは、試合終了後、必ず最初から置き直して、勝敗のわかれ道になった一手をきびしく追及すると聞いています。「失敗は成功の母」といわれています。失敗を恐れてはいけません。しかし、失敗を軽視することも向上発展につながりません。

四　漢字の書き取りの練習

漢字の書き取りは、国語の試験では、たいせつな要素です。実際の入試によく出題された漢字や出題可能性の高い漢字問題をところどころに入れておきました。もし、できなかったら、すぐにその場で十回、**ていねいに大きく**書いてみましょう。必ず身につきます。

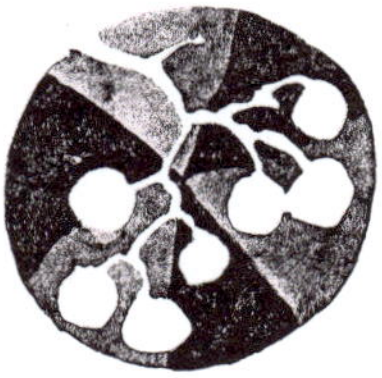

学習計画表

月　日

／	／	／	／	／	／

漢字の書き取り

第1日　小説文 ―― 富山県

次の文章を読んで、あとの問いに答えなさい。

（いとこのみつ子が、聡《さとし》の家で暮らすようになって一か月たったころのことである。聡とみつ子は同じ小学校に通っており、次の場面は、二人が小学校へ登校するところである。良太・憲次はみつ子の兄である。）

「手紙、書くんか。」と訊《き》くと、「もう書いたの。」と言う。信号が青になって、聡とみつ子は横断歩道を渡りはじめた。

「須賀江おばさんにか。」

歩きながら訊いたがみつ子は答えず、横断歩道を渡り終えたところで、「大きい兄ちゃん。」と、思いつめたように言った。①ああ、そうか、と聡は思った。

みつ子が聡の家にきてから一か月、そのあいだに母親である須賀江おばさんからは二度手紙がきている。聡宛《あ》てに憲次の手紙もきていて、その中には「みつ子によろしく」と(ア)添え書きもしてあった。ところが良太からは、何の音沙汰《おとさた》もないのである。

良太はみつ子を可愛《かわい》がっていた。みつ子が(イ)アズけられるというので、大荒れに荒れた良太だ。みつ子が川で溺《おぼ》れかかったとき、どこからか見張っていて、まっ先に助けに行ったのも良太だし、びっくりして動けなかった聡に殴りかかってきたのも良太だ。

その良太が一度も手紙を寄越《よこ》さないので、みつ子は見捨てられたような気持ちなのかもしれない。思いきってこっちから手紙を書こうという気になったのかもしれない。

「切手なら、お母さんがくれるよ。買い溜《だ》めしたのが、茶の間の抽斗《ひきだし》にしまってあるから。」

「でも……。」

みつ子が言い淀《よど》んだ。

「でも、何？」

「おばちゃん、手紙見せてって言うから。」

みつ子は聡の顔を見ずに言った。聡は立ち止まった。ちょうど小学校の校門の前にきていたこともあるが、②みつ子の声の調子にハッとしたからでもあった。

みつ子の言うとおりだった。いや、③みつ子の言う以上だった。

母親は須賀江おばさんから手紙がくるたびに、それがみつ子宛てなのにもかかわらず、「みつ子、読んで上げようか。」と言って、声に出して読み上げる。さすがに開封まではしなかったが、みつ子が封を切ったあとすぐに「読んで上げようか。」では、母親が開封したも同然である。

きた手紙がそうだから、返事はなおさらだった。「すぐ書かなきゃダメよ。」とせっつくまではいいとして、そのあとがいけない。みつ子が鉛筆を舐《な》め舐め書く横で、「その字、違ってるでしょ。」「あのことも書いといたほうがいいんじゃない。」と、おせっかいを焼くのだ。

けっきょくみつ子は、母親の言うとおりの手紙を書くことになった。「おてがみありがとう」から始まって「ではさようなら」まで、手紙の文句は母親の口移しと言ってもいいほどだった。母親の前ではけっして口に出さなかったものの、みつ子はそのことに、小さな不満をつのらせていたに違いなかった。

「そうだなあ。」
④聡はため息をついた。
母親は、今やみつ子に㋒ムチュウである。みつ子がくる前はイライラしたり、ふいに㋓機嫌が悪くなったりしていたのが、きてからは「みつ子、みつ子。」と、たいへんな騒ぎである。

「女の子は着せる楽しみがあるのよねえ。」

とせっせとみつ子の服をこしらえ、出来《でき》上がった服をみつ子が学校から帰るのを待ちかねて着せてみては、

「みつ子は着せ甲斐《がい》があるわ、色が白いから。」

と、ほくほく喜んでいる。おかげでみつ子は、わずか一か月でけっこうな衣装持ちになった。

だが、今のみつ子が本当に欲しいのは服よりも切手なのだ。

「よし。切手、買ってやる。」
膝《ひざ》をかがめて言った。このことは母親には黙っていようと思った。
切手の件があってから、みつ子は聡に対してやや㋔緊張を解いたようである。顔色を⑤□□□□ような上目遣《うわめづか》いはしなくなったし、しゃべるときも口ごもらず、すらりと言葉が出てくるようになった。

《設問》

問一 ㋐・㋓・㋔の漢字の読みをひらがなで、㋑・㋒のかたかなの部分を漢字で、それぞれ書きなさい。

㋐ 添え　㋑ アズけられる　㋒ ムチュウ
㋓ 機嫌　㋔ 緊張

問二 ①ああ、そうか、と聡は思った　とありますが、聡はどのように思ったのですか。六十五字以内で、「と思った。」に続くように書きなさい。

問三 ②みつ子の声の調子にハッとした　とありますが、聡はみつ子の声の調子から、みつ子がどのような思いをもっていると感じたのですか。みつ子の思いを表している語句を、五字で抜き出して書きなさい。

問四 ③みつ子の言う以上だった　とありますが、みつ子の言う以上とは、具体的にはどのようなことですか。「だれが、何に対して、どうすること」という形で書きなさい。

問五 ④聡はため息をついた　とありますが、聡はどのような思いで、ため息をついたのですか。「みつ子の気持ちもわかるが、～という思い」という形で書きなさい。

問六 ⑤□□□□に当てはまる最も適切な一語を、ひらがな四字で書きなさい。

アドバイス

ねじめ正一「鳩を飛ばす日」より。

問二 聡が思ったことは、「～かもしれない。」という形で表現されている。「その良太が……書こうという気になったのかもしれない。」の部分をまとめればよい。

問四 「みつ子の言う以上」とは、みつ子に来た手紙を見せてというだけでなく、その内容や返信にまで聡の母親がおせっかいを焼くことを指す。

問五 聡は、みつ子が来てからの母親の喜びもよくわかる。みつ子の不満を解消することは母親を悲しませることにもなると思って、ため息をついた。

第2日 随筆 ―群馬県

次の文章を読んで、後の問いに答えなさい。

桃の花の咲きはじめる季節に、機会を得て、生まれそだった東北の街の(ア)郊外にひろがる桃畑をたずねました。その桃畑のある郊外には子どものころほぼ半年住んで、すぐに引っ越し、以来四十五年が経《た》っての初めての再訪でした。幼い日々に短いあいだ暮らしたことのあるサクランボ畑や桃畑のある風景のあいだを、ゆきつもどりつ歩いたAものの、さて、道も変わり、たたずまいも［　　］変わった新しいばかりの街並みには、かつての幼い日々の記憶の入口となるべきものが、もうまったくありません。

そのとき一学期のあいだだけ通った小学校のことも、写真一つなく、先生の名も級友の名も覚えていず、どこにもB思い出すよすがさえ、ないままでしたが、ただ、そのとき通学した小道は覚えていました。小道に沿って、小川が流れていました。その小川が、いまも流れていました。春の日差しを映す澄んだ水の小川は、細かく光の(イ)粒を散らし、小さな流れがこっちにぶつかり、そっちにぶつかって、小道にならんでつづきます。わたしに思い出せた幼い日の記憶のすべては、その小さな川面《かわも》のかがやきです。

子どものころの記憶は、わたしの場合、いつでもどこかで川のある風景の記憶につながっていて、生まれたのは、三つの大きな川が合流する街。戦争のとき親元を離れて疎開した山間の温泉町は、(ウ)勢いゆたかに澄んだ水が流れてゆく疎水の町。それから生まれた街にもどって卒業した小学校と中学校は、まだ渡し船の残っていた街なかの大きな川のほとりの学校で、春秋は川とともにありという感じ方を、わたしはいつかごく自然にそだてられました。

川の流れてゆくのを見にゆくのが、子どものわたしは好きでした。いまでも好きです。川は不思議です。川のうえにあるのはいつだって空で、川の流れをCじっと見つめていると、わたしは川の流れがつくる川面を見つめているのですが、やがて、わたしが見つめているのは、同時に川面が映している空であるということに気づきます。

川は川であって、じつは川面に映る空でもあること。言いかえるなら、川は、たとえどんな小さな川であっても、みずからのうちにみずからの空をもっているということ。

川の流れを黙ってじっと見ていて、いつでも覚えるのはその不思議な感覚です。

川の流れの絶えることのない動きが映しているのは、いつだってじっとして動くことをしない空であり、流れ去るものがみずからのうちに映すものは、D<u>いつだって変わらないもの</u>であるということ。

川の流れは、流れ去ってゆくと同時に、みずから映すものを、そこに残してゆきます。絶えず変わりつづけながら、すこしも変わらないものが、川面のかがやきのなかにはある。川の流れをじっと見ていると、いつもあれほど囚《とら》われている時間の狭い感覚が消えていることに、ふとして気づきます。

川がそこにあれば、そこにはすべてが残っているというふうに感じるのは、川のある街にそだったものの感じ方かもしれませんが、それだけに、流れという言葉がふだんに比喩《ひゆ》としてつかわれるときの、㋓<u>安易</u>なつかわれ方に、いまなお、なじむことができません。わけても時の流れといったように、流れという言葉が□ものの比喩として語られると、それはちがうと思うのです。

流れ去るものは、流れ去ります。けれども、時について言えば、流れ去るということが時というものの本質なのではないと、わたしはずっと思ってきました。流れ去ってしまうもののうちにではなく、流れ去ってゆくものがそこに残す一瞬のような影像のうちに、わたしたちにとって時のもつ意味はあるのだ、と。ちょうどきれいに晴れあがった日の、川面のかがやきのように。

（長田弘『子どもたちの日本』による）

（注）疏水……水を利用するために土地を切り開いて設けた水路。

《設問》

問一 文中の㋐――～㋓――の漢字の読みを平仮名で書きなさい。

問二 文中□に当てはまる副詞を書きなさい。

問三 文中A――の「ものの」を使って「……ものの、……」となる文を作りなさい。

問四 文中B――の「思い出すよすが」と同じ意味を持つ語句を、本文から抜き出しなさい。

問五 文中C――の「見つめていると」が係る部分を一文節で書きなさい。

問六 文中D――の「いつだって変わらないもの」に当たるものとして適切なものを、次のア～エから選びなさい。

ア 澄んだ水

イ 川の流れ

ウ 川面に映る空

エ 川のある街

問七 文中□に当てはまる語を書きなさい。

問八 筆者は「川面のかがやき」をどのようなものだと述べていますか。八十字以上、百字以内でまとめなさい。

アドバイス

問二 □のあとの「幼い日々の記憶の入口となるべきものが、もうまったくありません」がヒント。

問三 「ものの」は逆接の接続助詞。

問四 「よすが」は、「手がかり、よりどころ」という意味の言葉。

問七 「流れ」という言葉については最終段落で説明されている。「流れ去る」つまり、「何も残らない、なくなる」という意味で使われている。

問八 「川面のかがやきのように。」とたとえられているものは何か。「川の流れ」と「時の流れ」とが対照的に述べられていることに注目する。

第3日 論説文 ——広島県

次の文章を読んで、あとの問いに答えよ。

いい文章の条件に、「正確さ」と「わかりやすさ」というものがある。ちょっとした論文や随筆のような日常一般の書きものでは、それなりの内容がありさえすれば、正確でわかりやすい文章がいい。

では、文章の正確さとは何か。A「日が西に傾く」と「地球が回転した」とはどちらが正確な表現なのだろう。科学的真理を基軸とする文章ではむろん後者のほうだが、経験的事実を軸とする文章ではむしろ前者のほうがふさわしい。地球の自転は経験的事実ではないからだ。つまり、文章の正確さについては、相手や状況に応じて考えていく必要があると言える。

さらに、どんな正確な文章であっても、いい文章というものは、正確さを保ちつつも、そのためにわかりにくい表現になることを①極力避ける。どれほど正確に記述してあっても、それが伝わらなければ、「正確な文章」であることが□意味をもたないからだ。

それでは、わかりやすい文章とは何か。それは必ずしも、誰《だれ》でも知っている日常のことばだけの並んだ文章を意味しない。使用語彙《ごい》が生活上で②出現頻度の高いことばの集合であるかどうかということより、対象を的確に指示し、書き手の感情を過不足なく運び、相手や状況に応じて文体を適正に切り替える、Bそういうすべての面で、そこにふさわしい用語が選択されていることが、わかりやすい文章の言語的な基礎をなすと考えられる。

つぎに、一文を構成する個々の語のつながりが曖昧《あいまい》にならず、文全体としてできるだけ一つの意味になるようにすべきだろう。③多義的な文は読み手に負担をかけるからだ。さらに、そうしてできあがる一文一文のつながりも明らかであることが必要である。

文章がわかるためには、その言語表現がどのような現実や観念を指し示すかが理解できただけでは足りない。それがどういう表現意図をもって書かれたかを把握する必要がある。文章が読めたとほんとうに言えるのは、言語的に実現した④軌跡をとおして、その表現意図がとらえられたときなのだ。

いい文章の条件としての「正確さ」と「わかりやすさ」は、ともに読み手を意識したものである。いい文章の基本、それは人とのふれあいのなかでさりげなく見せるやさしさ、読み手を思いやる心なのである。

《設　問》

問一　①〜④の漢字の読みがなを書け。

問二　[　　]にあてはまる最も適切な語を、次のア〜オの中から選び、その記号を書け。

ア　ほとんど　　イ　やがて　　ウ　ちょうど
エ　とうとう　　オ　ともに

問三　A「日が西に傾く」と「地球が回転した」とはどちらが正確な表現なのだろう　とあるが、経験的事実を軸とする文章の場合、筆者はどちらが正確な表現だと述べているか。その理由も含めて、四十字以内で書け。

問四　Bそういうすべての面　とあるが、それはどのような面を指しているか。文章中から適切な部分を抜き出し、そのはじめの五字と終わりの五字を、それぞれ書け。

問五　次の文章は、上の文章の要旨を述べたものである。[㋐]・[㋑]にあてはまる適切な表現を、それぞれ二十字以内で書け。

いい文章を書くには、読み手を思いやらなければならない。そのためには、「文章の正確さ」という点からいえば、[㋐]を考えていく必要がある。また、「文章のわかりやすさ」という点からいえば、ふさわしい用語を選択すること、一文が一つの意味になるようにすることや[㋑]ことが必要である。さらに、文章の表現意図を明確にすることが大切である。このように、読み手を意識して正確でわかりやすい文章を書こうとする心、それが読み手を思いやる心であり、いい文章の基本なのである。

●アドバイス●

中村明「文章をみがく」より。

問二　後に強く否定する文が続いていることに注目する。

問三　実際には、地球が太陽のまわりを回っているから、「地球が回転した」というほうが事実に正確。しかし、経験的・慣用的に「日が西に傾く」と見かけの事象で表現した方が「正確な文章」になると筆者は述べている。

問五　㋐「文章の正確さ」は、相手や状況によって変わると述べている。㋑第五段落の「さらに〜必要である」をまとめてみる。

第4日 説明文

山形県

次の文章を読んで、あとの問いに答えなさい。

① 博物館はなぜ資料を集めようとするのでしょうか。よく、森は生きた博物館とか、自然こそ博物館といった表現が使われることがあります。多様な物が存在するという意味では、それはまちがいないのですが、野外にあるものは自然の秩序に従って存在しています。博物館には、それを1一定の考え方にそって収集し、比較しながら一度に見ることによって、それぞれの物についての見方を深めていく役割があります。

② どんなにa優れた自然が外にあっても、たとえばルリシジミ*とヤマトシジミ*が隣にとまっているのに出会う機会はまずないでしょう。それを、標本の形ではあっても、並べてみることで、違いを知り、野外での観察にも役立てようというのが博物館の役目なのです。あるいは、違う地域の標本を一堂に集めて比較して研究するといったことも資料の収集なしでは果たせないことです。

③ また、人文的*な資料の場合には、博物館が収集することによって資料のb散逸を防ぐというのも重要な役目になっています。民具と呼ばれる生活用具などは、もし博物館がなければほとんど残されることがなかったでしょう。

④ 博物館は、資料の価値ということに関して二つの面を持っています。

⑤ 一つは、価値の定まった物を市民の共有財産として保存する役目です。それは、美術館で言えば、著名な画家の作品を購入して収蔵するようなことです。そうした作品が個人の所有になって、書斎に飾られることに比べると、美術館に収蔵されることは、誰《だれ》もが鑑賞する機会を持つことができることになります。市民の共有財産としてというのは、そういう意味です。

⑥ 一方で、博物館は、それまで注目されなかった物とか、見捨てられていたような物に注目して、それに価値を与えていく働きも持っています。美術館で言えば、評価の定まっていない現代美術の作品の紹介にも積極的に取り組み、

価値付けに[c]参画するということになるでしょう。

⑦　生物の分野で言えば、美しいチョウの標本とか、人気のあるクワガタムシやカブトムシをたくさん集めて展示したりするのは、価値の定まったものを扱うことです。一方で、セミのぬけがらや漂着物のような資料にも一定の価値を与える役目を忘れてはいけないのだと思います。歴史にしても文化にしても、ともすれば中央政府の動きとか、その時々の支配層の生活に密着した文化が主流ととらえられがちです。しかし、それぞれの地域には特徴のある固有の文化が育《はぐく》まれており、そこに暮らしていた人々にも固有の歴史があるはずです。そうした存在を掘り起こすことこそ、地域の博物館の使命ということができるでしょう。[2]地域の再発見とは、価値の再発見でもあり、＊放課後博物館では、特にそのことにこだわらねばなりません。

⑧　また、ここで言う価値は、必ずしも金銭的な価値と同じではありません。テレビ番組がきっかけになって、お宝という言葉がはやるようになりました。今まで無価値だと思っていた物に高い値段がつく、それはまさに価値の再発見ではないかと思う人も多いでしょう。しかし、金銭的な評価ができるのは、物としての市場があって、売買がされているような狭い範囲にだけ適用できるものです。博物館の行う新しい価値付けは、[3]忘れられていた情報を読み取る情報源としての価値といったらよいでしょう。

〈浜口哲一『放課後博物館へようこそ』による〉

〔注〕　＊ルリシジミ、ヤマトシジミ＝山野に見られる蝶《ちょう》の名前。
＊人文＝言語、歴史、文芸などに関する学問。
＊放課後博物館＝筆者の造語。単に展示物を見学するだけではなく、余暇を使って気軽に博物館の行事に参加するなど、市民が日常的なつながりを持てるような地域の博物館のこと。

《設　問》

問一　══部a～cについて、次の(1)、(2)の問いに答えなさい。

(1)　a、bの漢字の読み方を、ひらがなで書きなさい。

(2)　c「参画」の「画」と同じ意味の「画」を用いた熟語を、次のア～エの中から一つ選び、記号で答えなさい。

ア　区画　　イ　企画　　ウ　絵画
エ　字画

問二　——部1と対比して使われている言葉を、形式段落①の中から抜き出しなさい。

問三　本文は内容の上から大きく前段、後段の二つに分けられます。このことに関連して、次の(1)、(2)の問いに答えなさい。

(1)　本文をどこで分けるのが最も適切ですか。後段が始まる形式段落の番号で答えなさい。

(2)　前段と後段にふさわしい表題を、それぞれ考えて書きなさい。

問四　形式段落⑦で取りあげられている「資料」を、筆者の考えをもとに、次の表のように分類してみました。［A］、［B］に入る適切な言葉をそれぞれ書きなさい。

資料の区分	［A］資料	［B］資料
具体的な資料	・美しいチョウの標本 ・人気のあるクワガタムシやカブトムシ	・セミのぬけがら ・漂着物

問五　——部2「地域の再発見」とはどういうことか、本文に即して三十五字以内で説明しなさい。

問六　——部3に関連して、形式段落③の〰〰部「民具」から、あなたは、どのような「情報」を読み取ることができると思いますか。簡潔に書きなさい。

●アドバイス●

問一　(2)　「参画」の「画」は「計画」「画策」の「画」と同じ。

問二　「——部1」によって集められたものは博物館に収集してあるもので、それと対比されているのは「野外にあるもの」。野外にあるものがどう存在しているのか。

問三　(1)　①～⑧の各段落の内容を整理してみる。①～③段落は博物館が資料を収集する目的について述べられている。④～⑧段落は博物館の資料の価値について述べられている。

問四　チョウやクワガタムシやカブトムシに対比させて「セミのぬけがらや漂着物の資料にも一定の価値を与え」なければならない。

問五　それぞれの地域にはどんな文化や歴史があるはずだと述べられているだろうか。

問六　民具は、その地域で暮らしていた人々が日常使用してきた道具である。

第5日　小説　――静岡県

次の文章には、都会から引っ越して農村での生活を始めたタカユキの一家が、畑の虫取りに出てたくさんの虫を見つけたときのことが書かれている。この文章を読んで、あとの問に答えなさい。

「すごいなあ。」と、ぼくはいった。

「[1]こいつは大きくなったらモンシロチョウになるのやで。」

ぼくが一匹の青虫をさして、そういったら、とうちゃんは、

「ここは蝶《ちょう》が多くて、まるで天国みたいやといつかみんなはいったけど、おひゃくしょうの身になって考えると、ここは[あ]地獄やということにもなるのや。」と、いった。

「そやなあ。」と、ぼくはあいづちをうった。このことは岸本先生[注]に教えてやらんといかんなあとぼくは思った。

「かあさん。ボウルに少しサラダ油を入れて持って来てくれ。竹バシも[い]頼む。」と、とうちゃんはいった。

かあちゃんはかくごを決めたように畑に入ってきた。ねえちゃんもしぶしぶという感じで後につづいた。

とうちゃんはかあちゃんから、ボウルと竹バシを受け取ると、竹バシでひょいひょいと虫をつまんで、それをサラダ油の中に落とした。どうしてそんなことをするのかぼくが聞こうとしたら、とうちゃんは先回りしていった。

「こうすると、虫の気門（呼吸するところ）が油でふさがれて、虫ははやく死ぬ。いうたら虫を安楽死させてやるのや。虫かていのちや。」（とうちゃん、虫にうらまれるぞ。）と、ぼくはいおうとして、あわてて口をつぐんだ。

とうちゃんだけ虫にうらまれるというのはおかしい。これから虫取りをするぼくも、かあちゃんもねえちゃんもみんな虫にうらまれるはずや。けど、それもおかしいなとぼくは思った。ハクサイやキャベツを食べている人は、つまり人間はみんな虫にうらまれんといかんはずなのに、市場やスーパーで野菜を買っている人は、[2]そんなことはこれっぽちも思うことはない。

ぼくはとうちゃんにいった。

「不公平やな、とうちゃん。都会で暮らしている人は、ハクサイを食べてもキャベツを食べてもなんにもつらい思いをしなくていいんやもんな。」

とうちゃんはぼくの顔を見て、少し(う)ほほえんだようだった。

「タカユキ。いいところに気がついたな。そういう思いを、牛肉や豚肉や鶏肉を食べる場合にもあてはめて考えてみなさい。どうかな。」

とうちゃんの話を聞いてねえちゃんが、ちょっと青い顔をしたようにぼくには思えた。

「なぜ農村に入って暮らそうととうちゃんが考えたか、そこのところがとても大事なとこや。食べものはみんないのちや。いのちでない食べものなんてひとつもない。だけどスーパーでパックづめされた肉や野菜を、これもいのちやと思って買う人は少ないね。いのちを食べているのに、そのことに気がつかない人を気持ちのやさしい人だと思うかタカユキ。感情のこまやかな人だと思うか。」

ぼくは首をふった。

「キャベツの葉っぱを一枚食べても、3この葉っぱにはキャベツのいのちの外にたくさんの虫のいのちがつまっているのやと思えるタカユキは、本当はしあわせなんやぞ。」

ぼくはこんどは首をたてにふった。

「さあ、つらいことやけど、みんながんばって虫取りをしようや。」と、とうちゃんは元気よくいった。

4虫にもいのちがある、ぼくにもいのちがある。あたりまえのことなのに、ぼくにはそのことが、ものすごくむずかしい問題のように思えてきた。

（灰谷健次郎「島物語Ⅰ」による。）

（注）小学校の担任の先生、蝶の採集を趣味にしている。

《設　問》

問一　二重傍線（＝）部㋐、㋑の漢字に読みがなをつけ、㋒のひらがなを漢字に直しなさい。

問二　傍線部1に当たるものは何か。本文中の言葉で書きなさい。

問三　傍線部2はどのようなことか。その内容を簡単に書きなさい。

問四　父親は、傍線部3のタカユキのことをしあわせであると言った。傍線部3のタカユキをしあわせであるとした、父親の考えを、本文中から読み取って書きなさい。

問五　タカユキは、父親の話を聞いて、傍線部4のことを改めて考えるようになった。傍線部4のことについて、あなたはどのように考えますか。父親の話をふまえてあなた自身が考えたことを、六十字以内にまとめて書きなさい。

●アドバイス●

問二　軽率に「モンシロチョウ」などと答えないこと。指示語はこれだと思ったら、指示すると考えた言葉と置き換えて読んで確認するとよい。

問三　市場やスーパーで野菜を買う人が、全く考えていないことはどんなことだろうか。

問四　文章の後半部で父親が、「なぜ農村に入って暮らそうととうちゃんが考えたか、」以下で言っている言葉から、父親の考え方を知る。

問五　虫にも人間にもいのちがある。さらに、人のいのちは他のさまざまないのちの犠牲の上に成り立っているという事実を心に置いて書く。

第6日 随筆・短歌

1秋田県　2沖縄県

1 次の文章を読んで、一〜五の問いに答えなさい。

その歌を知ってはいるけれども逢《あ》っていない。私にはそういう歌が少なくない。少ないどころか、逢うことができたと思う歌は、わずかである。京都の夜桜を見ていなくても、見たような気分にさせてもらっていた与謝野晶子《よさのあきこ》の一首、

清水《きよみづ》へ祇園《ぎおん》をよぎる桜月夜《さくらづきよ》こよひ逢ふ人みなうつくしき

は、振り返ってみると十代からの知り合いであった。私達《たち》の年代では、女学校の教科書にも入っていた。それから何年が過ぎていただろう。ある時、これは恋の歌だと迷わず思った。それまで一度としてそう感じたことはない。自分でも意外だった。

私はそのような鑑賞の本を読んだこともなかったし誰《だれ》かに言われたわけでもない。しかしこの歌の寛容と①穏やかな②高揚が、ある時閃《ひらめ》くように、私の中で揺れのない何かをつくった。私はもう四十代になっていた。

晶子は、水準の高い歌を沢山《たくさん》詠《よ》み続けたというだけでも群を抜いている。が、かなしいかな、「清水へ」のように、逢えた、と思っている歌は非常に少ない。あとは知っているだけで、歌の周辺をうろついているに過ぎない。一首が成り立つについては、当然のことながら作者がそれまで生きてきた全部が投入されている。意識されているか、されていないかだけの違いであり、作者の③仕込みのほども又自《おのずか》らそこにあらわれる。

読者が、これも意識するかしないかは別として、それまで生きてきた全部をかけて他人の歌を読むのであるから、読みの瞬間は賭《か》けの瞬間だと思っている。

（竹西寛子「賭けとしての読み」による）

《設　問》

問一 ①穏やか　②高揚　③仕込み　の読みがなを書きなさい。

問二 揺れのない何かをつくった　の文中での意味として適切なものを次から一つ選んで記号で書きなさい。

ア 鑑賞のために技術が確実に身についた
イ 着実な鑑賞を積み重ねるようになった
ウ 冷静な分析による鑑賞の必要を感じた
エ 確信のもてる鑑賞をすることができた

問三　「清水へ」の歌に対する作者の解釈は、どのような解釈からどのような解釈へ変わったか書きなさい。

問四　群を抜いている　の文中での意味として適切なものを次から一つ選んで記号で書きなさい。

ア　歌人としての典型である
イ　他の歌人とは異質である
ウ　歌人の中で傑出している
エ　有名な歌人にも匹敵する

問五　賭け　と作者が表現した理由として適切なものを次から一つ選んで記号を書きなさい。

ア　歌人の人生に迫るには歌の周辺を知ることが必要だから。
イ　平凡な解釈では水準の高い歌に逢うことができないから。
ウ　歌に逢えたときの喜びは大きいが逢えることはまれだから。
エ　表現をもとにして歌人の心を把握することは不可能だから。

●アドバイス●

問二　直前の段落に「これは～と迷わず思った」の「迷わず」に注目。

問三　第一段落「京都の夜桜を～見たような気分にさせてもらった」のが、「ある時、これは恋の歌だと迷わず思った」とある部分をヒントに答える。

問五　「作者がそれまで生きてきた全部が投入されている」作品を自分が「生きてきた全部かけて読む」のだという作者のことばに注目して考える。

2　**次の短歌を読んで、あとの問いに答えなさい。**

A　やはらかに柳あをめる
北上《きたかみ》の岸辺目に見ゆ
泣けとごとくに　　石川　啄木

B　白鳥《しらとり》はかなしからずや空の青海のあをにも染まずただよふ　　若山　牧水

C　水すまし流《ながれ》にむかひさかのぼる汝《な》がいきほひよ微《かす》かなれども　　斉藤　茂吉

D　海恋し潮《しほ》の遠鳴りかぞへては少女《をとめ》となりし父母《ちちはは》の家　与謝野晶子

注　汝が＝おまへの。

《設　問》

問一　Aの短歌には「倒置」表現が使われていますが、それ以外に、もう一首、「倒置」表現が使われている短歌があります。その短歌の記号を書きなさい。

問二　Bの短歌は何句切れですか。次のア〜エのうちから最も適当なものを一つ選んで、その記号を書きなさい。

ア　初句切れ　　イ　二句切れ

ウ　三句切れ　　エ　句切れなし

問三　A・Cの短歌に歌われている心情はどれですか。次のア〜エのうちから最も適当なものをそれぞれ一つ選んで、その記号を書きなさい。

ア　小さい生物の、ひたむきな生命力を賞賛する気持ちを歌っている。

イ　色の対比を鮮明にだしながら、青春の悲しみと孤独を歌っている。

ウ　聴覚でとらえられた、幼い頃の故郷を回想している歌。

エ　遥《はる》か遠く異郷にあって、故郷の春を切なく思い出している歌。

●アドバイス●

問一　「主語→述語」「修飾語→被修飾語」といった普通の語順を、逆に「述語→主語」「被修飾語→修飾語」のような語順にした表現が「倒置」である。

問二　「五・七・五・七・七」の第何句目で休止しているところがあるか。

問三　A　啄木は、故郷の北上川の岸辺の様子を想像して、この歌を詠んだ。

C　「水すまし」が、水の流れに逆らって進もうとしている。

作者は何を思い、何に心がひかれているか考えてみよう。

第7日 論説文 ―― 埼玉県

Aさんたちの学級では、国語の授業で、脳生理学者の千葉康則《ちばやすのり》氏が書いた「なぜ数十分しか集中できないのか?」という次の文章を読み、グループ学習をすることになりました。これを読んで、あとの問いに答えなさい。(⑴~⑺は段落につけた番号です。)

⑴ 人間の血液量は体重の六パーセントほどしかありません。したがって、全身に十分に血液が補給されると、たいへんな血液不足になってしまいます。そこで、筋肉に血液が多くまわっているときには、消化器の血管は収縮している、という具合に血液は重点配置されます。その重点配置がこわれるとショック死することもあるといわれます。

⑵ 血液量だけでなく、人体はある瞬間には一定の方向に行動し、機能するようにつくられています。脳のはたらきも同じことで、さきに書いた血液の重点配置も脳からの指令で血管の太さが変わることによるものです。つまり、脳や人体はその瞬間瞬間は集中的にはたらいているといえます。「ながら勉強」といわれるようなものにしても、たとえばBGMを本気で聞いてしまっては、勉強はそっちのけになってしまいます。勉強の背景にするようにBGMをさりげなく聞くと、それが大脳皮質を活性化して、勉強の能率を上げるわけです。もし、音楽もしっかり聞いて、しかもそれなりに勉強ができるとすれば、短時間おきに集中対象を交互に切り換えているわけで、勉強だけについていえばやはり、その分だけ能率は下がります。

⑶ このように、脳は集中的にはたらく性質をもっていますが、同時にたえず揺れ動く性質(自在性)も持っています。脳は生きるためにはたらいており、生きるために必要な反応は、環境の変化とか生体の状態の変化とかに伴ってたえず変わるからです。お腹《なか》が空《す》いているときに食物が現れればそれを食べるし、お腹がふくらんでくれば関心は別の方向に向きます。また、生体には体温や酸性度や浸透圧などの体内条件を一定に保つホメオスターシスという性質があります。これは、ある性質が一方に偏ると反対側に偏るという調節作用によって維持されます。体温が高くなりすぎると、それを下げる方向に変化が起こり、下がりすぎるとそれを高める反応が繰り返されるという形で、一定の体温が維持されます。このような調節を行っているのも脳です。そのために、体内にはたえず波動的な変化がみられます。

(4) このようにみてくると、脳はもともと集中的にはたらくものだけれども、それは決して機械のように定常的なものでないことがわかります。集中の対象が次々と変わったり、集中の程度の強弱が波動的に変化したりします。

(5) この辺の事情を十分に理解しないで、集中するか、しないかということだけを問題にすると、かえってひとつのことに集中しにくくなります。つまり、機械のように集中させようとすれば、そこに無理が生まれて、長続きしません。せいぜい数十分しか集中できない、というような話はこのような状態についてのものです。

(6) それに対して、脳のはたらきを十分に理解していれば、集中度を効果的に高めることができます。たとえば、勉強に集中したいのであれば、ほかにしたいことを適当にこなしておいて、勉強に気が散らなくしておく日頃《ひごろ》の心掛けが必要です。また、機械のように無理に集中するのではなく、脳のリズムに乗せて勉強をすることも大切です。能率があがらないときがあっても、しばらく耐えているうちに、一挙に能率が上がってくることもあります。波に乗ってサーフィンを走らせるようなものですが、そのためにはあらかじめ水に浮いていなければなりません。このように、いわば自在的な集中であれば、かなり長く続きます。

(7) もっとも、「寝食を忘れる」ほどの集中を経験している人も少なくないでしょう。自分が強く求めているもの、つまり、好きなことや楽しいことには長く集中できるものです。したがって、なにをするにしても、それが好きになるように心掛けることが、集中度を高めるための最も根本的な条件であることは、いうまでもありません。

《設問》

問一 Aさんのグループでは、(1)の段落に血液の重点配置のことが書かれていることに注目しました。そして、血液の重点配置のことが脳のどのような性質を説明するために書かれているかを考え、次のようにまとめました。空欄にあてはまる語を本文中から探し、三文字で書き抜きなさい。

> 脳の［　　　］にはたらく性質を説明するため。

問二 Bさんのグループでは、(2)の段落に書かれている「ながら勉強」について、BGM（音楽）の聞き方と勉強の能率との関係、そして、その根拠を次のように整理しました。空欄にあてはまる根拠を本文中から探し、二十字以上、二十五字以内で書き抜きなさい。

BGM（音楽）の聞き方	勉強の能率	根拠
本気で聞く	下がる	勉強はそっちのけになってしまうから。
さりげなく聞く	上がる	大脳皮質を活性化させるから。

勉強もできる状態でしっかり聞く	下がる	（　　　　　　　）から。

問三　Cさんのグループでは、⑹の段落にある「波に乗ってサーフィンを走らせるようなもの」という比喩《ひゆ》表現について、話し合いました。これは、どのようなことをたとえたものですか。本文中から探し、十五字以上、二十字以内で書き抜きなさい。

問四　Dさんのグループでは、この文章に書かれている内容を次のように二つにまとめました。このうち、「ものごとに集中することについて考える。」ことが書かれているのは、どの段落からですか。その段落の番号を書きなさい。

脳の性質について考える。
ものごとに集中することについて考える。

問五　Eさんのグループでは、この文章を読んで、「勉強への集中度を高めるために」をテーマに壁新聞を作ることにしました。そこで、勉強への集中度を高めるための具体的方策を出し合ったところ、次のような方策が出されました。この文章に書かれている内容と違うものを次のア〜エの中から一つ選び、その記号を書きなさい。

ア　何があっても、休みをとらずに、ひたすら勉強を続ける。

イ　スポーツやゲームなど、やりたいことは、時間を区切って先に済ませておく。

ウ　勉強する教材や分野などが好きになるように心掛ける。

エ　勉強がなかなかはかどらなくても、しばらくは、我慢して続けてみる。

●アドバイス●

千葉康則「ヒトはなぜ夢を見るのか—脳の不思議がわかる本—」より。

問一　⑴の段落の「血液の重点配置」、⑵の段落の初めの「人体」の行動のしかたは、⑶段落で述べている「脳の集中的にはたらく性質」を説明するために、同様の例として書かれていることに注目して考える。

問二　⑵の段落の最後の文から指定字数を抜き出す。

問三　「脳のリズムを」を「波」に、「勉強をすること」を「サーフィンを走らせること」に、また「能率が上がらないときがあっても、しばらく耐えて勉強しつづけること」を「あらかじめ水に浮いていること」にたとえている。

問四　各段落の内容を整理しながら考えていく。また、各段落の初めのことばに注意し、話題の転換に気配りして考える。

問五　各文を本文のどれと合うか、ていねいにあたる。

第8日　古文 ―― 1 三重県　2 徳島県

1　次の文章を読んで、あとの各問いに答えなさい。

禽虫《きんちゅう》(注1)のたぐひ、□を知れるためし《知る例は》、これ多し。漢武帝《かんぶてい》(注2)、昆明池《こんめいち》(注3)にあそび給《たま》ふに《遊覧なさっているとき》、一つの鯉《こひ》の鉤《こう》を含みて《つり針をのみこんで、》、死なむとするあり《死にそうにしているのがいた》。帝《みかど》、(1)これを見て、人をしてときはなち《人をつかって針をはずして逃がして》給へり《おやりになった》。その夜、帝の夢中に鯉来《きた》りて、悦《よろこ》びけり《感謝した》。次の日、池に行幸《みゆき》し給ひけるに《お出かけになられたとき》、昨日《きのふ》の鯉の、明月《めいげつ》の珠《たま》(注4)を含みて《口にくわえて》、池の辺《へ》に置きて去りぬ《帰っていった》。そののち、かの池の釣漁《てうぎょ》をとどめられけり《つりをおとどめになったという》。

（「十訓抄《じっきんしょう》」より）

(注1)　禽虫《きんちゅう》――鳥や虫。ここは、動物の総称。
(注2)　漢武帝《かんぶてい》――中国の前漢の皇帝。
(注3)　昆明池《こんめいち》――武帝《ぶてい》がつくらせた大きい池。
(注4)　明月《めいげつ》の珠《たま》――暗い夜でも明るい光を発する宝光。

《設問》

問一　文中の□に当てはまることばとして、最も適当なものを次の中から一つ選び、その記号を書きなさい。

ア　恩　　イ　機　　ウ　哀　　エ　我

問二　傍線部分(1)「これ」とあるが、「これ」の指し示すものを具体的に現代語で書きなさい。

問三　本文の内容に合うものとして、最も適当なものを次の中から一つ選び、その記号を書きなさい。

ア　鯉《こい》の命を助けた帝《みかど》が、翌日、夢の中に現れた鯉のことばにしたがい池に行くと、鯉が宝玉をくわえて帰っていった。

イ　鯉の命を助けた帝が、翌日、鯉の様子を見に行かせたところ、宝玉をくわえた鯉がいたのでそれを捕らえさせた。

ウ　帝に命を助けられた鯉が、帝の夢の中に現れたことを後悔し、翌日、帝が池に来たとき、別の鯉に宝玉を届けさせた。

エ　帝に命を助けられた鯉が、帝の夢の中に現れて感謝し、翌日、帝が池に来たとき、宝玉をくわえて岸辺に置いていった。

●アドバイス●

問一　後で述べられているのは、助けられた鯉の恩返しである。

問二　「これ」は「一つの鯉の鉤を含みて、死なむとするあり」をさしている。

問三　死にそうになっていた鯉が帝に助けられて、どんなことをしたか。

2　次の文章を読んで、あとの問いに答えなさい。

月日は百代《はくたい》の過客にして、行きかふ年もまた旅人なり。舟の上に生涯を浮かべ、馬の口とらへて老いを①迎《むか》ふる者は、日々旅にして旅をすみかとす。古人も多く旅に死せるあり。予もいづれの年よりか、片雲の風にさそはれて、漂泊の思ひやまず、海浜にさすらへ、去年《こぞ》の秋、②江上《かうしやう》の破屋に蜘蛛《くも》の古巣をはらひて、やや年も暮れ、春立てる霞《かすみ》の空に白河の③関越えんと、そぞろ神の物につきて心をくるはせ、道祖神のまねきにあひて、取るもの手につかず、股引《ももひき》の破れをつづり、笠《かさ》の緒付けかへて、三里に灸《きう》すうるより、松島の月まづ心にかかりて、④住めるかたは人に譲り、杉風《さんぷう》が別墅《べつしょ》に⑤移るに、

草の戸も住み替はる代ぞ雛《ひな》の家

表八句を庵《いほり》の柱に懸け置く。

（「おくのほそ道」より。）

《設問》

問一 ――線部①・②を、現代かなづかいに改めて、すべてひらがなで書きなさい。

問二 ――線部③「越えん」の現代語訳として適切なものを、ア〜エから一つ選び記号で答えなさい。

ア 越える　イ 越えない
ウ 越えられる　エ 越えよう

問三 ――線部④「住めるかた」を譲った作者が、旅仕《たびじ》度《たく》をしているようすを表す箇所がある。その箇所の始めと終わりの三文字を、本文中から抜き出して書きなさい。

問四 ――線部⑤「移る」のはだれか、それを表している言葉を、本文中から抜き出して書きなさい。

問五 次の文は、本文に関して説明したものである。(a)・(b)のそれぞれに最も適する言葉を、本文中から抜き出して書きなさい。また、(c)に適する言葉をア〜エから一つ選び、記号で答えなさい。

> 本文は、「おくのほそ道」の冒頭の部分である。作者である芭蕉《ばしょう》は、（ a ）そのものを自分の感情の真実を刻んでいくことであるととらえ、尊敬する（ b ）の生き方を思い、自分を見つめ、「おくのほそ道」のような（ c ）文を書き、推敲《こう》を重ねた。

ア 紀行　イ 日記　ウ 物語　エ 随筆

●アドバイス●

問二 「ん」は意志を表す助動詞。

問四 旅に出るために別宅に移ったのは芭蕉。

問五 a・b この文章には、「人生は旅であり、昔の人も旅で死んだ人も多い。そして、自分もまた旅に出たい」という作者の思いが述べられている。

c 「おくのほそ道」のように旅行の様子を書いた文章はなんという種類に属しているだろうか。

第9日　小説 ―― 兵庫県

次の文章は、主人公の「私」がＩ高校の柔道部にあこがれていた昭和二十七年の中学三年の時に、部員が履いている足駄を作ってもらおうとして、喜助さんの店に行ったときのことを振り返っている場面である。これを読んで、あとの問いに答えなさい。

私はショーケースのなかの赤いぽっくりに目をやっていた。①てのひらに載りそうな小さなぽっくりの可憐《かれん》さが、きっと中学生の私の興味を引いたのだろう。

「あのぽっくり、誰が注文したのスか。」

「ああ。……製糸工場の人でがスよ。」

喜助さんは足駄の台を手にして答え、不自由な足を投げだすようにして座った。

「なして取りに来ねのスか。」

「はて、なしてだべか。……分からねがス。」

「いつ、注文されたのスか。」

「戦争の終わる前の年でがスよ。」

「というと、八年も前でねがスか。」

私は、びっくりしてしまった。それほど前の注文品だとは思わなかった。「それじゃ、もう取りに来ねえんでねべか。」

②「ああ。……そうだべね。」

さらに聞いてみると、注文しに来たのは女工さんだった。――戦争中、製糸工場で働く女工さんは、ほとんどが近隣の農村から集められた貧しい農家の娘たちだったという。彼女たちは盆暮れになると、喜助さんの店で下駄《げた》を買っていったそうだ。

ぽっくりを注文した女工さんもその一人で、七五三を迎える末の妹に③トドけてやりたいからといったそうだ。

「その人の名前、知っているのスか。」

ぽっくり

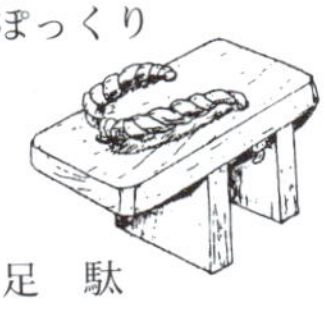
足駄

「たしか、スミさんといったけナ。」

喜助さんは遠くを見る目をして、まことに頼りなく答えた。

ぽっくりを素材から形づくり、丹塗《にぬ》りを加えて赤い鼻緒を付けるまでには、ふつうの下駄とはちがって相当の④手間がかかっているはずだ。それを注文し⑤ながら受け取りに来ないのは、頼んだことを忘れてしまったのか、それとも用なしになって知らん顔を決め込んだのか。——私は義憤を感じていた。

「名前が分かってて、なして文句をいわねのスか。取りに来いっていえばえがスべ。」

「⑥そういってもな、仕方ねえシャ。」

喜助さんは人のいい笑みを浮かべた。

いまから思えば、中学生の純真さゆえだったのだろう。喜助さんの店を出だ足で、私は岩井製糸工場の門をくぐった。八年も前のことだから、本人がいるかどうか分からない。しかし、もしいたら、喜助さんにかわって⑦談判してやろうと思った。

「スミという名かね。……そんたな従業員は、ここにはいねえな。」

と、守衛の老人が答えた。

戦争が終わって落下傘《らっかさん》の製造をやめたあと、働きに来ていた娘たちは、あらかた家へ返っていったということだった。

「待てよ。……そういえば、あの子はスミといったんでねべか。」

老人が、ふと思いだしたようにいった。

「終戦の前年の秋に急性肺炎で死んだ子がいたが、たしかスミという名だったけが。」

その娘かどうか分からないが、とつぜん高熱を発し、二日ほど寝ついただけで亡《な》くなったという。あまりに呆気《あっけ》なかったので、名前だけは覚えていたらしい。

私は工場の門を出たあと、このことを喜助さんに伝えるべきかどうか逡巡《しゅんじゅん》した。

赤いぽっくりが目の前にちらついていた。喜助さんは彼女を待っているのだろうと思った。大事そうにショーケースに入れているのは、そのためにちがいない。

結局、私は喜助さんの店とは反対の方向へ歩きだした。石塀に積もった雪が風にあおられ、頬に吹きつけてきたのを覚えている。

足駄を受け取りに行ったときも、そのことについては何も話さなかった。ただ、ショーケースのなかのぽっくりに目が引きつけられて、⑧とても後ろめたい思いがした。

（内海隆一郎『丹塗りのぽっくり』）

《設問》

問一 傍線部③・④・⑦について、片仮名は漢字に改め、漢字はその読み方を平仮名で書きなさい。

問二 傍線部①のように、本文が「私」の中学生であったころを振り返っている場面であることが分かる一文が他にもある。その文の初めの五字を書きなさい。

問三 傍線部⑤のここでの意味・用法を考えた上で、このことばを使って主語・述語のある短文を作りなさい。

問四 次の図式は、「私」の心の変化を本文の流れに沿って表したものである。空欄A・Bに入る適切なことばを、あとのア〜カから選んで、それぞれその符号を書きなさい。

〔興味→［A］→義憤→［B］→後ろめたさ〕

ア ためらい　イ 満足　ウ あこがれ
エ あせり　オ 驚き　カ 安心

問五 傍線部⑧の適切な理由を次のア〜エから選んで、その符号を書きなさい。

ア 安請け合いをして工場に行ったけれど、結局は喜助さんの力になれなかったから。

イ 純真さからの独りよがりな行動によって、守衛の老人と喜助さんに迷惑をかけてしまったから。

ウ 守衛の老人から聞いた内容を喜助さんに言うべきだったのに、言わないことにしてしまったから。

エ 注文しに来た女工さんの貧しさを理解することなく、一方的に憤りを感じてしまったから。

問六 傍線部②・⑥のことばは、喜助さんがすでに何かを知っていたのではないかと思われるふしがある。知っていたと思われる内容を、（喜助さんは）で始まり、（を知っていたと思われる。）で終わるように、十字以内で書きなさい。

●アドバイス●

問二 「中学生」ということばの出てくる文を見つけて、その文の初めの五字を書く。

問三 「ながら」は「にもかかわらず・のに（逆接）」の意味を知って、「ながら」を用いた短文を作る。

問四 Aは、ぽっくりが注文されたのが八年前と知ったときの気持ち。Bは、工場の守衛の老人から聞いた話を、喜助さんに伝えたほうがよいかどうか迷っているときの気持ち。逡巡は（ためらうこと。しりごみすること）。

問六 女工さんの名前を尋ねられた喜助さんは「遠くを見る目をして、まことに頼りなく答えた」から判断する。

第10日 論説文

奈良県

次の文章を読み、各問に答えよ。

私は大海原で岩礁に砕ける波しぶきに接すると胸のときめきを感じる。そして、なつかしさといったものが突然込み上げてくる。①常識とか規制とか倫理とかいったものから解放された静かでA［ヘイワ］な気持ちのなかに、子供のころに体験したような心の躍動をおぼえるのである。十年ほど前に行った環境科学特別研究のプロジェクトで、磯《いそ》の香りの本体をテーマに取り上げたことがある。担当した研究者によると、海草が岩礁に砕けたときに発散される揮発性物質が複合されて磯の香りになるという。ノリ、ワカメなどの海草に広く分布するジメチルサルファイドがにおい物質の本体の一つであるという報告もある。そういえば、同じ海でもB［静穏］な砂浜と波がはげしく打ち砕ける岩礁では、明らかに後者の方が、私にとって快適である。

ところで、においというものはどのようにして感じるのであろうか。揮発性の物質が空気と一緒に吸い込まれ、鼻の中の粘膜の粘液にC［溶］け、その物質を嗅覚《きゅうかく》細胞でとらえたときに電気的な変化が起こり、電気的な情報が神経を通じて脳に伝わってにおいについての判断が生まれる。最近になって嗅覚中枢が大脳前頭部の左右各二か所ずつあることがD［タシ］かめられた。

それでは②磯の香りを快適だと感じることが、私の個人的な事柄なのかどうかが問題になってくる。私は外国の人に海のにおいをどう感じるかについて聞くことにしているが、残念ながら彼らは必ずしも磯の香りを快適だとは感じていないようである。特に内陸の国の人は海のにおいには関心を示さない。しかし、日本人は［概して］海の快適性のなかに嗅覚の果たす役割を認めている人が多い。

さて、おおかたの日本人が共通して磯の香りに快適性を感じるのは、日本が海に囲まれているからであろうか。近ごろの欧米化した食生活を好む子どもや若者ではどうだろう。私は何人かの若者に海のにおいについてたずねてみた。無関心な者もいるが、私と同じように関心を示す者もいた。いろいろ聞いているうちに気が付いたことは、③海に対する思い入れの違いは、彼らの幼児体験とおおいに関係していることであった。つまり、幼児のころに海と接したことがあるかどうか。その海での体験は楽しいものであったかどうか。たとえば、時間の経《た》つのを忘れて磯で遊んだ経験があったか、波にのまれかけたことがあったか、海が汚れていなかったか。人によって、海にまつわる幼児体験はさまざまであろう。

海でにおいをかいだときの幼児体験によって海に対するイメージが異なるとすれば、においというのは目で見たもの、耳で聞いたものよりも、よく記憶されているといえる。子どものころにかいだ料理や果物や花のにおいは、目をつぶっていても識別できる人は多い。一度記憶されたにおいは一生忘れないとさえいわれる。

（栗原康の文章による）

《設問》

問一 □A、Dの片仮名を漢字で書き、□B、Cの漢字の読みを平仮名で書け。

問二 □内の「概して」の意味を、次のア〜エから一つ選び、その記号を書け。

ア　一般的にいって　　イ　予想に反して

ウ　ほかと異なって　　エ　経験によって

問三 ——線①の「心の躍動をおぼえる」とほぼ同じことを述べている部分を、文中から十字以内で抜き出して書け。

問四 ——線②に「磯の香りを快適だと感じる」とあるが、この「磯の香り」は、どのようにして発すると述べられているか。文中から抜き出して書け。

問五 ——線③に「海に対する思い入れの違い」とあるが、「思い入れの違い」が生じるのはなぜか。文中の言葉を用いて書け。

問六 筆者が本文で述べている内容と合っているものを、次のア〜エから一つ選び、その記号を書け。

ア　においに対する感じかたには個人差があるが、磯の香りについては、だれもが快適だと感じることができる。

イ　海のにおいに関する研究で、快適だと感じる磯の香りは、海草の種類によって異なることが解明されている。

ウ　大人が磯の香りを快適だと感じるためには、子どものころのような、するどい感性をもつことが必要である。

エ　幼児のころの海のにおいにまつわる記憶が、磯の香りを快適だと感じるかどうかと、密接にかかわっている。

問七　――線部「神経」の「神」は「ネ（しめすへん）」をもつ漢字である。「シュクフク」という語は、これと同じ部首をもつ漢字二字で書き表すことができる。行書で書かれた「福」を参考に「シュク」を漢字の行書で書け。

●アドバイス●

問三　「躍動」は、生き生きと活動すること。「心が生き生きと活動する」にぴったりする表現を前後の文中からさがしてみよう。

問四　第一段落に「〜て磯の香りになる」と述べられている。その前の部分に発生の仕組みが書かれている。

問五　最後の段落に「海でにおいを〜海に対するイメージが異なる」とある。また、「海に対する思い入れの違いは、彼らの幼時体験とおおいに関係している」とも書いている。「幼児体験はさまざま」だから、「思い入れの違い」が生じてくる。これらを参考に書く。

漢字書き取り 1

(1) 植物の**カンサツ**記録。
(2) **ヨウイ**でない仕事。
(3) 失敗の**ゲンイン**。
(4) **ホウニン**主義の家庭。
(5) 建物を**ハカイ**する。
(6) 農家の**フクギョウ**。
(7) **ゴカイ**がもとで絶交。
(8) 台所は**セイケツ**に。
(9) **キンセイ**のとれた体。
(10) 最高**サイバン**所。
(11) 死者の**クヨウ**をする。
(12) **ヨクボウ**をおさえる。
(13) 勝者に**フクジュウ**。
(14) 五時半に**キショウ**。
(15) 税務署に**シンコク**。
(16) **ショタイ**を持つ。
(17) 相手を**ヒナン**する。
(18) **ソッチョク**な意見。
(19) 反対派を**セットク**。
(20) 堂々とした**タイド**。
(21) **スイソク**で物を言う。
(22) 恩師を**ソンケイ**する。
(23) 降伏を**カンコク**する。
(24) 名文を**インヨウ**する。
(25) **ソシキ**の中の一員。
(26) **キオク**がよみがえる。
(27) 彼は**ヒニク**を言う。
(28) 成功を**キタイ**する。
(29) **キントウ**に分ける。
(30) 議題を**テイアン**する。
(31) 海で働く**リョウシ**。
(32) **アンモク**の了解。
(33) 大**キボ**な工事。
(34) 会長の**ニンキ**は二年。
(35) 雨天**ジュンエン**。
(36) 忍術の**ゴクイ**。

第11日 説明文

長崎県

次の文章を読んで、あとの問いに答えなさい。

明解な文章は骨をもっていなくてはならない。筋道が通っている必要がある。つまり、論理的であって、しかも、わかりやすい、それが明解な文章ということになる。

この論理的というのが問題である。どこかに客観的な論理なるものがあって、それに則《のっと》ってものを書き、言うことのように考えている人がすくなくない。それならイギリス人の論理もエジプト人の論理も日本人と同じでなくてはならない。たしかに、ごく基本的な次元では世界中が同一原理に支配されている。一プラス一が二になるというような数学上の論理に東西南北、差異があってはたまらない。

□、論理にはもっと人間的《ヒューマン》なソクメンもある。ことばで表現される論理は数式に比べてはるかに柔らかい論理で、柔らかい論理は民族の文化や言語によって微妙に違うのがむしろ正常だ。だからこそ、完全な翻訳ということがムズカしい。数学の式なら翻訳を要しない。かりにするとしても、ほぼ完全な翻訳が生まれるであろう。（第一段落）

一方、日本語の文章がわけのわからぬものになりやすいのも事実である。論理的にできるものなら論理的にしたい。それかと言って、ただわかりやすく、筋道さえ通っていればいい、明快ならよろしい、という文章観で割り切ってもらってもわびしい。

川の水が濁っている。底が見えない。このにごりをすっかり取ってしまえ、というので清水《せいすい》にしてしまったらどうか。透明にはなるだろうが、清水に魚すまず。川かならずしも水の清さをもって貴しとせず、である。

文章も同じこと。あまり混沌《こんとん》としていれば、一度蒸留水のようにすっきりしたものにしてみたいと思うのは人情であろう。方向としては結構だが、それがその通り実現したら、ことである。過ぎたるは及ばざるがごとし。（第二段落）

古来、われわれの言語表現は含みを重んじてきた。「言ひおほせて何かある」と看破した芭蕉《ばしょう》も、魚のすめなくなるような清水ではしかたがないと考えたのである。古くから曖昧《あいまい》を美学としていた。ヨーロッパ人がそれに気付いたのは二十世紀になってからだから、これは比較にならない。

含蓄の美についての先進国が明快な美学の後進国であるのは自然なことであろう。われわれはいま芭蕉の考えをすてて、表現を透明にすることにカンシンを向けている。おそらく、これはそれほどむずかしいことではなかろう。

やがて清澄《せいちょう》な文章が書かれるようになろうが、あまりに淡泊で、飲んでも味もそっけもない、という不満がおこってくるに違いない。そこでまた、もうすこし味のある、含みのある文章は書けないものか、という反動がおこるとヨソウされる。（第三段落）

濁ったものを澄ませるのは、泥水を清水にするのならともかく、文章においては、さほどむずかしいことではない。よけいなものをとってしまって、ぎりぎり言いたいことだけを言えば〝名文〟になる。

ところが、文章をそんな風に裸にしてはみっともない。適当に着物をきせなくてはおもしろくない。澄んだ水をおもしろく濁らせようとなると、これはなかなか骨である。

現にすでに、透明ではあるが、おもしろくない文章というものにわれわれは相当閉口させられている。手おくれにならないうちに、しかるべき曖昧さをただよわせる書き方を推奨すべきであるように思われる。（第四段落）

（外山滋比古「日本の文章」）

《設問》

問一 ══線部のカタカナを漢字に直せ。

問二 □にあてはまる最も適当なものを次から一つ選び、その記号を書け。

ア　だから　イ　しかし　ウ　また　エ　たとえば

問三 すくなくない　の「ない」と働きや意味が同じものを次から一つ選び、その記号を書け。

ア　たまらない　イ　底が見えない　ウ　比較にならない　エ　味もそっけない

問四 数学の式なら翻訳を要しない　とあるが、それはなぜか。その理由にあたる部分を、第一段落から十六字で抜き出して書け。

問五 筋道さえ通っていればいい、明快ならよろしい、という文章観にもとづいて書かれた文章とはどのようなものか。それを比喩《ひゆ》を用いて述べた部分を、第二段落から十五字以内で抜き出して書け。

問六 「言ひおほせて……考えたのである」とあるが、芭蕉は「すべてを言い尽くしてしまっては、おもしろみがなくなる」と指摘している。この芭蕉の考え方にもとづいて、筆者がよい文章と考えているものを次から二つ選び、記号を書け。

ア 淡泊で、味もそっけもない文章。
イ 濁った水を澄ませたような文章。
ウ 適当に着物をきせたような文章。
エ 透明ではあるが、おもしろくない文章。
オ 澄んだ水をおもしろく濁らせたような文章。

問七 この文章の要旨として最も適当なものを次から一つ選び、その記号を書け。

ア 曖昧な文をわかりやすくしようとするあまり、明快な美学まで失ってはいけない。
イ わかりやすく書くためには、客観的な論理にもとづいた曖昧さもただよわせるべきだ。
ウ 文章は筋道の通った明快なものがよいが、同時に含蓄すなわち曖昧さも大切だ。
エ 曖昧に書くことではじめて論理的でわかりやすい明快な文章が書きやすくなる。

●アドバイス●

問一 同音異義語に注意。特に「カンシン」。

問三 ア・イ・ウの「ない」は「ぬ」に言い換えられる打消の意味をもつ助動詞。エの「ない」は「そっけない」という形容詞の一部。

問四 「一プラス一が二になる」は数学上の論理で、東西南北、世界中を支配する同一原理である。

問五 ここは文章について述べていることに注目する。指定字数に注意。

問六 第四段落の「含みのある文章は書けないものか」「文章を……裸にしてはみっともない」「曖昧さをただよわせる書き方を推奨すべき」などを参考に考える。

問七 筆者は「明快な文章」を否定していない。日本語の持つ曖昧さが欠点になりやすいことも理解している（第二段落）。言語の持つ面白さを保つためにも、明快さとともに曖昧さをただよわせる書き方を推奨している。

第12日　小説 ——岡山県

次の文章は、少年が、道を尋ねたおばあさんを案内している場面についてのものである。これを読んで、問一～問六に答えなさい。


「まどろっこしいでしょう。ごめんなさいね。」

「いいえ、大丈夫です。(ア)うちのおばあちゃんもゆっくり歩くから、慣れてます。」

「あら、おばあちゃんと(イ)一緒に住んでいらっしゃるの？　いいわねえ。私は一人でねえ、さびしいものですよ。」

(こういうとき、なんていってあげればいいのかなあ。)

「いいえ、一緒じゃありません。でも近くにいます。」

「坊やさんは、(ウ)お幾つですか？」

「十一歳です。十一歳と一カ月。」

「私はねえ、腰の骨のカルシウムが少なくなって、骨がすりへってしまう病気なの。老人性の病気で、完全にはよくならないんですって。」

「あ、うちのおばあちゃんも同じです。でも、なるべく歩いた方がいい(エ)そうです。」

「そうですってねえ。」

「ここです。」

と少年は左手の建物の前の、コンクリートのスロープを指さした。

「ありがとうございました。助かりました。」

おばあさんは頭をさげた。

「どういたしまして。」

と少年も頭をさげた。頭をあげると、まだおばあさんはさげていたので、少年はもう一度頭をさげた。そして(オ)ちょっと上目づかいをして、おばあさんと一緒に頭をあげた。

自転車に乗って走り出そうとして、おばあさんの姿を振り返ると、もう半分ぐらいはスロープを登ったかと思ったのに、まだ地面近くにいるのだ。少年はおばあさんに走り寄った。そして自分のおばあちゃんが階段を上るときのように、肩を貸して腰を支えてあげた。

スロープの一番上まで登ると、おばあさんはまた頭をさげた。少年も、今度は頭をさげたまましばらくそのままにして、それから頭をあげた。少年はおばあさんの目を見て、びっくりしてしまった。(カ)涙がにじんでいたのだ。(キ)(まいったなあ。うちのおばあちゃんもそうだけど、すぐ泣くんだよなあ。坊やさん、か。まいったなあ。)

少年はまた自転車に乗り、狭い道を抜け出し、大きな道路に出た。

(出典　干刈あがた「十一歳の自転車」)

《設　問》

問一　――の部分(イ)、(ウ)の漢字の読みを書きなさい。

問二　(ア)「うちのおばあちゃん……慣れてます」から、少年がふだんから自分の「おばあちゃん」と一緒に歩いてあげていると考えられる。この他に、少年が自分の「おばあちゃん」にふだんしてあげている具体的な行動を、文章中のことばを使って書きなさい。

問三　(エ)「そうです」と同じ意味の「そうです」を含む文は、(1)～(4)うちではどれですか。

(1)　今にも雨が降りそうです。

(2)　車が来たそうです。

(3)　見るからに元気そうです。

(4)　試合には勝てそうです。

問四　(オ)「ちょっと上目づかいをして」いるときの少年の気持ちの説明として最も適当なものは、(1)～(4)のうちではどれですか。

(1)　「おばあさん」に失礼なことをしないようにと思っている。

(2)　「おばあさん」のおおげさな態度にあきれている。

(3)　「おばあさん」の丁寧さにいらいらしている。

(4)　「おばあさん」にしかられないかと心配している。

問五 「㋕涙がにじんでいた」理由として最も適当なのは、(1)～(4)のうちではどれですか。

(1) 少年に置いていかれるのかと思って不安だったから。

(2) 少年の期待にこたえられなくて情けなかったから。

(3) 少年がたくましく成長していく姿に感動したから。

(4) 少年の心のこもった優しさがうれしかったから。

問六 「㋖まいったなあ。……まいったなあ。」と思っているときの少年の気持ちとして最も適当なものは、(1)～(6)のうちではどれですか。

(1) 照れ　(2) 恐れ

(3) 怒り　(4) 悲しみ

(5) 気落ち　(6) とまどい

アドバイス

問二 文章の後半に「自分のおばあちゃんが階段を上るときのように、肩を貸して腰を支えてあげた」と述べているのを簡潔にまとめる。

問三 「そうです（そうだ）」には、ということだ（伝聞）と、そういう状態だ（様態）の意味がある。設問の「そうです」は終止形に接続していて伝聞。

問四 おばあさんがまだ頭をさげているのを見て、少年は一度さげた頭をまた下げた。それには、「おばあさんより早く頭をあげてしまうのは失礼なことだ」という気持ちが出ている。また、四行目に一人暮らしがさびしいというおばあさんになんて言ったらいいかを考えている場面から、優しく気配りができる少年であることがわかる。

問五 おばあさんは少年が親切に道案内してくれ、さらに、いったん別れたのにわざわざ戻ってきて肩を貸してくれたことがたいへんうれしかった。

問六 少年にとってはおばあさんが涙ぐんだことは意外なことだったが、それはおばあさんの心からの喜びと感謝の表れだと感じとった。ほんの少しのことをしたのにと思う少年の気持ちを考えて答える。

第13日 随筆 ——福井県

次の文章を読んで、あとの問いに答えよ。

ボール投げ遊びが下手くそで、ボールが私のうちへとびこみます。例のようにベルを押します。取ってください、なら、まだかわいげがありますが、いきなり、門をあけてよ、勝手に探すからサ、ときます。中へは入れたくないので、私が探します。すると塀《へい》の外で、なにしてんだろ、待ってんだョ。でもこちらはわざわざ眼鏡をかける始末です。それなのに彼らは言いののしります。どうなってんの、ここんち、ひとのボールを返さない気か、返すギムがあるよなあ。私は無言でボールを投げてやります。と、アンガトヨ、と子供らしい明るい声です。その声の明るさに負けて、ふざけるな、と言いたいところを私は無言です。【先ごろです。低学年の女の子二人が、ベルです。そのちょっと前に、ボール取りの男の子が塀をのりこえて、無断侵入、という件があったあとです。そこへまたまた女の子で、うんざりです。彼女たちはボールではありませんでした。ものさしが庭へ入っちゃったから取らせてください、と言います。ボールならわかりますが、ものさしがなぜ入るんでしょう。なぜって言っても、入っちゃったんです、大事なものだから、どうしてもないと困るんです。そこでまた探します。ありません。もとより狭い庭ですが、折柄、相当密植になっている竹が、勢いよく新しい葉を茂らせたところで、そんな中を探しまわるのですから、竹の葉先につつかれて、あちこちかゆく、いらいらします。そこでやむを得ず、どんなものさしなの、ともう一度台所口へ出て聞くと、ものさしじゃありません、袋です、ものさしはあるんです、と言います。】それならそうと、なぜ最初からそれを言わないの、ものさしとものさし入れの袋は違うじゃないの、ととうとう私は不愉快をむきだしにしました。それでもまだ見つかりません。やっと枯れ落葉の間に見つけたのは、三十センチの布袋を端からくるくると巻いて、輪ゴムで止めた小型ウィンナくらいのものでした。人にものを頼むときは、ちゃんと言ってちょうだい、と私はつっかかりました。本気で腹が立っていたのです。

彼女らしたたかで、でも立派なものでした。老女の剣幕にたえていました。ですが、見れば硬直しているのです。そう気づくと、もういけません。3幼いもののかわいそうさで、私はフニャフニャ曖昧《あいまい》になり果てました。胸に下げたハンケチに、二組えつ子、と書いてありました。その子たちが帰ったあと、C私は後味が悪くて、もう仕事もなにもできませんでした。

その後、何日かしてです。裏木戸の前で、にこやかな奥様にウお辞儀をされ、はてな、ととまどっていたら、先日は子供がお手数をおかけしまして、D不意をうたれてぎょっとしました。もうもう完全にへこたれでした。

むかしかたぎの畳屋さんに聞いたことがあります。その人の小僧さんの時代には、ものさしを背負わせる、という言葉があったそうです。叱《しか》って、ものさしで打つことを、そう言うんだそうです。畳職のものさしは、木製角形の棒状《ぼうじょう》のもので、長さもあります。そんなもので打たれては、たちまち骨折でしょうし、喧嘩《けんか》エ沙汰《ざた》にもなりかねません。だから本当に打つはずはないのですが、そういう言葉はあったのだと思います。ものさしは寸法の定め、長さのきまりです。同時に誤っている寸法を正すものでもあります。打つだの、なぐるだのはほめたことではないから、法を正すという意味から、ものさしを背負わせる、と言ったようです。

それを思い出しました。えつ子ちゃんたちも、もしかすると幼い心に、4私のものさしを受けたか、と思いやります。私も幼い子に5図らずもものさしを背負わされたようなものです。今も相変わらずボールだ、バドミントンだ、ともの探しをさせられていますが、嫌だなあ、と思いつつも、もう一度6ものさしの思いはしたくない、と眼鏡をかけてガサゴソやっています。

（幸田《こうだ》文《あや》「ものさし」の文章による）

《設問》

問一　波線の部分のア〜エの漢字の読みをひらがなで書け。

問二　傍線の部分1は、どの言葉に直接かかっていくか。かかっていく言葉を次のうちから選んで、記号で答えよ。

いきなり、ア門を　イあけてよ、ウ勝手に　エ探すからサ、とオきます。

問三　傍線の部分2は、それまでに筆者の心の中で不愉快な気持ちがたまっていたことを示している。【　】で囲った範囲の中から、筆者の不愉快な気持ちが直接表現されている言葉を二つ抜き出して書け。

問四　傍線の部分3は、だれのどのような様子を見て、筆者が感じたことか。三十字以内で書け。

問五　傍線の部分4について、「ものさし＝法を正すもの」と考えると、えつ子ちゃんたちが私から受けたものさしは、どういう内容のものであったと思われるか。最も適当なものを次のうちから選んで記号で答えよ。

ア　仕事のじゃまをしてはいけないということ。
イ　悪いことをしたときは素直にあやまるということ。
ウ　ものを頼むときは的確にいうということ。
エ　人の家に断りなしに侵入しないということ。

問六　傍線の部分5の意味を書け。

問七　傍線の部分6は、どんな思いを言うのか。その思いが表れているところを点線の部分A～Dから一つ選んで、記号で答えよ。

問八　この文章には、語りかけるような独特のリズム感があるが、それはどこから生まれるのか。適当なものを次のうちから二つ選んで、記号で答えよ。

ア　擬声語や擬態語を多く用いている。
イ　「　」を使わず会話の文章の中にとけこませている。
ウ　「です・ます」体を基調にしている。
エ　文末に現在形と過去形を規則正しく交互に用いている。
オ　文章全体を七五調で統一している。

問九　次のア～オの行書で書かれた漢字を楷書《かいしょ》で書く場合、この文章の中の「戸」という漢字のように、「折れ」と「払い」の両方の筆使いを含んでいるものはどれか。記号で答えよ。

ア　毛　　イ　至　　ウ　先
エ　合　　オ　志

●アドバイス●

問二　ア～オにそれぞれ続けて、いちばん自然に続けられるものを選ぶ。

問四　「幼いもの」とは、庭にものさしが入ったと言ってきた女の子二人。その二人のかわいそうに思われる様子を述べた部分をさがす。

問五　筆者が女の子を叱っている言葉に注目。

問八　アの「擬声語」は物の音や動物の鳴き声をまねた言葉、「擬態語」は様子をまねた言葉。

第14日　論説文 ―― 福岡県

次の文章を読んで、後の各問に答えよ。

何の悩みもないということが幸せであるとは限らない。悩むことで人間は成長するからである。特に青春時代に自分について悩み、考えることは、自分を知ることにつながり、将来の望ましい自己実現にとって貴重なものとなるはずである。
（第一段落）

だが、若い人たちの中には、自分のふがいなさや努力不足を棚にあげて、自分が抱えている問題を他人や社会のせいにしてしまう人がいる。これでは、自分について考え、成長する機会を逃してしまうことになるのではないか。若いときにこそ、大いに悩み、自分を発見し、自分らしい生き方を求め続けることに努めたいものである。
（第二段落）

それでは、自分らしく生きるには、どうしたらよいだろうか。そのためには、個性を伸ばし、自分に自信を持つことである。まず、自分の趣味や、興味のあるものの中から今の自分が打ち込めることを探してみよう。例えば、スポーツに情熱をもやすこと、音楽や絵画に関する技能を高めること、自然科学のりょういきの一つを探究することなど、探せばだれにでも、一つは見つかるものである。そして、そのことに継続して取り組む中で、自分らしさを発見することができるはずである。□、それは口で言うほど容易なことではない。継続していく中で、時間や場所と言った制約はもちろん、技が向上しない、課題解決の方法が見つからないなど、悩みが次々に生じてくる。だが、そのたびに自分を見つめ直すことで、打ち込むことそれ自体に価値を見いだしながら、自分自身を励まし続けるのである。この過程で、自分に自信が持てるようになってくる。こうして、自分らしさを発見し、自信をもって生きることが自分らしい生き方と言えるのである。
（第三段落）

言うまでもなく、私たちは社会の中で生きている。だから、自分の生き方が他人に迷惑をかけるわがままなものであってはいけない。自分らしく生きるとは、自分の生き方に責任を持つことでもある。私たちは自分一人で生きているわけではないのだから、それぞれが他とのかかわりの中で生きているということを、互いに認め合う姿勢を持つことが大

切である。（第四段落）

自分を知るには、自分を見つめ、自分が打ち込めることを探し、悩みながらも、自分らしい生き方を求め続けることが必要である。勇気を持って、自分らしい生き方を問い続ける自分探しの旅に、船出してほしいものである。（第五段落）

《設問》

問一 本文中の もやす りょういき に適切な漢字をあて、楷書《かいしょ》で書け。なお、送り仮名が必要なものは、平仮名で正しく送ること。

問二 本文中の 大いに悩み、自分を発見し、自分らしい生き方を求め続けること を比喩《ひゆ》を使って表現している最も適当な語句を、本文中からそのまま六字で抜き出せ。

問三 本文中の そのこと は何を指しているか。最も適当な語句を、本文中からそのまま十二字で抜き出せ。

問四 本文中の［　］に入る最も適当な語を、次の1～4のうちから一つ選び、その番号を書け。

1 ただし　2 または　3 つまり　4 だから

問五 本文を、「序論・本論・結論」に分けた場合、「本論」はどの形式段落から始まるか。その形式段落を示す数字を書け。

問六 次の文章は、本文の内容についてまとめたものである。［A］～［C］に入る最も適当な語を、後の1～6のうちから、それぞれ一つずつ選び、その番号を書け。

> まず、筆者は、人間の成長にとって、［A］ことが大切であると述べ、若い人に自分らしい生き方をしてほしいと呼びかけている。そして、自分らしさを［B］する方法について述べた後に、自分らしい生き方について説明している。さらに、自分の生き方に［C］を持つことも大切であると述べ、自分らしい生き方を求め続けてほしいと結んでいる。
>
> 1 成長　2 悩む　3 責任
> 4 趣味　5 発見　6 持つ

●アドバイス●

問二 問題文全体をよく読み、傍線部の内容を他のものにたとえている箇所をさがす。

問四 空欄の前の内容を後で補足している。

問五 第一、第二段落で話題を提示、第三、第四段落でテーマについて展開、そして第五段落でまとめている。

問六 全文をもう一度通読し、筆者の説明の流れをつかんで答える。

第15日 説明文 ――長野県

次の文章を読んで、あとの各問いに答えなさい。

私の出会ったササの大開花で、ア感心したことがある。約三〇年前の一九七〇年の春、わが国の中部地方以西で、もっともよく分布するササの一種ネザサがほとんど花咲いた。1

「ササやタケは、花を咲かすと枯れる」と、言われている。現在（一九九九年）咲いているナリヒラダケが実際に枯れるかどうかは、開花の記録もなく、現時点ではわからない。しかし、その年に開花したネザサは、種子をつくって、すべて枯死していった。花を咲かせば枯れ死んでしまうからか、このササには、子孫を生き延びさせるために、巧妙な工夫があった。2

タケの花はイネの花に似ているが、実もコメとそっくりである。タケの花が咲いた後、米粒よりぽっくりと太った栄養たっぷりの種子が、たくさん、イネの穂のように実る。このたっぷりの栄養は、種子から芽が元気に育つためである。しかし、この実は、人間の食糧にもなる。3

しかし、私たちがこの種子を食糧とするのは、容易ではない。なぜなら、この種子を取ろうとして植物に触れたとたんに、バラバラと種子が地上に落ちてしまう。落ち葉や枯れ草のある地面に落ちてしまった種子を全部拾い集め食べ尽くすことは、たいへんな苦労である。だから、「種子が全部食べ尽くされないための巧みな性質だ」と、感心した。4

A、生物の世界とは抜け目のないもので、地面に落ちた種子を這《は》いまわって食べるものがいる。こんな栄養たっぷりのおいしそうな種子を、動物たちが①見過ごすはずが②ない。野ネズミである。野ネズミには、ネザサの実はたいへんなごちそうであろう。だから、タケやササがいっせいに開花すると、その実を食糧として野ネズミが大発生するという記録が残っている。5

「それじゃ、全部の種子が食べられてしまう」と心配になるが③、ネザサは感心するような賢い工夫をしている。穂についている種子が④、落ちる前に穂についたまま発芽を始めるのだ。植物には珍しい性質だが、こうしておけば、地面に落ちたとき、すぐに芽生えになれる。芽生えになれば、ササの葉は固くておいしくない。[B]、野ネズミに食べられない。[6]

たくさんの種子をつくり、大部分は野ネズミなどの食糧になったとしても、わずかでも芽生えの形で生き残ろうとする作戦なのだろう。動物に食糧を供給しつつ、自分たちも生き残っていくという、イ植物たちのけなげな生き方なのかも知れない。[7]

多くの植物種の種子は、長い間、発芽する能力を保っている。しかし、ネザサの種子は、結実後、一カ月ほどしか発芽する能力がない。地面に落ちれば、野ネズミに食べられてしまう運命にあるので、長く命を保つ必要がないことを知っているかのようである。ウ無駄をしない植物の生き方なのだろう。[8]

（田中修《たなかおさむ》「つぼみたちの生涯」による）

《設問》

問一 ――線部の漢字の読みがなを、ひらがなで書きなさい。

① 分布　② 枯死　③ 賢い　④ 芽生え
⑤ 供給　⑥ 保って　⑦ 結実

問二 〰〰線部①～④の「が」の中から、文法上の働きが他の三つと違うものを一つ選び、番号を書きなさい。

問三 本文中の[A]、[B]に当てはまる最も適切な言葉を、次のア～カからそれぞれ一つずつ選び、記号を書きなさい。

ア また　イ なぜなら　ウ だから
エ ところが　オ では　カ さらに

問四 次の一文が入る最も適切な位置を、本文中にある[1]～[8]の中から選び、番号を書きなさい。

> タケやササの大開花が太平洋戦争後の食糧難の飢えを救ったという記録が、長野県に残されている。

問五 ――線部ア「感心した」とあるが、筆者が感心しているネザサの性質を、具体的に書いている所が二か所ある。それぞれについて三十字以内で、「という性質」につながるように、本文中より抜き出して書きなさい。

問六 ――線部イ「植物たちのけなげな生き方」とあるが、特にネザサの場合の「けなげな生き方」をまとめている一文を抜き出して、最初の五文字を書きなさい。

問七　――線部ウ「無駄をしない」とあるが、筆者は、ネザサにとって何を「無駄」と考えているか。二十字以内で書きなさい。

●アドバイス●

問二　助詞「が」には「何が―なんだ」「何が―どうする」「何が―どんなだ」の「が」のように主語を示す格助詞と前後の文を結ぶ働きをする接続助詞とがある。

問三　文章の前後の関係から、Aには逆接、Bには順接の接続詞が入る。

問四　挿入する一文がタケやササを人間が食べた記録が紹介されていることに注目する。

問五　一つは穂についた種子が人間などに食べ尽くされないための性質、もう一つは穂から落ちた種子が生き残る可能性を高めるための性質。

問六　「わずかでも芽生えの形で生き残ろう」という表現に注目。

問七　直前の「地面に落ちれば……長く命を保つ必要がないことを知っているかのようである」に注目。

漢字書き取り 2

(1) 日夜ドリョクする。
(2) フンキして勝つ。
(3) 駅までキョウソウ。
(4) 新入生のカンゲイ会。
(5) 歳末の特別ケイカイ。
(6) 隣人にエシャクする。
(7) 実力をハッキする。
(8) 長老はケイケン豊富。
(9) 英文学をセンコウ。
(10) オンコウな性質。
(11) キョウミある話。
(12) 受験ジュンビの勉強。
(13) 勲章をジタイする。
(14) オウセイな食欲。
(15) 敵をアットウする。
(16) タクバツした才能。
(17) ロウレンな刑事。
(18) 動物アイゴの精神。
(19) セイコウな印刷技術。
(20) 彼の芸はミジュクだ。
(21) ダキョウ案を出す。
(22) ムエキなこと。
(23) 環境にテキオウする。
(24) けんかのチュウサイ。
(25) ネンリョウを節約。
(26) 行動にギネンをもつ。
(27) イゾンありませんね。
(28) 首相のジジョ伝。
(29) 日本記録をコウシン。
(30) テキカクな判断。
(31) 出版物のキカク。
(32) コイに意地悪をする。
(33) 通学にベンリな場所。
(34) エイリな刃物で切る。
(35) ニンシキが不足。
(36) 気象のカンソク。

第16日　小説　　　鹿児島県

次は、中学生の「ぼく」が、「モーツァルト」と呼ばれている同級生のピアノを聴く場面です。A〜Cの一連の文章を読んで、あとの一〜六の問いに答えなさい。

A

ある日の放課後のことだった。雨のせいか、放課後の教室は、どんよりとした海の底のように暗く、重たい色をしていた。

「ピアノ、聴いてくれないか?」

突然、玄関に向かう廊下を歩きながら、モーツァルトが言った。

「いいのか?」

思わずあいつの顔を見た。

「じゃあ、ピアノのキー、借りて来るから。」

息をはずませて、あいつはキーを借りに、職員室に走って言った。そして、借りて来たキーを持つと、音楽室に入って行った。

大切なものを扱う①かのようなしぐさで、あいつはキーを差し込むと、ピアノの蓋《ふた》を開けた。

「アマデウス・モーツァルトのK《ケッヘル》467番。おれの好きな曲なんだ。」(注)

ぼくを見て、それから大きく深呼吸した。そして背筋を伸ばすと、椅子《いす》に座った。音楽室に静謐《せいひつ》な空気が漂った。(注)そばに立ったまま、ぼくも I 背筋を伸ばした。

B

あいつの指が、鍵盤《けんばん》の上をすべりおりた。その瞬間、透明感のある美しいメロディーが音楽室いっぱいに響きわたっていった。聴きながら、からだ中が鳥はだ立ってくるのがわかった。

滝からこぼれ落ちる水しぶきのように、あいつの指が鍵盤の上をころがるように、流れていく。そうかと思うと、今度は、ささやくように、やさしくぼくに［　Ⅱ　］。あいつのピアノは、音楽などわからないぼくでさえ感じる美しさ、やさしさがあった。ひとの魂をつかんでしまうような何かがあった。

　ぎゅっとにぎりしめていたぼくのこぶしが震えていた。目をつぶってじっと聴いていると、その繊細さに、悲しみがこみあげてきた。あいつの背中が大きく見えた。けれど、つぎの瞬間にはその背中が今度は、たよりなく小さく見えた。気がついたら、②目じりにひと筋、涙が流れていた。わけのわからないこの十四の年のいらだちを、いっしょに共有しているような③錯覚に、ぼくは一瞬、おちいったのだった。

　ピアノを弾き終えるとあいつは、静かにぼくを見た。

「いつか、言ってくれただろ、おれのピアノを好きだって。」

　鍵盤の上に赤い布をかけながら、わざとつっけんどん(注)にあいつが言った。

「あの言葉があって、助かったよ。きっと、外に流れているひどいピアノだっただろうに、おまえがそう言ってくれた。それがうれしかったよ。」

　パタン、とピアノの蓋が閉まった。口とは④裏腹なそのそっけない態度に、あいつの今の心の中が見えてくるような気がして、ぼくは、一瞬泣きそうになり、そしてあわててこう言った。

「よかったよ、……感動したよ。」

　言いながら、ひどく平凡でありきたりな、こんな言葉しか出て来ない自分に腹立たしい思いがしていた。それほどまでに、あいつのピアノはすごかった。

［C］

　すっかり、真っ暗になってしまった音楽室に、また静寂がもどって来た。

「夢を見ているような気がするよ。」

　ぼくはもう一度、言葉を重ねた。あいつのピアノ。暗くて表情も見えないあいつの顔。静謐な音楽室。そのすべてが、ぼくには夢のような気がした。

「おれは、４６７番のおどけたような、悲しさが好きなんだ。」

あいつの透明な声を聞きながら、ぼくはそのときはじめて、モーツァルトを心底好きだと思った。男とか、女とか、そういうこととは関係なく、ひとを好きになることがあるんだということを、ぼくははじめて、実感した。

（加藤純子「モーツァルトの伝言」による）

（注）アマデウス・モーツァルトのK467番＝モーツァルトのピアノ協奏曲第二十一番ハ長調のこと。　静謐＝静かで落ち着いていること。　つっけんどん＝とげとげしくものを言ったり、冷淡なふるまいをするさま。

《設問》

問一　――線部①・③・④を仮名に直して書け。

問二　本文中の［Ⅰ］にあてはまる最も適当な語句は何か。［A］の文章から三字の語句を抜き出して書け。

問三　本文中の［Ⅱ］には、擬人法を用いた表現が入る。十字以内で書け。

問四　［B］の文章を大きく二つの場面に分けると、後半はどこから始まるか。始まりの五字を抜き出して書け。

問五　――線部②と同じように、感動が「ぼく」の体で表現されているところを［B］の文章から二箇所さがし、それぞれ十字以内で抜き出して書け。

問六　本文の内容と最もよく合うものを次から一つ選び、記号で答えよ。

ア　「モーツァルト」が弾くピアノには、彼の言動とは逆のものが表れており、「ぼく」はそのやさしさと美しさに感動している。

イ　「モーツァルト」が弾くピアノには、彼の複雑な内面が表れており、「ぼく」はその純粋な感情に共感を覚えて感動している。

ウ　「モーツァルト」が弾くピアノには、おどけた悲しさが表れており、「ぼく」はまさに今の自分の心と同じだと感動している。

エ　「モーツァルト」が弾くピアノには、繊細さと頼りなさが表れており、「ぼく」は自分と共通するものがあると感動している。

●アドバイス●

問二　「あいつ」の真剣な姿、音楽室の静謐な空気の中で、背筋を伸ばす姿に、「ぼく」もひきつけられた。

問三　すぐ前の「水しぶきのように……流れていく」という比喩《ひゆ》表現に注意しながら、「ささやくように」に続く言葉を考える。

問五　「ぼく」の具体的な体の表現に注目。

問六　［B］の中に述べられている。

第17日　随筆

――愛知県

次の文章を読んで、あとの㈠から㈦までの問に答えよ。

1　早春の山はどこの山も美しいが、信州から越後《えちご》にかけての山の美しさはまた格別である。長い冬が過ぎて、雪が消え、いよいよ春となるたたずまいのできた山は、あらゆるものに春の①いぶきが感じられて楽しいものである。雪崩や雪解け水のあとをそのまま残して、今はすっかり雪が消えて、前の年の枯れ草の伏し倒れたあとを歩いていくと、木々の葉芽にその辺まで来ている春をかぎ取ることができる。

2　この時期になってくると、尾根筋の日当たりのいいところにぽつりぽつりと白いものが見え出してくる。コブシの花である。春の訪れを告げる花である。そしてさらに五日もすると、尾根のあちこちに残雪のように白い模様となって咲き乱れる。気品の高いにおいのする花で、このにおいをかぐと春になったなとつくづく思うようになる。もうじっとしてはいられなくなって、山の中をあっちこっちと歩き回っていると、小さい黄色い花の集合したマンサクの花に行き当たる。そう強いにおいはもってはいないけれど、やはりこの花に行きあうと②なつかしい人にあったような気がする。

3　早春の山は残雪との境界線において、その③様相を異にしている。残雪地帯に入ると、もう花はない。葉芽は固く、まだまだいつ春が来るやら、その予想もつかぬほど④凍えた寒い世界に見える。しかし、残雪に一歩を踏みこめば、［⑤］は、やはりそこにも来ている。雪の上を歩いていくと突然すぽっと大きな穴があいて、穴の下に水が流れていたりする。

4　木という木の根元を中心として同心円状に雪解けが始まっている。いたるところに水のにおいと春のにおいが充満しているけれど、春を実証するものはどこにも見当たらない。残雪は遠く高いところまで続き、やがて、頂上近くなると、もはやアイゼンを使わないと⑥キケンを感ずるようになる。春はここにはない。ここはまだ冬。そこを登りつめると、頂上のこおった雪と岩の世界には冷たい風が吹いている。［⑦］、目をひとたび下界に向けると、まさしく早春にふさわしい景観が展開されている。山のすそは薄緑色のスカートをはき、残雪の森でさえも青みがかった早春のベールをかぶっている。吹いてくる風にも春のにおいがあり、太陽は意外な高さに上っているのに気がついたとき、われわれはほんとうの春を感じ取るのである

（新田《にった》次郎《じろう》『新田次郎全集第二十二巻』による）

(注)　○［1］〜［4］は段落符号である。　○葉芽＝発達して、茎・葉となるべき芽。

○コブシ、マンサク＝いずれも植物名。　○アイゼン＝登山靴の底につける滑り止めの鉄製金具。

○ベール＝顔や物をおおう薄い布。

《設　問》

問一　④凍えた　の読みをひらがなで書け。また、⑥キケン　を漢字で書け。

問二　①いぶき　の意味として最も適当なものを、次のアからエまでの中から選んで、そのかな符号を書け。

ア　気配　　イ　恩恵　　ウ　盛況　　エ　名残

問三　②なつかしい人にあったような気がする　とあるが、このときの筆者の気持ちの説明として最も適当なものを、次のアからエまでの中から選んで、そのかな符号を書け。

ア　もの珍しくて不思議な気持ち

イ　期待はずれで落胆した気持ち

ウ　親しみがもてて心ひかれる気持ち

エ　新鮮味があってさわやかな気持ち

問四　③様相　に最も近い意味で用いられていることばを、第一段落の文章中からそのまま抜き出して、五字で書け。

問五　［⑤］にあてはまる最も適当なことばを、第二段落の文章中からそのまま抜き出して、四字で書け。

問六　［⑦］にあてはまる最も適当なことばを、次のアからエまでの中から選んで、そのかな符号を書け。

ア　または　　イ　たとえば

ウ　だから　　エ　けれども

問七　次のアからエまでの文の中から、その内容がこの文章に書かれていることと一致するものを一つ選んで、そのかな符号を書け。

ア　早春の山では雪が消えた後でも木々の葉芽は見え

ず、春をかぎ取ることはとても困難である。
イ　尾根のあちこちに白いコブシの花が咲き乱れ、そのにおいをかぐと春を実感するようになる。
ウ　早春の山の残雪地帯に入ると、いたるところで春を実証するものを見つけることができる。
エ　山の頂上から下界を眺めると、残雪の森ばかりが目立つ冬の景観が寒々と展開されている。

●アドバイス●

問二　「いぶき」には、「息づかい。雰囲気。きざし」などの意味がある。文中の「はるのいぶきが感じられて」や、四行目の「春をかぎ取ることができる」という表現から判断する。

問四　すぐ後に、残雪地帯の様子が描かれていることから「様相」とは様子と同じ意味と考えて、探す。

問五　「そこにも」とは、残雪地帯にもということ。今まで歩いて来たところで見られた何が来ているのか。

問六　⑦の前と後とは逆のことを述べている。つまり逆接の接続詞を入れる。

問七　ア〜エの各文の内容を本文と比べて確かめてみる。ウの「残雪地帯」でも春を実証するものがあるが「いたるところで」見られるかどうか。

漢字書き取り 3

(1) イアン旅行に行く。
(2) 要所に警官をハイチ。
(3) 費用は各自フタン。
(4) ホウフを語る。
(5) 肉体をコクシする。
(6) 事故でイシキ不明。
(7) シゲキのない生活。
(8) ジュンシンな少年。
(9) センレンされた服装。
(10) キチョウな体験。
(11) シキュウおいでこう。
(12) 日本人のテンケイ。
(13) ヒョウテン下5度。
(14) コウソウを練る。
(15) キンジ値を求める。
(16) ジュンスイの日本人。
(17) キケンな場所。
(18) サンセイと反対。
(19) 内閣のニンショウ式。
(20) 方角をみるジシャク。
(21) ビルのカンリ人。
(22) 受験生のナイシン書。
(23) 生徒をインソツする。
(24) キテイどおりにやる。
(25) エンギをかつぐ。
(26) 空気をアッシュク。
(27) 村一番のフゴウ。
(28) ケンリと義務。
(29) 外人にソウイない。
(30) 三時にキュウソク。
(31) 楽団をシキする。
(32) シキン距離から撃つ。
(33) キチと才能に富む。
(34) キョクタンに小さい。
(35) 困難をコクフクする。
(36) シアンに暮れる。

第18日 論説文 ――島根県

次の文章を読んで、あとのそれぞれの問いに答えなさい。

（前段）

話すということは、人間の、もっとも人間的なⓐイトナみである。確かに、何かを伝えるという目的をもって話すことはある。しかし、そういう場合でも、話すということ自体を、人間的に楽しんで悪いはずはない。そう、話すこと、聞くこと、語り合うことは、人間のもちうる最高の楽しみの一つではないだろうか。他人と心を通わせ、呼びかけあって生きる――それが人間であろう。

最近、①コンピュータとの対話がいろいろな方面で「問題」になっている。子供たちが、パソコンに夢中になり、パソコンに話しかけ、パソコンのⓑ応答に歓喜しているという。世の「識者」たちはこれを憂《うれ》えて、人間との対話がなくなるとⓒケイコクする。

しかし、私はその前に言いたいことがある。人間同士の話しあい、語らいが、本当に人間的か。ボタンを押しあって、テープレコーダーを回しあっているだけのような「対話」なら、パソコン以下である。パソコンと対話してはじめて「人間味のある応答」にⓓ接しているとしたらどうだろう。

「パソコンは正直だ。ウソは言わない」

「パソコンはこちらがまちがえてもおこらない」

「パソコンは意思が通じなければ何回訂正してもよい。しんぼう強く待ってくれる」

「パソコンはうまくいくと実に気持ちよく『よくできました』と言ってくれる」

「パソコンはこの『私』だけを相手にしてくれる」

…

（どうして人間同士がそうでないのか？）

もう一つ大切なことは、パソコンの世界には「仲間」がいるということである。本当にひとりぼっちでコンピュータに接している人はほとんどいないのではないか。共通の話題世界を共有して、話がはずむのである。

（後段）

パソコンが「人間的対話を喪失させる」ことを憂える前に、教室で、家庭で、社会で、②「人間的」対話を回復しなければならない。

対話文を読もう。シナリオを読もう。一つのことを何通りものイントネーションで言いかえてみよう。言外の意図や「場」でのⓔキノウを意識して言い直そう。相手がどう思うかをはっきり予想しながら話そう。応じ方、きりかえし、やんわりとした受け止め方、上手な反対意見の表明、「本論」への導入の誘い込み、気をひくことや気をそらすこと、ⓕシンコクなときに気を抜かせ、気を抜いてるときにひきしめるコツ……。

［A］、そういうテクニックをこえて、もっとも大切なことは、話す相手を、心の中でしっかりと「あなた」としてとらえることである。だれに話しているのかわからない話し方ではどうしようもない。いまそこにいるその人を、「私」と「あなた」との関係の中にあるものとして意識することである。そのことを気の合う仲間同士だけでなく、掃除のおじさん、おばさん、駅の切符売りの人、郵便局の窓口の人、デパートの店員さん、街ですれちがう人、……すべての人と「いつでも話ができる心」で接することからはじめたい。

今日、必要なのは「話し上手」の訓練ではない。ひとりひとりが他の人を心の中にしっかりとおさめ、思いを寄せ、心の中で語りかけることである。③私の中にあなたが住む、［B］はそのあと、自然に生まれる。

話すこと――それは相手に伝えることではない。相手が自分の中に伝わり、自分が相手の中に伝わること、［C］、わかりあうことである。

「聞かせる」話がうまい話し方だという迷信は捨てよう。④話すことによってわかりあうことにまで導くのがすぐれた「話し」なのである。

（佐伯　胖《ゆたか》「わかり方の根源」による）

《設　問》

問一　傍線部ⓐⓒⓔⓕのカタカナの部分を、それぞれ漢字で書きなさい。

問二　二重傍線部ⓑ「応答」と同じ組み立ての熟語を、次のア～エの中から一つ選び、記号で答えなさい。

ア　共有　イ　喪失　ウ　教室　エ　予想

問三　波線部ⓓ「接している」の「接」を楷《かい》書《しょ》で書く場合、次に示す太い部分は何画目に書くのが正しいか。数字で答えなさい。

問四　傍線部①に「コンピュータとの対話がいろいろな方面で『問題』になっている」とあるが、ここでは、コンピュータとの対話がどういう点で「問題」になっているというのか。本文の前段の言葉を使って、三十字以内にまとめて答えなさい。

問五　傍線部②に「『人間的』」とあるが、筆者はどのようなあり方を「人間的」だと考えているのか。本文の前段から、それを示している部分を二十字以内で抜き出し、初めと終わりの三字で答えなさい。

問六　A と C に入れるのに、最も適当な言葉を、それぞれ次のア〜オの中から選び、記号で答えなさい。

ア　たとえば　　イ　すると　　ウ　なぜなら
エ　しかし　　オ　つまり

問七　傍線部③「私の中にあなたが住む」とは、どういうことか。次のア〜エの中から最も適当なものを選び、記号で答えなさい。

ア　話す相手を、いま自分が話す対象として、しっかり意識すること。
イ　話す相手の心の中を思いやり、相手の気持ちに常に従おうとすること。
ウ　話す相手の希望と自分の希望が一致するように、話しあって調整しようとすること。
エ　話す相手を、説得する対象としてとらえ、自分の意見を通すように努めること。

問八　B に入れるのに、最も適当な漢字二字の言葉を、本文中から抜き出して答えなさい。

問九　傍線部④に「話すことによってわかりあうことにまで導くのがすぐれた『話し』なのである」とあるが、「すぐれた『話し』」とは、どのように話すことをいうのか。本文の後段の言葉を使って、四十字以上五十字以内にまとめて答えなさい。

●アドバイス●

問二　「応答」は「応」「答」ともに「こたえる」の意味。つまり同じ意味を重ねた熟語を見つける。

問四　直後の二文に例があげられている。これを指定字数にまとめる。

問五　第一段落の末尾の「それが人間であろう」に注目して解く。

問六　Aの前とAの後は対立する内容。Cは前で述べた内容を簡潔に言い換えている。

問七　直前の「他の人を心の中にしっかりとおさめ」と言っていることに注目。

問九　「ひとりひとりが他の人を〜わかりあうことである」の部分を整理して答える。

第19日　古文

1 静岡県　2 沖縄県

1　次の文章を読んで、あとの問いに答えなさい。

注内膳正《ないぜんのかみ》、唐半弓《中国の短い弓》を求め得て秘蔵有りける《大切にしていた》。そのこしらへ《つくりや装飾》誠に1和工《日本の職人の技術》の及ぶ所にあらず。矢の飛ぶ事、大弓に等しく、堅き物を抜ける《貫く》故、常に愛して座右《身近に》に置かれける。

しかるに《ところが》、内膳正留守に、近習の小坊主《こばうず》《そば近くに仕える坊主頭の子供》、この弓をもてあそびて《手に持って遊んで》過《あやま》ちて引き折りたり。主人の秘蔵の事なれば、唯《ただ》に《家来たち》はあるまじと《はただでは済むまいと思い》、先《ま》づ小坊主を押し込め置き《閉じこめておき》、内膳帰宅の節、2その次第を申しけるに、案の外《予想外に》機嫌悪《あ》しからず。

「武家に仕へる者は、仮初《かりそ》めにも武に馴《な》るる事本意なり《ちょっとした折にも武道に慣れ親しむことはあるべきことだ》。その小坊主、戯《たはむ》れにも弓を取りてみる事奇特なり《感心なことだ》。肝要の節《肝心なときに》引き折りたらば、日ごろ嗜《たしな》みたる詮《せん》なかるべし《心がけて励んできたかいがないだろう》。かれ《これが》が折れたるは内膳が吉事なり《私にとって良いことである》。」と申され、3事済みけるとぞ《何事もなくて済んだということだ》。

〔注〕ここでは、江戸時代に老中をつとめた板倉重矩《しげのり》のこと。

《設　問》

問一　二重傍線（‖）部を現代かなづかいで書きなさい。

問二　傍線部1はどういうことを意味しているか。次のア～ウの中から、最も適切なものを一つ選び、記号で答えなさい。

ア　日本の技術は中国よりも優れている。
イ　中国の技術は日本よりも優れている。
ウ　日本の技術は中国と同等である。

問三　家来たちは傍線部2でどのような出来事を報告したのか。報告した出来事を書きなさい。

問四　内膳正が傍線部3のように終わらせたのはなぜか。その理由を、内膳正が述べていることから読み取って、二つ書きなさい。

●アドバイス●

問一　語頭以外のハ行音はワ行音で読む。

問二　唐半弓のつくりや装飾のすばらしさを述べている。「及ぶ」には、達する、できるの意味がある。

問三　「その次第」は、「その事情、その出来事」ということ。

問四　内膳正の言葉を前後半に分けて読み取る。一つは、小坊主の行動に対する評価、もう一つは、内膳正にとってどうか。

2　**次の文章を読んで、後の問いに答えなさい。**

仁和寺《にんなじ》にある法師、年寄るまで石清水《いはしみづ》を拝まざりければ、心うく覚えて、あるとき思ひたちて、ただ一人、徒歩《かち》より詣《まう》でけり。極楽寺《ごくらくじ》・高良《かうら》などを拝みて、かばかりと心得て帰りにけり。

さて、かたへの人にあひて、「①年ごろ思いつること、果たしはべりぬ。聞きしにも過ぎて、尊《たふと》くこそおはしけれ。そも、まゐりたる人ごとに山へ登りしは、何事かありけん、ゆかしかりしかど、神へ②まゐるこそ本意《ほい》なれと思ひて、山までは見ず。」とぞ③言ひける。

少しのことにも、先達《せんだち》はあらまほしきことなり。

注　「石清水」＝石清水八幡宮《はちまんぐう》。「心うく覚えて」＝残念なことに思われて。「かたへの人にあひて」＝仲間に向かって。「ゆかしかりしかど」＝（それを）知りたかったけれど。「先達」＝案内者。

《設　問》

問一　文章中の傍線部①「年ごろ」の意味はどれか。次のア〜エのうちから最も適当なものを一つ選んで、その記号を書きなさい。

ア　結婚適齢期　　イ　年齢

ウ　長年の間　　エ　年老いて

問二　文章中の傍線部②「まゐる」は現代かなづかいではどう書くか。すべてひらがなで書きなさい。

問三　文章中の傍線部③「言ひける」は、だれが言ったのか。次のア〜エのうちから一つ選んで、その記号を書きなさい。

ア　仁和寺にある法師

イ　かたへの人

ウ　まゐりたる人

エ　作者

問四　この文章で作者が最も述べたいことは何か。次のア〜エのうちから最も適当なものを一つ選んで、その記号を書きなさい。

ア　少しのことでも案内者はあってほしいものだ。

イ　一人で歩いて石清水まで詣《もう》でることが大切だ。

ウ　極楽寺・高良などを拝んで満足すべきだ。

エ　やりたいことは最後までやりとげるべきだ。

問五　この文章は『徒然草』の第五十二段に収められている。その作者はだれか。次のア〜エのうちから一つ選んで、その記号を書きなさい。

ア　清少納言

イ　紫式部

ウ　吉田兼好

エ　松尾芭蕉

●アドバイス●

吉田兼好「徒然草」より。

問一　「年寄るまで〜心うく覚えて」に注目。

問三　直前の会話は、石清水に参拝したときのことを話している。

問四　仁和寺の、ある法師が石清水八幡宮が山の上にあることを知らなかったことを語った後、作者は第三段落で感想を述べている。

第20日　小説　——北海道

次の文章を読んで、問いに答えなさい。

その日、釣れた魚はアカマツ一匹だけだった。

友だちは小魚を何匹か釣り上げた。けれど、アカマツ一匹の方が価値がある、と友だちも認めていた。この魚はめったに釣れないんだ。鮎《あゆ》よりも珍しいくらいだ。

釣り竿《ざお》を借りたお礼にアカマツは友だちにプレゼントした。釣った魚を持って帰る用意をしていなかった。釣れたということに満足していたので、惜しいとは思わなかった。

河原に降りて、川の水で手を洗った。魚臭さはなかなか取れなかった。川の水は冷たくて、すぐに手が赤らんだ。

家に戻ると、母親に釣りの話をした。

母親は夕食の支度をしながら、黙ってぼくの話を聞いていた。

釣りをしてもいいかな、とぼくは訊《き》いた。

お父さんに相談してみなさい、と母親は答えた。

夜遅く帰宅した父親は少し酒に酔っていた。アカマツを釣った話をすると、そうか釣りをしたのか、とつぶやくように言った。アカマツがどんな魚なのか、父親も知らない様子だった。

ぼくたちの家族は転勤族で、この町に来て数年しかたっていなかった。土地特有の言い回しには慣れていたけれど、釣りをしない父親は魚の呼び名には詳しくなかった。アカマツが何なのか、ぼくは今でもわからない。イワナやヤマメかという思いもするけれど、実際はもっとありきたりの川魚かもしれない。

釣りをするのはいいぞ、と父親は赤ら顔に笑みを浮かべて言った。あれは、気が長くなければできないからな。

父親の許しが出たので、ぼくはほっとしながら、自分の部屋に入って、布団に潜り込んだ。釣り竿を買いにいこう、と思いながら目を閉じた。手にアカマツを釣った時の感触がよみがえるようだった。

翌日、ぼくは釣り好きの友だちと一緒に釣り道具屋にいった。軒に細い竹竿が何十本もつられていた。新しい竹で、ねじ曲がったのもが多かった。竹竿は安い。子どもがおこづかいで買える値段だ。中に一本だけまっすぐで艶《つや》のある竹竿があった。これがいい、と店の主人に言うと、それは売り物じゃない、と主人と立ち話をしていた中年の男がいった。よく見ると、ぼくが選んだ竹竿の先には糸がくくりつけられ、仕掛けもついていた。誰《だれ》かの持ち物を釣り道具屋が預かっていたようだ。

坊主、と店の主人が言った。他にいいのはないのか?

ぼくは首を振った。目をつけた竿だけがたくさんの竿の中で光っているように見えた。

よし、とうなずいて、白髪頭の主人は竹竿を軒から取ると、しなりを確かめるためか、一度軽く上下に振ってから手渡してくれた。

いいの、と訊くと、いいよ、と店の主人は言った。立ち話をしていた男が驚いたように主人の顔を見た。主人は無言で左右に首を振った。

よかったな、坊主、と立ち話をしていた男が言った。羨《うらや》ましそうな口ぶりに聞こえた。

初めてか、と店の主人は訊いた。

うん、とぼくは竹竿を両手でしっかりと持って答えた。でも、友だちの竿を借りてアカマツを釣ったんだ。

それはよかった、と主人は言った。竿は大切に使うんだぞ。

はい、とぼくは答えた。

高い料金を取られるのではないか、と思ったけれど、店の主人は張り紙に書いてある値段でその竹竿を売ってくれた。ついている、と思いながら、ぼくは釣り道具屋を出た。もしかすると、ぼくは釣りをするために生まれてきたのかもしれない。

手に入れた竹竿は、友だちの竿に比べても格段に美しく、上等な感じがした。お前の竿は綺麗《きれい》だな、と釣り好きの友だちも言った。

ぼくは釣り道具屋の主人が好意で譲ってくれた竹竿で、何十匹も魚を釣った。竿のおかげだ。ぼくは釣りに熱中した。将棋のことなど忘れてしまうくらいだった。週末には必ず川で釣りをした。釣果《ちょうか》は上がったけれど、アカマツだけは釣れなかった。

（注）釣果――釣りの獲物。釣れた魚の量。

《設問》

問一 ――線1、2、3の読みを書きなさい。

問二 ＝＝線「冷」と総画数が同じ漢字を、ア〜エから選びなさい。

ア 成　イ 安　ウ 声　エ 底

問三 〰〰線1「釣れたということに満足していた」とありますが、このときの満足感が再びこみあげてくるように「ぼく」が感じたことを表している三十字以内の一文を、文中の「その日」のできごとが書かれている部分から書き抜きなさい。

問四 〰〰線2「でも、友だちの竿を借りてアカマツを釣ったんだ。」とありますが、「ぼく」がこのように言ったのは、①「『ぼく』がしたどのようなこと」によって、②「『店の主人』にどのように思われる」と考えたからですか。①、②の組み合わせとして最も適当なものを、ア〜エから選びなさい。

	①	②
ア	竹竿をしっかりと持っていたこと	わがままで強情な子供だと思われる
イ	竹竿をしっかりと持っていたこと	実際よりも釣りが下手だと思われる
ウ	店の主人に、うん、と答えたこと	愛想がよく生意気な子供だと思われる
エ	店の主人に、うん、と答えたこと	まだ釣りをしたことがないと思われる

問五 〰〰線3「もしかすると、ぼくは釣りをするために生まれてきたのかもしれない。」とありますが、ある学級で、「ぼく」がこのように感じた理由について話し合いをしたところ、次のような意見が出ました。［　］の内容を、あなたなりに考えて、四十字程度で書きなさい。

太郎さん――「店の主人が売り物ではないらしい竿を

譲ってくれたことが、いちばん大きな理由だと思います。」

花子さん―「賛成です。ほかに、初めての釣りで、珍しいアカマツを釣ったことも、関係があると思います。」

洋平さん―「手に入れた竿で何十四も魚を釣ったことも、理由の一つとは考えられませんか。」

あなた―「話の展開から考えて、洋平さんのように考えるのは無理だと思います。なぜなら、□。」

●アドバイス●

問一 1「度」の音読みには「ド」以外に「タク」と「ト」がある。

問三 探す範囲は釣りの後の場面。

問四 「ぼく」はじぶんの釣り竿をもつことが初めてだという意味で「うん」と答えた。ところが、それでは魚釣り初心者だと店の主人に思われるので、価値あるアカマツを釣ったこともあるのだと伝えることで、釣道具屋の店の主人に、自分が普通なら売ってもらえない大切な釣り竿を所有するのにふさわしい腕前の持主だということを訴えたかった。

問五 「なぜなら」に続くように「～からです。」と、理由を説明する言い方にする。

第21日 随筆 ―― 大阪府

次の文章を読んで、あとの問いに答えなさい。

子どものころの道は広い。日が暮れるまで遊んだあの道。雨ともなれば、あちこちに水たまりができた。釘《くぎ》で簡単に絵が描けた。風の強い日は、やたらに埃《ほこり》っぽかった。そんな子どもの日の情景が、うっすらと㋐脳裏に浮かんでくるのだが……。

その記憶はいとも①たやすく崩れてしまった。あんなに広かったはずの道が、小ぢんまりとした路地におさまっている。これを発見した時はいささかショックだった。

以前、何げなく昔住んでいた町に来た私は、子どものころの記憶をたぐり寄せながら、遊び場だった道を訪れてみることにした。

もう二十年も前のことか……と見廻《まわ》せば、目新しいビル、舗装された道、これでは、昔の家などないかもしれない。内心、不安ではあったが、とにかくその場所にたどりつかなくては、と、むしろ自分の気持ちをせきたてるように足を進めた。

しかし、愕然《がくぜん》とはこのことだろう。昔の家はあるにはあったが、それを取り囲む道の㋑狭いこと。そして、舗装されていた。

私の足元の鉛色の道は、子どものころのやわらかい情景を、すっかり封じ込《こ》めてしまったかのようだ。

もう東京の町では、土の道などみつからないのかもしれない。私は踵《きびす》を返した。②これでいいのだ、と言い聞かせながらも、どこかで、昔の思い出、あのころの体温を呼び戻そうとしている自分を感じないではいられなかった。

町は暮れかけている。見慣れないビルの谷間の空が、ほんのり色づき㋒、宵の明星が姿を現した。

③そんな空を見上げながら、私はある過去の記憶に辿《たど》り着いた。

この狭い路地で、カン蹴《け》り遊びに夢中の子どもたちは、日が暮れて、空が暗くなっても誰《だれ》も家へ帰ろうとしなかった。空カンのカラカラいう音が、暗がりの中に響く。オニがいち、にい、さぁん、と数をかぞえ始める。オニがかぞえている間に隠れ家を探して走り回る。やっと積み上げた材木の裏に身を隠した私は、息をころして、オニのくるのを待つ。オニがなかなかやってこないと、うれしい反面、心細くもなってくる。空を見上げると、一番星が輝いている。「一番星、みいつけた」とうたうように、ささやくと、そばのブロック塀のカゲにかくれていた子も、ひょっこり顔を出して、「一番星、みいつけた」と、同じように、ふしをつけて、うたったものだった。そのころの情景が、ふっと心に走った。何か甘ずっぱいような、それでいて夢の中の出来事のような、不思議な感情がこみ上げてきた。

私は足を止めた。昔の町が、いまとなっては見慣れない町に変わっても、記憶の中の風景は、どこかで息づいている。私はそこはかとなくうれしくなり、自分の中の小さな過去にほほえんでみせた。

（高橋洋子「雨を待ちながら」による）

（注）踵を返す＝引き返す、あともどりをする

《設　問》

問一　本文中の次の漢字の読み方を書きなさい。

㋐脳裏　㋑狭い　㋒宵

問二　①たやすく　とあるが、このことばとほぼ同じ意味で用いられていることばを本文中から抜き出しなさい。

問三　②これでいいのだ、と言い聞かせながらも、どこかで、昔の思い出、あのころの体温を呼び戻そうとしている自分を感じないではいられなかったとあるが、この気持ちを説明したものとして次のうち最も適しているものはどれか。一つ選び、記号を書きなさい。

ア　昔の情景が変わったのは残念であるが、子どものころの思い出にいつまでもとらわれていてはけないという気持ち。

イ　かつてなじんでいた情景が失われたのは当然であり、子どものころをなつかしく思い出すのはもうやめておこうという気持ち。

ウ　昔の思い出にいつまでもとらわれないほうがよいと言われながらも、子どものころの友人を久しぶりに訪ねてみたいという気持ち。

エ　昔の町が変化したのはやむを得ないと思いながらも、子どものころを思い出し、そのころの感覚をもう一度味わいたいという気持ち。

問四　そんな空を見上げながら、私はある過去の記憶に③辿り着いた　とあるが、本文中には「ある過去の記憶」として子どものころの遊びのようすが描かれており、それを生き生きと表現するために、各文末には一つの工夫がなされている。その工夫を簡単に説明しなさい。

●アドバイス●

問三　筆者は自分が育った町を久しぶりに訪ねてその変化に驚いている。筆者は、昔の町が変化してしまうのは仕方がないことで、「これでいいのだ」と自分を納得させながらも、一方では、「あのころの体温を呼び戻そうとしている」。その体温とは何かを考えて解答する。

問四　各文末に注目。過去の思い出を書くなら、文末は過去の助動詞（た）を用いていいところである。

漢字書き取り 4

(1) 悲運の**サイゴ**。
(2) 夕食に**ショウタイ**。
(3) 人権を**シンガイ**する。
(4) 百人一首を**アンキ**。
(5) 人工**エイセイ**。
(6) 両者の戦力**ヒカク**。
(7) 欠員を**ホジュウ**する。
(8) **シジュウ**同じく行動。
(9) 水圧を**チョウセツ**。
(10) **サイアイ**の妻。
(11) **オウフク**はがき。
(12) **フウチ**地区。
(13) 居間と**オウセツ**間。
(14) 質疑**オウトウ**する。
(15) **エイエン**の真理。
(16) 緊急動議を**サイタク**。
(17) **メンミツ**な計画。
(18) **メイシン**を信ずる。
(19) **フントウ**努力する。
(20) 全員で**キョウギ**する。
(21) 体力を**イジ**する。
(22) **フクザツ**な事情。
(23) 無名時代の**ツイオク**。
(24) **サイシン**の注意。
(25) **ケイバツ**を科する。
(26) **シキサイ**豊かな絵。
(27) 菊の**ヒンピョウ**会。
(28) 金品を**オウリョウ**。
(29) 早期実施を**セツボウ**。
(30) 病人を**カンゴ**する。
(31) 作品を**テンジ**する。
(32) 全権**イニン**する。
(33) 剣道の**シハン**になる。
(34) 運動場を**カクチョウ**。
(35) **シッショウ**を買う。
(36) 議案を**ケントウ**する。

第22日 論説文 ——愛媛県

次の文章を読んで、一～八の問いに答えなさい。（1～8は、それぞれ段落を示す番号である。）

1　情報の持つ特性の一つは、情報の価値は利用者が決めるということです。送り手の発した情報が、本当に情報として意味をもつか、また、どのように受け止められるかは、情報の受け手である利用者が判断の鍵《かぎ》を握っているのです。毎朝、テレビでは全国各地の天気予報が告げられ、私たちは、それを見て、傘を持って出かけようかどうかと考えます。首都圏の天気予報に関心を持っている東京在住の人にとっては、北海道や沖縄の天気予報は、聞こえていても実際には右から左へ通り過ぎてしまいます。［A］、今日これから北海道に旅行に出かけるならば、話は全く違います。いつも関心のない北海道の天気や気温が、がぜん重要になります。［B］、同じ映画や芝居を見ても、ある人はとてもおもしろかったと思うし、別の人は全くつまらないと思う場合もあります。だれでもが取るに足らないと思うような情報でも、見る人によっては、実に貴重な情報となりますし、いくら貴重な情報でも、関心のない人にとっては「［C］」です。このように、同じ情報でも、それが情報となるかどうか、あるいはそれのどこに価値を持つかは、利用者次第となります。

2　では、私たちは、どのような価値基準で、入手した情報が必要かどうか、適切かどうかを判断しているのでしょうか。それがはっきりしなければ、情報探索が適切であったかどうかを判断することができません。情報の価値判断は、多くの要因がからみ合ってなされます。

3　情報の利用者は、入手した情報と自分が持っている情報とを比較して、既に入手している情報であったり、質的量的に劣ったりする場合は必要ないと判断します。これは、あくまでも、自分が既に知っているかどうかです。ですから、自分にとっては新しい情報であっても、一般的、客観的に新しい情報であるということではありません。たまたま自分が入手していない情報だったのかもしれません。自分の未知の分野では、すべて知らない新しい情報なので、何でも手に入れようとします。

4 さて、そうはいっても、①私たちは、自分が持っていない情報ならば、必ずしも無条件にすべて受け入れるわけではありません。利用者は、情報の送り手や情報源が信頼できるかどうかでも情報を判断します。その情報を発信した人や機関がどのような経歴や立場であるか、その情報を仲介した出版社や情報サービス機関のこれまでの業績はいかなるものなのかなど、情報源の信頼性でその情報を判断します。

5 また、必要度が最も高いときに情報を入手すると、その価値が高く評価されます。今すぐ必要な情報が一時間後に手に入ったとしても、同じ情報にもかかわらず価値評価は低くなります。

6 情報を利用する目的、問題意識の深さ、関心の度合いによっても、情報の価値は異なったものになります。それは、入手した情報をどう意味づけるか、どのように自分の目的と関連づけられるかといった、利用者の情報処理能力の度合いにも影響されるでしょう。

7 ②このような様々な要素が、その時その時で変化し、関係し合って、私たちは、入手した情報を判断しています。③人によって異なるのはもちろんのこと、同じ人でも、昨日の判断と今日の判断は異なりますし、極端に言えば、数分前の情報でも価値は異なることもあるのです。

8 そこで、適切な情報を入手するには、自分の情報の価値基準を自分自身で明確にしておくことが重要です。いいかげんな価値基準で、情報の収集にかかると、後で再度情報収集をやり直さなくてはならなくなることもあるのです。

《設問》

問一 1・3段落の＝＝線ア～エの四つの「ない」の中から、品詞の異なるものを一つ選び、その記号と品詞名を書け。ただし、品詞名は漢字で書くこと。

問二 1段落の A ・ B のそれぞれに当てはまる最も適当な言葉の組み合わせを、次のア～エの中から一つ選び、その記号を書け。

ア　A ところで・B ただし　　イ　A むしろ・B そして

ウ　A しかし・B また　　エ　A したがって・B たとえば

問三 1段落の C に当てはまる最も適当なものを、次のア～エの中から一つ選び、その記号を書け。

ア　のれんに腕押し　　イ　寝耳に水

ウ　泣きっ面《つら》に蜂《はち》　　エ　猫に小判

問四 1段落に小見出しを付けたい。小見出しとして最も適当な言葉を、1段落の文中から十五字以内でそのまま抜き出して書け。ただし、1段落のキーワード（文章を理解する上で重要なかぎとなる語）として適当な単語が三つ含まれている言葉を抜き出すこと。

問五 4段落の――線①「私たちは、自分が持っていない情報ならば、必ずしも無条件にすべて受け入れるわけではありません。」とあるが、それはなぜか。その理由の一つを5段落の内容を踏まえて二十字以内で書け。

問六 7段落の――線②「このような様々な要素」とあるが、「このような」はどの段落からどの段落までの内容を指しているか。それぞれの段落の番号を書け。

問七 7段落の――線③「人によって異なる」とあるが、ここでは、何が「人によって異なる」と言っているのか。最も適当な言葉を、2～8段落の文中から七字でそのまま抜き出して書け。

問八 本文に述べられていることと最もよく合っているものを、次のア～エの中から一つ選び、その記号を書け。

ア 私たちは、情報を収集するとき、普遍性のある一つの基準に照らして、情報探索が適切であるかどうかを判断するべきである。

イ 私たちは、情報を収集するとき、その情報が持っている価値を判断する基準を、自分自身で明確にしておくことが大切である。

ウ 私たちは、情報を収集するとき、一般的、客観的に新しい情報は価値があると判断して、すべて入手しようとする傾向がある。

エ 私たちは、情報を収集するとき、情報源を信頼するとともに、自ら高度の情報処理能力を身に付けるよう努力する必要がある。

アドバイス

藤田節子の文章より。

問一 「ぬ」に置き換えられる打消の助動詞と「ぬ」に置き換えられないものと区別して考える。

問二 前後の文の内容を考えて、一つ一つ当てはめて考える。

問三 前の部分の説明からも「貴重な情報でも、関心のない人にとっては↓価値がない」という文脈とみて答える。

問四 キーワードは「情報」「価値」「利用者」の三つ。

問五 「必要度」と「価値評価」の関係に注目。

問六 ――線②を含む文の文末の「入手した情報を判断しています」に注目し、価値判断する要素が「このような」の指示する内容とみて答える。

問七 直後の「同じ人でも……異なることもある」で使われている語を整理して答える。

問八 この文章は、「情報の価値判断」について述べられており、末尾に結論が述べられていることに注目。

第23日　説明文　奈良県

次の文章を読み、各問いに答えよ。

黒板にわが文字のこす夏休み　　福永耕二

これは一学期の終業式の日に、教室の黒板に何か書いて帰るのですが、四十日間という長い夏休みが終わるまで、本人はまるでタイムカプセルでもセットした気持ちなのです。これは、やはり小学校の思い出でしょう。夏休みそのものを詠《よ》まずに、その始まりの①ある行為をとらえて、夏休みの長さと、それがいよいよはじまるときの嬉《うれ》しさを表しています。

俳句の季語は一句に季節感を与えるといえば、ばくぜんと納得する人が多いと思います。しかし正しく理解してもらうなら、季語それ自体が季節感をもっているわけではありません。例えば「夏」という季語が、一句に夏の季節感を与えると考えるのは、いくらなんでもナンセンスでしょう。

季語はあくまでも題であって、それだけでは辞書の項目と同じく②死んだ言葉にすぎません。その死んだ言葉を、そのつど生き返らせるのが俳句の作品なのです。その生き返らせる表現の過程を、わたしは仮に③解釈と呼んできました。

解釈にはいろいろな方法がありますが、季節感を与えるのも一つの解釈です。ごくささいなことが普遍性に通じるような、そんな場面を日常のなかに発見することも解釈の醍醐味《だいごみ》といえます。季語という大きな伝統を、あえて小さな現実によって解釈することは、現代的な俳句の表現としてとりわけおもしろいと思います。

現代のわたしたちは、日常的な場面のなかで、ふとした小さな感動にしばしば出会いながら、それがあまりに平凡に見えるために、その価値に気が付かないでいるのです。それは例えば、わたしたちが呼吸しているのを意識しないのとも似ています。けれども④自分の吐く息がガラスを白く曇らせるように、季語はそのつど一つの契機になって、ふだんならそのまま通り過ぎてしまう小さな感動を、俳句の作品というかたちで浮き上がらせてくれます。季語はいうならば、吐く息を受けとめて白く曇るガラスとして生きてくるのです。

俳句は短くてほとんどなにもいえないから、季語のように大きなイメージをもった言葉が必要だという意見がありま す。しかしこれは⑤発想が逆だという気がします。むしろ季語という題があるために、日常の平凡な場面から受けた小さな感動も、一個の作品として表現することができるのです。

今日の俳句作品は、季語を題として使っても、一句のテーマは必ずしも季節感を表現することではありません。先の「夏休み」の句なら、作者自身の少年時代がテーマだともいえるでしょう。つまり季語をきっかけにして、そこに自己表現の場が開けてくるのです。

（仁平　勝の文章による）

（注）ナンセンス＝意味がないこと　　醍醐味＝本当の楽しさ

《設　問》

問一　――線部「ながら」と同じ意味で使われているものを、次のア～エから一つ選び、その記号を書け。

ア　昨日、彼は友達と話をしながら散歩していた。

イ　隣町には、昔ながらの建物がまだ多く残っている。

ウ　私の弟は、幼いながらよく家のことを手伝う。

エ　たくさんの小鳥が、さえずりながら飛んでいる。

問二　――線①の「ある行為」とは、どのようなことか。具体的に書け。

問三　――線②に「死んだ言葉にすぎません」とあるが、なぜそのように言えるのか。その理由を文中の言葉を用いて書け。

問四　――線③の「解釈」という語は、ここではどのような意味で用いられているのか。文中の言葉を用いて三十五字以内で書け。

問五　――線④に「自分の吐く息がガラスを白く曇らせるように」とあるが、この表現で気付かせたいのはどのようなことか。最も適切なものを、次のア～エから一つ選び、その記号を書け。

ア　日常なにげなく繰り返されている行為にこそ意味があるということ。

イ　一人一人が注目する事柄はそれぞれに異なっているということ。

ウ　様々なできごとの関係はなかなか見えにくいものであるということ。

エ　ふだん意識していないことを明確に意識させる存在があるということ。

問六　――線⑤に「発想が逆だ」とあるが、筆者は俳句における季語の働きをどのように考えているのか。文中の言葉を用いて書け。

●アドバイス●

問一　「しばしば出会いながら」の「ながら」は、逆接を表す助詞で「～のに。～のにかかわらず」の意味。ア・エの「ながら」は、動作や状態が並行して行われることで「～しつつ」の意味、イは「～のまま。～のとおり」の意味を表している。

問三　「死んだ言葉」と言っているのは季語のこと。直前の段落の「季語それ自体が季節感をもっているわけではありません。」や「季語はあくまでも題であって」に着目して答える。

問四　直前の部分をまとめる。

問五　吐く息でガラスが白く曇るという日常の平凡なことと俳句との関係を考えてみる。

問六　吐く息でガラスが白く曇るたとえと、小さな感動が季語によって俳句という作品になることの関係から、季語の役目を考えて答える。

漢字書き取り　5

⑴　決死の**カクゴ**。
⑵　父親としての**ジカク**。
⑶　**メイロウ**快活な少年。
⑷　稲・麦は**コクモツ**。
⑸　自宅に**タイキ**する。
⑹　啄木《たくぼく》の**キュウタク**。
⑺　魚はえらで**コキュウ**。
⑻　期日までに**ノウゼイ**。
⑼　故事の**ライレキ**。
⑽　米を**チョゾウ**する。
⑾　初対面の**インショウ**。
⑿　**ウゾウ**むぞうが集合。
⒀　**カンショ**の差が多い。
⒁　**ライメイ**とどろく。
⒂　**キソ**から勉強する。
⒃　法律に**イハン**する。
⒄　**ルイレイ**のない事件。
⒅　外国船が**キコウ**する。
⒆　**セッキョク**的な態度。
⒇　切手の**シュウシュウ**。
(21)　河口の三角**ス**。
(22)　**ドウシン**にかえる。
(23)　球の**ダンメン**図。
(24)　エネルギー**シゲン**。
(25)　皇帝が全土を**シハイ**。
(26)　学校を**シサツ**する。
(27)　犯人を**ケンキョ**する。
(28)　**タッピツ**な人。
(39)　**カイキ**祝い。
(30)　辞表を**ジュリ**する。
(31)　大統領を**ケイビ**する。
(32)　**イショク**の作品。
(33)　水と**トウリョウ**の油。
(34)　**ヒツゼン**の結果だ。
(35)　害虫を**ボウジョ**する。
(36)　濃霧で**シカイ**が悪い。

第24日 小説 ——千葉県

次の文章を読み、あとの問いに答えなさい。

かれらは、無言で隅田川《すみだがわ》の堤の上を川下にむかって歩いた。澄みきった水の流れる川筋には春の気配が濃くただよっていたが、かれらは空を仰ぎ地面に眼《め》を落して美しい風光にはなんの関心も向けなかった。

A玄白《げんぱく》(注1)が、深い息をついた。

「まことに今日の腑分《ふわ》け(注2)は、なにもかもすべて驚き入るばかりでした。Bいやしくも医の業をもって主君にお仕えする身でありながら、医学の基本である人体の内部の仕組みも形態も知らず、今日まで禄《ろく》(注3)をはんできたとは面目もない次第です。今日腑分けを実見したことによって、おおよその人体内部の構造もうかがい知ることができたわけでござるが、この良き経験を生かして医業にはげみたきものです。さもなくば、医家として天地神明に申しひらきが立ちませぬ。」

玄白の眼には、光るものさえ浮かんでいた。

「申される通りです。」

良沢《りょうたく》も淳庵《じゅんあん》も、深くうなずいた。

かれらは、ふたたび黙然と歩きつづけた。川面《かわも》を船が二艘《そう》つらなって川下に動いてゆく。

不意に、玄白が足をとめた。

「いかがでござろう。ぜひおきき下され。」

玄白の眼が、良沢と淳庵に据えられた。

良沢たちは、立ち止まった。

「いかがでござろう。このターヘル・アナトミアをわが国の言葉に翻訳してみようではありませぬか。もしもその一部でも翻訳することができ得ましたならば、人体の内部や外部のことがあきらかになり、医学の治療の上にはかり知れない益となります。オランダ語をわが国の言語に翻訳することは、むろん至難のわざにちがいありませぬ。しかし、なんとかして通詞《つうじ》(注4)などの手もかりず、医家であるわれらの手で読解してみようではござらぬか。」

玄白の顔には、はげしい熱意の色がみられた。

C良沢の体が、一瞬硬直したように動かなくなった。眼は玄白を凝視し、顔には血の色がのぼっていた。

「よくぞ申された。」

良沢が、腹の底から声を D ように言った。そして、何度もうなずくと、

「実を申すと、私は、二、三年以前からオランダ書を翻訳いたしたき宿願をいだいてまいりましたが、一人ではかなわず、かと言って志を同じくする良友もござらぬ。そのことを嘆いて鬱々《うつうつ》といたずらに日を過ごしてまいりましたが、おのおの方がなんとしても翻訳の業を果たしたいと欲せられるなら、まことに心強きかぎりです。私は、昨年長崎へもゆきオランダ語も少々おぼえてまいっておりますので、それを手がかりに、このターヘル・アナトミアの解読に取りくんでみましょう。」

と、強い語調で言った。

「それは、なによりも心強い。われら同志、力をあわせつとめれば、必ずその努力は報いられましょう。心をふるい立たせかたく志を立てて、力をかたむけ申さん。」

玄白の声は、E激しくふるえていた。

中川淳庵も感動に口もきけず、かれら三人は、眼に涙をうかべながらたがいの顔を見つめ合っていた。

良沢が、口をひらいた。

「こうときまれば、俗諺《ぞくげん》(注5)に善はいそげと申す。明日早速《さっそく》拙宅(注6)へお集まり下され。工夫をこらして、このターヘル・アナトミアの翻訳をはじめましょう。」

「承知いたした。」

玄白も淳庵も、即座に応じた。
前方に両国橋が近づき、F堤の上からは江戸の家並みのひろがりがみえてきた。

（吉村《よしむら》　昭《あきら》「冬の鷹《たか》」による）

（注1）玄白《げんぱく》＝杉田玄白《すぎたげんぱく》。江戸後期の蘭《らん》学医。前野良沢、中川淳庵らと共にオランダ医学書「ターヘル・アナトミア」を訳し、「解体新書」として出版した。
（注2）腑分《ふわ》け＝解剖《かいぼう》。当時、人体の解剖は厳しく制限されていたが、例外的に、処刑された罪人の遺体を用いた解剖が、医学関係者に限定して公開されることがあった。
（注3）禄《ろく》をはんできた＝藩から給料をもらって仕事をし、生活してきた。
（注4）通詞《つうじ》＝通訳。　（注5）俗諺《ぞくげん》＝世間で用いられることわざ。
（注6）拙宅＝自分の家をへりくだって言う語。自宅。

《設　問》

問一　文章中でA玄白が、深い息をついたとあるが、そのときの気持ちの説明として最も適当なものを次のア～エのうちから一つ選び、その符号を書きなさい。

ア　腑分けを実際に見て、進歩的なオランダ医学との隔たりを感じ、深い絶望を覚えている。
イ　腑分けを見て恐怖を感じ、自分自身に医者としての適性がないことを思い知らされている。
ウ　腑分けの実際が期待はずれなもので、退屈さとともに、大きな落胆を感じている。
エ　腑分けを目《ま》のあたりにして深い感銘を受け、自らの未熟さを思い知らされている。

問二　文章中のBいやしくも……次第ですの一文を、次のように二文にすると、□のなかにはどのような接続のことばが入るか。**二字以上四字以内**で書きなさい。

いやしくも医の業をもって主君にお仕えする身であります。□、医学の基本である人体の内部の仕組みも形態も知らず、今日まで禄《ろく》をはんできたとは面目もない次第です。

問三　文章中でC良沢の体が、一瞬硬直したように動かなくなったとあるが、そのときの気持ちの説明として最も適当なものを次のア～エのうちから一つ選び、その符号を書きなさい。

ア　自分と同じ考えを打ち明けられて驚き感激している。
イ　思いがけず途方もない提案が出されてあきれている。
ウ　避けたかったことに触れられてひどく興奮している。
エ　見当はずれな答えを聞かされあっけにとられている。

問四　文章中の［D］に入る最も適当なことばを次のア～エのうちから一つ選び、その符号を書きなさい。

ア　えぐり出す
イ　あぶり出す
ウ　つまみ出す
エ　しぼり出す

問五　文章中で激しくふるえていた（E）とあるが、そのときの心の状態に最も近いことばを次のア～エのうちから一つ選び、その符号を書きなさい。

ア　恐怖　イ　悲嘆　ウ　奮起　エ　激怒

問六　文章中の堤の上からは江戸の家並みのひろがりがみえてきた（F）という表現について、冒頭のかれらは……なんの関心も向けなかったという表現と対比させて心情の変化に注目してまとめたとすると、次の文の［　］にはどのようなことばが入るか。適当なことばを考えて、**五字以内**で書きなさい。

はじめは、明確な見通しを持てなかったが、同じ志を持つ者同士で話し合ううち、前途に［　］が見えるようになってきたということを暗示している。

●アドバイス●

問一　玄白の言葉の中の「まことに今日の腑分けは、なにもかもすべて驚き入るばかりでした。」と、——線Bの「いやしくも……面目もない次第です。」という言葉から、そのときの玄白の気持ちがわかる。

問二　「……でありながら」は前に述べたことがらからは予想しなかった内容に続く言葉である。したがって逆接の接続詞を入れる。

問三　［D］の後の良沢の言葉をよく読む。

問四　心の中にためていたものを、力をこめて言い出すような激しい感情がこもった声。

問五　——線Eの前にある「心をふるい立たせかたく志を立てて、力をかたむけ申さん。」という言葉から判断する。

問六　「心情の変化に注目して」という条件に注意。三人は「明確な見通し」が持てるようになったことから適切な言葉を考える。五字以内とあるので四字でも可。

第25日　随筆

京都府

次の文章を読んで、問いに答えよ。［字数制限がある場合は、句読点も一字に数える。］

相撲で好きな光景のひとつは、呼び出しというか出方というか、あのたっつけ（足首を紐《ひも》でしばった袴《はかま》のようなもの）をつけた人物が、取組と取組の間で、土俵を、箒《ほうき》ではききよめる姿である。一勝負ついたあと、[a]、これから大切な大一番がはじまる前となると、組になって土俵に上がってきて、土俵を正面からだんだんあとずさりしながら、砂をきれいにはいてゆく。中央の仕切り線を中心に、東と西と両側から、半円形に砂をならしながら、1しだいに裏正面までさがってゆく。そのあと、土俵の上の砂をはらい、最後に土俵の内外をていねいにきよめてひとつの乱れも残さないように留意する。　…第一段落

これはもちろん、土俵の中でb勝負する力士の活動を妨害するものを除くこと、2とくに土俵のきわで勝負のもつれる場合の多いこの競技で、足が出たかどうか、指先とか踵《かかと》のごくかすったあとまでcハン定できるように、最初に砂をならしておくためである。[d]仕切りがはじまり、力士が塩をとりに何度も土俵の内と外を往復したあと、3いよいよ最後の仕切りに入った、その直後にも、もう一度、土俵のまわりをはく。　…第二段落

しかし、単に競技の必要というだけでなく、見た目にもいかにも美しいあの草箒で4きれいにはいたそのあとは、eいつも、私に少年のころ、特には夏の朝早く、私も、箒をもって、家の前をはいている間、私の頭に浮かんでいたことを思いおこさせる。そのとき、私は、いつも家の前の通りの中央からはじめて、あとずさりしながら、自分の片手のfゆるす限りの長さで、草箒でもって、半円形の波形をつけて、地をはき、それが家の壁までくると、今度は逆に通りに背中をむけて、また同じ半円の波型を地面につけながら、うしろにすすむ。そういったことを何十回かくり返しているうちに、家の前には、同じ長さと円みをもった長い波動の線が幾重にもかさなり、うねっている姿が生まれてくる。私は、仕事の途中で何度か休んでは、その姿をふりかえって楽しみ、また最後になって、もう一度、その全景を楽しんだ。　…第三段落

そのあと高等学校の学生になって京都見物に出かけ、竜《りょう》安寺の庭をみた時、私はその庭一面にしきつめられた白い砂《さ》礫《れき》の上にもある、長い線たちと石のまわりのg渦の円とでできた幾重ものかさなりから生まれた模様が描かれているのをみて、感動した。気をつけてみると、竜安寺だけでなく、大徳寺の庭の同種の模様はもちろん、たとえば銀閣寺の庭の、砂を高くもり上げた白川砂の向月台にしても、やはり絶えず築き直していかなければならないものである。…**第四段落**

私は、芸術の根のひとつは、hこういうところにあるのだと思う。土俵をはききよめたり、寺の庭を掃除すること、それ自体を芸術とよんだら、大袈裟《おおげさ》なもののいい方にすぎまい。だが、逆に、芸術というものは、どんなにi完成されきった作品の形をとってしまったあとも、いつも、こうやって誰かが掃除して、ある軌跡をはききよめ、洗い出しているべきものなのである。そういう意味で、芸術は、たえず創造的なくり返しの手をもった精神で支えられている。というより、そういう手を求めており、その手がないと死んでしまう。だがまた、逆にいえば、そうやって仕事をするのは人間の心のどこか深いところにある喜びにぴったり合っていて、人間というものは——あるいは、ある種の人間というものは——どうしても、そういう掃除をやらないではいられず、それがどんなに［j］の折れる仕事であろうと、結局それをやらずにはいられないということである。…**第五段落**

バッハやベートーヴェンといった人びとの作品が、生まれてから百年、二百年とたった今でも、毎日地球上のどこかで、誰かの手でひかれているというのも、この土俵や庭の掃除をしているようなものではあるまいか。そのあとをみるごとに、私たちは、その美しさにうたれる。それは、単に作品それ自体が美しいからだけでなく、こうやってはききよめる仕事が人間の［k］のひとつの根本的なものにつながっているからである。…**第六段落**

音楽や建築や美術などは、一度鳴り響き、高くそびえたとしても、そのあとはただ誇らかにすえおかれただけというのでは、まだ完了したとはいえないのである。…**第七段落**

（吉田秀和の文章による）

〔注〕向月台＝銀閣寺（慈照寺）庭園の西北隅にある砂盛り。高さは約一八〇センチメートルで、円錐形の上方を削り落とした形をしている。

《設問》

問一 文中の[a]と[d]に入る言葉の組み合わせとして最も適当なものを、次のア〜エから一つ選べ。

ア　a ことに　d だから
イ　a まさに　d つまり
ウ　a おそらく　d だから
エ　a たとえば　d つまり

問二 文中の 1しだいに　2とくに　3いよいよ　4きれいに のうち、**品詞の異なる語**が一つある。その**番号**を選べ。

問三 文中の b勝負 と同じ組み立て（構成）の熟語を、**第三段落から一つ**抜き出せ。

問四 文中の cハン定 の片仮名の部分を**漢字**で書け。

問五 文中の eいつも はどこにかかっているか、その**一文節**を抜き出せ。

問六 文中の fゆるす と同じ意味で用いられている例はどれか、次のア〜エから一つ選べ。

ア 彼は医者から一週間ぶりに外出をゆるされた。
イ 彼は自他ともにゆるすその道の達人である。
ウ 私は時間がゆるすなら、もう少し話したかった。
エ 私にとって、彼は心をゆるした親友である。

問七 文中の g渦 の読みを**平仮名**で書け。

問八 文中の hこういう は何を指すか。文中から**十八字**で抜き出し、**初めと終わりの三字**を書け。

問九 文中の i完成されきった作品の形をとってしまった を比喩《ゆ》的に言い換えた箇所がこれより後の文中にある。それを**十三字**で抜き出し、**初めと終わりの三字**を書け。

問一〇 文中の[j]は慣用表現の一部である。これに入る語として最も適当なものを、次のア〜エから一つ選べ。

ア 気　イ 我　ウ 腰　エ 骨

問一一 次のノートは、中学生の春子さんが本文の内容をまとめるために作ったものの一部分である。これについて、後の問い㊀〜㊃に答えよ。

（春子さんのノートの一部分）

第五・第六段落について

筆者は、芸術を人間の日常的な行為である[あ]と結びつけている。例えば、偉大な音楽家の作品が毎日どこかで演奏されているのも、誰かがいつも[あ]をしているようなものであると述べている。私たちがそのあとをみるごとにその美しさにひかれるのは、はきよめる仕事が人間の心の奥底にある[い]や楽しみと合っており、それをやらずにはいられないからである。そしてこの仕事は、**第六段落**で筆者がいうように、「人間の[k]のひとつの根本的なもの」につながっているのである。

〜〜〜〜（中略）〜〜〜〜

全体について

A　筆者の芸術に対する考え方の要点

[う]

B　段落構成

[え]

㊀ [あ]・[い] にはそれぞれ**二字**の語が入る。本文中の**第[五]段落**及び**第[六]段落**から最も適当なものを抜き出せ。

㊁ [k] に当てはまる言葉として最も適当なものを、次のア〜エから一つ選べ。

ア　発達の過程　　イ　精神の労働
ウ　経験の蓄積　　エ　行動の形式

㊂ [う] に入る文として最も適当なものを、次のア〜エから一つ選べ。

ア　「芸術」は作品それ自体の中から美がにじみ出るものである。
イ　「芸術」は一瞬の美しさやきらめきを大切にするものである。
ウ　「芸術」は創造的なくり返しの作業によって支えられるものである。
エ　「芸術」は年月を経るごとに自然とその価値が高まるものである。

㊃ [え] に入る文として最も適当なものを、次のア〜エから一つ選べ。

ア　**第[一]〜第[四]段落**ではまず結論を述べ、**第[五]〜第[七]段落**で具体例や一般論を示すことによって正しさを実証している。
イ　**第[一]〜第[四]段落**ではさまざまな具体例を述べ、**第[五]〜第[七]段落**でその内容の本質を整理しながら、結論づけている。
ウ　**第[一]〜第[四]段落**では問題点を導き出し、**第[五]・第[六]段落**で対立する考え方を示しながら、**第[七]段落**において結論づけている。
エ　**第[一]〜第[四]段落**では時間の流れに沿って例を示し、**第[五]・第[六]段落**で結論づけたうえ、**第[七]段落**で別の見方を付け加えている。

アドバイス

問一　aは、「これから大切な大一番がはじまる」の前にくる言葉であることに注目。dは、「土俵のきわで〜判定できるよう」にするという原因を受け、後に結果が続くことに注目。
問二　活用する形容動詞か活用しない副詞かで判断。
問三　「勝負」は前後が反対の意味の漢字を重ねてある。
問六　fの「ゆるす」は「可能である」と同じ意味。
問八　第[五]段落で、「芸術というものは〜精神で支えられている。」と述べているのと同内容の部分を探す。
問九　第[七]段落の中の「鳴り響く」「そびえた」という言葉は、たいへん有名になった、つまり完成されたことを表す。
問一〇　「苦労する」という意味の慣用句を探す。
問一一　㊀[あ]は第[六]段落の「バッハや〜あるまいか。」に注目。[い]は第[五]段落に「そうやって仕事を〜ぴったり合っていて」とあり、ここの「仕事」とは芸術を「はききよめる」ことである。㊂芸術と、それを「はききよめる」こととの大切さについて述べていることから、筆者の考えは、第[五]段落に「芸術というものは〜支えられている。」と述べられていることがわかる。㊃第[一]〜第[四]段落は、「はききよめる」ことについて、第[五]〜第[七]段落では、「はききよめる」ことと芸術の関係についての考えが述べられている。

第26日 論説文

宮城県

次の文章を読んで、後の問いに答えなさい。

①ほっとするような文章を読みました。

十一月二日付の某《ぼう》紙《し》紙面に掲載された、十二歳の女子中学生の文章です。

こういう主旨のところがありました――友だちどうしの話を聞いていると、②言葉がどうも「ワンパターン」である。原因は、本を読まなくなったせいではないか。自分は図書委員をしているが、図書室には本当に一人も来ない。

右の女子中学生が指している「ワンパターン」というのは、私なども電車や地下鉄の中でよく聞く「えーホント」とか「ウッソー」のような、具体的な言葉を例にあげての指摘です。

日常、その時その場の自分に即した言葉を探して使うことは、いったん意識し始めると決して容易ではありませんが、人間、四六時中緊張している生きものではないので、③点線のように意識的な時間をもつことでかえって救われている面もあるかという気はするのです。

けれども、結果は別として、その時その場の自分にふさわしい言葉探しを怠けて、身近なもので辻褄《つじつま》を合わせてしまう習慣が身につくと、とかく、「ワンパターン」になりがちです。年少者だけを非難することは出来ません。

中学生の文章が掲載されていた紙面は、「日本語の乱れ」というテーマ討論の場で、他にも違う年代の、いろいろな職業の人の文章も載っていました。

確かに④流行語を使うたのしみはあります。うまく使って、息苦しい雰囲気を和らげる場合もありますし、共感の確かめ合いということもありましょう。固定されようのない社会の反映でもある流行語の発生を防ぐのはほとんど不可能ですし、又、防ぐ必要もないと思います。

ただ、一口に流行語といっても、世相の本質をよくついている、まことに穿《うが》った流行語もあれば、事の表面だけをすくった安易なものもあります。

いつぞやも申しましたが、⑤流行語を流行語と意識して使っているうちはまだいいとして、自分の言葉探しの辛《つら》さから逃れて、楽に楽にものを言っていると、流行語を取り入れる大本《おおもと》の言語生活が正体を失うようなことにもなりかねません。

それにしても、冒頭に紹介しました、「ワンパターン」は本を読まなくなったせいではないかという一中学生の指摘は、高齢者ならぬ年少者の指摘として私にはたいそう力強く感じられました。

言葉を知らない、⑥自分の言葉を探そうとしない怠け心と思い上がりの行く手にひろがる闇《やみ》を、はっきりと予感しているような知性に希望をもちます。

たとえば個人主義は、他者の存在を認めることが前提なのに、他者との関係を無視するのが個人主義だという錯覚は、うぬぼれないでものの本を読んでいくうちには自然にただされることの一つでしょう。

世の中には、自分とは異なるさまざまの考え方、感じ方がある。つまりさまざまの言葉遣いがある。本を読んでそれを知ろうとしないのはどんなに心寒いことか、それさえ知らないことへの恐れを、さきの中学生の文章は喚起します。

終生の学びを、と促されたような朝でした。

（竹西寛子《たけにしひろこ》「国語の時間」による）

〈注〉穿った——物事の本質をうまく的確に言い表した。

《設　問》

問一　文章中に「②言葉がどうも『ワンパターン』である。」とあるが、この「ワンパターン」とはどのような言葉遣いのことか。最も適切なものを、次のア〜エから一つ選び、記号で答えなさい。

ア　自分が考えついた表現を繰り返し用いる言葉遣い。

イ　決まった言い方で間に合わせようとする言葉遣い。

ウ　誰もすぐには思いつかないような面白い言葉遣い。

エ　修飾語が多く、誰も使おうとしない難しい言葉遣い。

問二　文章中に「③点線ように意識的な時間をもつ」とあるが、この部分の意味として、最も適切なものを、次のア〜エから一つ選び、記号で答えなさい。

ア　自分にふさわしい言葉を探して使うことを常に意識していること。

イ　どのような言葉を使ったらよいかをまったく意識していないこと。

ウ　意識的に言葉を探そうとするときとそうではないときがあること。

エ　自分の言葉を意識することなくぼんやりとした時間をすごすこと。

問三　文章中に「④流行語」とあるが、流行語を使うことにはどのようなよさがあるのか。文章中の言葉を用いて、二十五〜三十五字で答えなさい。

問四　文章中に「⑤流行語を流行語と意識して使っているうちはまだいい」とあるが、この部分の説明として、最も適切なものを、次のア〜エから一つ選び、記号で答えなさい。

ア　本来は自分にふさわしい言葉を探して使うべきだが、安易に流行語に頼っていることを自覚して使っているうちは、まだいいということ。

イ　さまざまな流行語の中で、どんなときでも自分の気に入ったものだけを使うことが大切と考えて使っているうちは、まだいいということ。

ウ　世相の本質をとらえた流行語よりも、事の表面をすくった流行語の方が面白いと感じて積極的に使っているうちは、まだいいということ。

エ　流行語はその時々の世相を反映しているものなので、それを使わないのはもったいないと思って使っているうちは、まだいいということ。

問五　文章中に「⑥自分の言葉を探そうとしない怠け心と思い上がり」とあるが、次の文章は、この表現から読み取れる筆者の考えをまとめたものである。あとの㈠、㈡の問に答えなさい。

思い上がりとは、自分の言葉を探すことに［A］で、流行語や身近な言葉で十分だとするような気持ちのことである。筆者は、言葉に対する怠け心や思い上がりの気持ちがもたらす状況に強い不安を抱いている。

そこで、謙虚に本を読むことによって、さまざまな言葉遣いを知り、［B］ということを知ることが大切だと強調している。

㈠　［A］に入る言葉として、最も適切なものを、次のア〜エから一つ選び、記号で答えなさい。

ア　熱心　イ　敏感　ウ　積極的
エ　無関心

(二)　B　にあてはまる言葉を、文章中から二十五字以内でそのまま抜き出して答えなさい。

問六　文章中に「①ほっとするような文章を読みました。」とあるが、「ほっとする」という表現にこめられた筆者の心情を、四十字以内で答えなさい。

●アドバイス●

問一　10行目に「その時その場の自分にふさわしい言葉探しを怠けて、身近なもので辻褄を合わせてしまう習慣が身につくと、とかく、「ワンパターン」になりがち」とある。「身近なもの」というと、日常習慣的に使うきまりきった言葉遣いととれる。

問二　「意識的な時間」とは、「意識して、その時その場の自分にふさわしい言葉を探して使っている時間」。「点線のように」とは、「意識的な時間」と「ふさわしい言葉探しを怠っている時間」とが交互にくり返されている様子。

問三　直後の文に書かれている長所を見つけ出し、問題にもあるように「……よさ」と文末を整えて答える。

問四　「流行語を流行語と意識して使っている」とは、「自分の言葉探しを怠けて、身近な言葉で辻褄を合わせていること」や「流行語のよさを生かして楽しんで使っていること」を自分でわかって使っているということ。これに対して、無意識で流行語を使いすぎると、大本の言語生活が正体を失い乱れてしまうおそれがある。

問五　自分の言葉を探そうとしないのは、他者の存在を無視することだ。これは、自分とは異なるさまざまな考え方や感じ方をする他者を知ろうとしないことであり、そうした態度を「思い上がり」と筆者は述べている。他者を知ろうとするには、謙虚に本を読むことが大切だと言っている。

問六　一中学生の指摘に対して筆者は「私にはたいそう力強く感じられました。」「はっきりと予感しているような知性に希望をもちます。」と述べている。

第27日 小説 ——三重県

次の文章を読んで、あとの各問いに答えなさい。

母は孝次の肩から学校かばんを脱が①せると、その替わりにざるを孝次の手に持たせた。

孝次は返事をしないで、もじもじして暫《しばら》くそこに立っていた。

「ぐずぐずしていねえで、早く行ってこっちゃ」

と母はまた言った。孝次は諾《う》んと憤《いきどお》ったように言ったが、まだ暫くそこに立っていた。土間の暗さにⒶなれた孝次の眼には、その時、セル(注1)の着物にメリンス(注2)の兵古帯《へこおび》をしめた八、九歳の大人《おとな》しい少女の姿が映っていた。そしてその少女の、顔の割にひどく大きい眼が孝次を見上げた時、孝次は堪《たま》らない気恥ずかしさに襲われた。なぜか、この少女と並んで裏山のみかん畑へ登って行くことは自分には難しい仕事のような気がした。

「行くべえや。おれもいでやらあ」

その時孝次とⒷ一緒に学校から退《ひ》けて来て、②まだそこに居た兵太郎が背後から声をかけた。

兵太郎のその言葉で孝次は、

「ざるへいっぱいもぐんかい」

と母親の方へ声をかけ、(1)幾子の方は見向きもしないで土間を飛び出した。

孝次は兵太郎と並んで丘陵の斜面を登って行った。一度も背後を振り向かなかった。しかし地面をたたく小さい草履の音が、直《す》ぐ自分の背後で聞こえているのを、(2)彼は両(注3)の耳を大きくして聞いていた。

みかん畑は、入江に面した丘陵の斜面を覆って見はるかすように拡《ひろ》がっていた。孝次の家のみかん畑は丘陵の背に近いところにあって、その場所柄のためか、村の沢山のみかん畑の中でも毎年色づくのが一番早いので知られていた。

孝次と兵太郎は、同じ一本のみかんの木によじ登った。そして黄色くⒸ熟れた果実をはさみで切った。ちょきんとはさみの音がするとみかんは木から離れ地面に落ちた。そして(注4)二間《にけん》ほどの斜面を転がり、くぼ地になっている一か所で転がるのをやめて、みんなそこに集まった。

幾子は二間ほどの坂の途中でそれを受け止めようとして、あちこちに走った。孝次は母親から、はさみで切ったみかんは手で受け取って、③決して地面に落としてはいけないと言われていたが、その日は兵太郎と二人で一つ残らず地面に落とした。わざとそんな乱暴なことをするのがなぜかそう快でもあったし、幾子は幾子で落ちるみかんを追いかけて走りまわるのを悦《よろこ》んでいる風であった。

そうしているうちに、孝次は不思議なことを発見した。自分と兵太郎の二人の手許《てもと》から同時にみかんが落ちても、幾子は④いつもⓐ自分の手許から落ちたみかんを受け止めようとして、そのみかんの転がる方へ小さい体を走らせていることである。

「ほうら、落とすぞ」

何回も何回もそう叫びながら兵太郎ははさみの音を立てたが、ⓑそこから落ちたみかんは徒《いたずら》に斜面を転がって行くばかりで、幾子の関心をひくことはなかった。

「早く落としてよ」

そんなことを言いながら、幾子はみかんの木の上を見上げているが、その幾子の眼はいつも孝次の手許に注がれているのであった。

「ほうら、いいか、落とすぞ」

気のせいか、兵太郎の声は、孝次の耳にはさびしく間が抜けて聞こえた。孝次はなぜか美しいたのもしいものを自分一人で独占しているような気がして、兵太郎に気兼ねする気持ちがわいて来た。

兵太郎の悲痛な叫びには耳もかさないで、

「早く、早く」

と木の下で自分の方にせがんでいる幾子の可愛《かわい》らしい声を聞いた時、

「もうざるにいっぱいになっていらあ！」

そんなことを口走りながら、孝次はみかんの木の下に降りて来た。地面に降り立つと、気の遠くなるような思いで、小波《さざなみ》一つ寄らないで一枚の青い布のように拡がっている入江の面を見入っていた。そして、(3)このひどくたのしい作業を自分で打ち切ったことが、心のどこかで微《かす》かに恨まれた。

（井上《いのうえ》　靖《やすし》「蜜柑畑《みかんばたけ》」より）＊一部表記を改めたところがある。

（注１）セル——薄手の毛織物

（注２）メリンスの兵古帯《へこおび》——薄く柔らかい織物で作った子供のしめる帯

（注３）見はるかすように——はるかに遠くを見渡すように

（注４）二間《にけん》——約三六〇センチメートル

《設　問》

問一　波線部分①〜④の中には、用法・はたらきのちがうものが一つある。その番号を書きなさい。

問二　傍線部分(1)「幾子の方は見向きもしないで」とあるが、孝次がこのような態度をとった理由が最もよくわかる部分を、本文中から二十字以内で抜き出しなさい。（句読点も一字に数える。）

問三　傍線部分(2)「両の耳を大きくして聞いていた」とあるが、この時の孝次の様子を表すことばとして、最も適当なものを次の中から一つ選び、その記号を書きなさい。

ア　耳をかす　　イ　耳をうたがう　　ウ　耳をすます　　エ　耳をふざぐ

問四　傍線部分ⓐ「自分の手許から落ちたみかん」、傍線部分ⓑ「そこから落ちたみかん」について、次の各問に答えなさい。

㈠　傍線部分ⓐ、ⓑのみかんはだれが落としたのか、その人物の名を書きなさい。

㈡　傍線部分ⓐ、ⓑのそれぞれのみかんに対して幾子はどのような様子を示したか、その違いがわかるように書きなさい。

問五　傍線部分(3)の「このひどくたのしい作業を自分で打ち切った」とあるが、孝次はなぜ、このひどくたのしい作業を自分で打ち切ったのか、幾子の様子と、兵太郎に対する孝次の気持ちにふれて書きなさい。

問六　この文章の表現上の特色として、最も適当なものを次の中から一つ選び、その記号を書きなさい。

ア　比喩《ひゆ》や擬人法を多用して、登場人物の行動や周囲の状況を象徴的に描いている。

イ　さまざまな接続詞を用いて、登場人物の行動の原因とその結果の関係を論理的に描いている。

ウ　反復法や倒置法を多用して、登場人物一人一人の行動や心の交流を軽快に描いている。

エ　会話文や自然描写を効果的に用いて、登場人物の心情をいきいきと描いている。

問七　二重傍線部分Ⓐのひらがなを漢字に直し、Ⓑ、Ⓒの漢字の読みをひらがなで書きなさい。

●アドバイス●

問一　①～④の各語は副詞であるが、副詞には程度や状態を表す副詞と、特定の言い方を導く叙述（呼応）の副詞とがある。四語のうち、用法・はたらきが同じものが三語、別のものが一つある。

問二　孝次は初めて会った女の子を見て恥ずかしいのである。

問三　幾子の足音が気になっている。

問五　文章の後の方の「孝次はなぜか～気持ちがわいて来た」とあることから考える。

問六　ア比喩や擬人法を多用しているか、イさまざまな接続詞を用いているか、ウ反復法や倒置法が多用されているか、エ会話文や自然描写が多く用いられているか確かめてみる。

第28日　随筆

熊本県

次の文章を読んで、あとの問いに答えなさい。

映画『地球交響曲《ガイアシンフォニー》』のシナリオハンティングのため、フィンランド北部ラップランドの森を歩いた。ラップランドはすでに北極圏に入っている地域で、冬は雪と氷と暗闇《くらやみ》の世界になる。その分、夏は正反対の世界となり、ラップランドの森は、この夏のわずか数か月の間に、あらゆる草木が一気に芽吹き、花開き、萌《も》えるような緑に包まれる。ラップランドの夏の森は、まさにすべての生命によって奏《かな》でられる地球交響曲のコンサート会場といった雰囲気であった。しかし、ラップランドの森は、①実は、②エアコンの効いた都会のコンサートホールではなく、真の野性が保たれている大自然である。撮影を目的として大自然の中に踏み入る時、私はいつも二つの矛盾した世界の上に立たされることになる。私は大自然の中でシンフォニーをともに奏でる演奏者のひとりとなるのか、それともそのシンフォニーに耳を傾ける観客のひとりなのか。

ラップランドの夏の森に一歩足を踏み入れると、まず最初に出迎えてくれるのは、美しい若葉の緑でもなく、色鮮やかな草花でもなく、実はおびただしい数の蚊やブヨの大群なのだ。しかもその数としつこさは都会生活に慣れた私たちの想像を絶するものがある。写真で見た風景の美しさにひかれてこの森にやって来る都会からの旅人たちは、③まずこの洗礼を受けることになる。だから森に入る旅人は長袖《ながそで》、長ズボン、そして蚊よけ帽子をかぶるのが鉄則となる。［　④　］私の立場はそうはいかない。まず第一に、蚊よけ帽子をかぶっていたのでは撮影ができない。そして何よりも、このようないわばバリヤーを自分のからだの周囲に築いてしまうことは、⑤森と対話する最も重要な回路を自ら閉じてしまうことになるからだ。

森の本当の美しさは、嗅覚《きゅうかく》・聴覚・触覚など五感のすべてが開放されてこそ初めて見えてくる。五感のすべてを解放し、全身で森と対話した時、初めて⑥森は私を受け入れてくれる。多様な木々、草花、虫たち、動物たち、風、匂《にお》い、光などすべてが深く関《かか》わり合って一つの大きな生命体として生きている森。森のすべての生命がそれぞれの役割をにないながら、ともに一つの生命のシンフォニーを奏でている。そこには安全に隔離された観客席はない。もし森が奏でるシンフォニーを聴きたいなら、どうしてもその[⑦]の一員として、隅っこにでも加えてもらわなければならない。

ラップランドの森の夏は短い。蚊たちはこの短い夏の間に必死で生きて子孫を残そうとしている。夏の森に侵入してきた私の肉体から血を吸いとろうとするのは森の自然の摂理そのものなのだ。私が感じるかゆさもまた⑧森が奏でるシンフォニーの楽音の一つなのかもしれない。そう思うと、刺された時のかゆさは変わらないにしても、そのことに心乱されることからは少し解放されるような気がした。風や匂いや音に感覚を研ぎすます余裕も生まれた。

（龍村仁《たつむらじん》著「地球《ガイア》のささやき」による。）

（注）シナリオハンティング＝映画の脚本を書くための材料探し。
ブヨ＝ハエに似た昆虫。メスは人や動物の血を吸う。
バリヤー＝障害となる壁。防護壁。
摂理＝自然界のいろいろなことを支配している法則やきまり。
楽音＝楽器の音のように、規則正しく震動し、耳に快くひびく音。

《設問》

問一 傍線①の部分「実」の部首「宀」は何というか。ひらがなで書け。

問二 傍線②の部分「エアコンの効いた都会のコンサートホール」とは、どんな場所の比喩《ひゆ》か。最も適当なものを次のア～オから選び、記号で答えよ。

ア　安全で快適な場所
イ　静かで涼しい場所
ウ　華やかで楽しい場所
エ　清潔で美しい場所
オ　身近で気軽な場所

問三 傍線③の部分に「まずこの洗礼を受けることになる」とあるが、「この洗礼を受ける」とは、どんなことか。二十字以内で書け。

問四　④の部分に入れるのに最も適当なものを次のア〜オから選び、記号で答えよ。

ア　なぜなら　イ　また　ウ　つまり

エ　そこで　オ　ところが

問五　傍線⑤の部分「森と対話する最も重要な回路」とは、何のことをいっているのか。文章中から六文字で抜き出せ。

問六　傍線⑥の部分「森は私を受け入れてくれる」とは、どういうことか。最も適当なものを次のア〜オから選び、記号で答えよ。

ア　筆者が森の奥深くまで入りこめるということ

イ　筆者が森のありのままの姿に出会えるということ

ウ　筆者の感覚が野性に近づいていくということ

エ　筆者の身体を保護する必要がなくなるということ

オ　筆者が安全な場所へ導かれていくということ

問七　⑦の部分に入れるのに最も適当な語を、文章中から抜き出せ。

問八　傍線⑧の部分「森が奏でるシンフォニー」とは、森のどんなようすを表したものか。四十字以上、五十字以内で書け。

アドバイス

問二　傍線部は「真の野性が保たれている大自然」と対応する表現であることを確認しておく。この大自然は、「蚊やブヨ」に襲われるなど危険で不快な目にあうような所なのである。「エアコンの効いた」にまどわされない。

問三　「どんなことか」と問うているので、文末を「……こと」の形で答える。

問四　④の後に「私の立場はそうはいかない」と前文の内容と逆となる表現に注目。

問五　直後の段落に「五感のすべてを解放し、全身で森と対話した時」と述べている。

問七　第一段落で森との接し方が述べられているが、そこでは森の奏でるシンフォニーの「演奏者」となるか「観客」となるかを問うている。しかし、第三段落で「そこには安全に隔離された観客席はない」と述べている。

問八　問七を考えたとき、森に足を踏み入れた人は演奏者とならねばならぬと考えたことをヒントにして、問題文の中のキーワードをうまく利用する。

第29日　論説文

——東京都

次の文章を読んで、あとの各問に答えよ。

新聞を広げて目につくものといえば、車、コンピュータ、携帯電話、それに航空会社の広告。これらは皆、使うと速く物事を処理できるものたちである。速く行き、速く計算し、速く情報を伝える。これらの機器を使うことにより、時間を速めることができるのである。もちろん、こういう機器類は、作るにせよ動かすにせよ、膨大なエネルギーがいる。つまりわれわれは、エネルギーを使って時間の速度を速めているわけだ。（第一段）

車であれコンピュータであれ、実に便利。人類の偉大な発明である。しかし、この便利さは手放しで喜べるものではない。これらは大量にエネルギーを使うものだから、資源の枯渇《こかつ》や地球温暖化をはじめとする環境問題という負の部分を伴っていることを、いつも忘れないようにしなければならない。（第二段）

(1)これとは別の環境問題があることをここでは指摘しておきたい。私たち日本人はヒトという動物が生きるに必要な量（食物として摂取するエネルギー量）の約四〇倍ものエネルギーを消費している。もしも社会の時間の速度もエネルギー消費量に正比例するとすれば、社会生活の時間は野生の時代に比べて四〇倍速くなっていることになる。ところが体の時間は変わってはいない。心臓の打つ速さは現代人でも同じサイズのほ乳類なみであり、昔の人より速いわけではない。ということは、体の時間は変わっていないのに、社会の時間のみがけた違いに速くなっているわけだ。こんなに速くなった社会の時間に、はたして体が無理なくついていけるのだろうか？　体の時間と社会の時間との間に、非常に大きなギャップが生じているのが現代なのである。ものが豊かになり、これほど便利になったにもかかわらず、今一つ幸せ度が上がらず、ストレスがかかるし疲れるなあと感じてしまう大きな原因は、この大いなる時間のギャップにあると私は思っている。（第三段）

私たちは時間の中で生きており、時間は重要な環境要因であるが、そう考えられることは少ない。時間は時計で計るものだから変わりようがなく、あたかも公害発生前の空気のように、大切だけれども取り立てて考慮すべきものとは考えられていないのである。（第四段）

恋人といっしょの時間とつまらない会議の時間など、同じ一時間でも同じ長さとは感じられないものだし、歳《とし》をとれば一年は早い。時間が一様でないことは、われわれが皆知っていることである。ところが、改まって時間とは何か？と聞かれると、時計で計るものと答えてしまうのが現実だろう。(2) そうなってしまうのは、私たちの自然観が古典物理学に基づいているからである。古典物理学は絶対空間、絶対時間というがっちりとして変わることのない枠組みに支えられており、時間といえば絶対時間一種類しかない。（第五段）

もう一つ、時計の時間がこれほどまでに好まれる理由は、それが数字で表せるからだろう。今の世の中では、はっきりと数字で示せないものは、なかなか公には認められにくい。恋人といるときの時間が早いのか遅いのか、数値で表すことは難しく、それゆえあやふやなものとして、こういう心理的な時間は認められにくい。何でも数字にしてしまい、数字化できないものの存在をなかなか認めないという現代社会の傾向は、これもやはり物理学から生まれてきたものであり、起源はガリレオにまでさかのぼれる。（第六段）

日常生活において時間という言葉を、私たちはずいぶんといろいろな意味で使っている。おおまかに分ければ、物理的な時計の時間、生物的な体の時間、心理的な時間、社会活動の時間の四つになるかもしれない。この中で計って数値化できるのは物理的時間だけである。だからこそ、改まって時間は？　と聞かれると、時計で計るものとされてしまうのだろう。（第七段）

明治以降、日本人は古典物理学の提供する自然観を受け入れ、時間といえば時計の時間と考える癖がついているのだが、時間の軸はただ一つというのはずいぶんと窮屈。見方が狭くなってしまい、大切なものをいろいろ見落としていると思う。時間も見方によってさまざまに見えるものだと考えたい。（第八段）

こんなたとえ話をしよう。ここにリンゴの木があったとする。その木の枝から、リンゴを落とす、鉄の塊を落とす、ネズミを落とす、ゾウを落とす。同じ高さから同時に落とせば、みんな同時に下に着くだろう。だからすべてに同じニユートンの時間が流れているのは確かである。ただしこれは、リンゴや鉄やネズミやゾウから違いをすべてぬぐい去り、落体として見たときの話である。しかし、ネズミは落ちている間に「落ちる落ちるどうしようかな。」などとあれこれ考えているかもしれないし、一方ゾウは「あれえ?」なんて思う間もなくドシンでおしまい。だからゾウやネズミという違いを認めれば、やはりそこには、ゾウの時間もネズミの時間もそれぞれに流れているのではないだろうか。時間も見方によっていろいろのものがあり、重層的なものだと私は考えたいのである。(第九段)

エネルギー消費量によって時間が変わる。だとすると、社会生活においてはエネルギー消費量を自分で変えられるのだから、時間の速度を意図的に操作できることになる。今日はゆっくりのんびり、明日は速く活発に、などということが自分の意志で可能になるのである。(3)これは私たちが時間の主人になれることを意味している。絶対時間の下では、いわば時間の奴隷。私たちは時間を自由にすることなどまったくできないのだが、時間の見方を変えれば、この状態から解放される。便利な機械を使って(エネルギーを使って)時間を早めるということは、使っている間の時間だけを操作しているわけではない。早く終えればそれだけ自由な時間ができ、その余暇をどう使うかは私たちの裁量に任されるわけだから、ここでも時間に対する自由が生じる。(第十段)

私たち現代人はエネルギーをふんだんに使えるおかげで時間の速さ、そして質を変えることができ、どのような時間をどんな順序で並べていくかを意図的に決めることができる。私はそれを「時間をデザインする」と呼んでいるが、自分なりに時間をデザインすることが、生きていく上での楽しみとなり、また知恵となるべきだと私は考えている。(第十一段)

(本川達雄「生命の時間・ビジネスの時間」による)

〔注〕ギャップ——食い違い。　ガリレオ——イタリアの物理学者・天文学者・哲学者。　ニュートン——イギリスの物理学者・天文学者・数学者。

《設問》

問一 (1)これとは別の環境問題があることをここでは指摘しておきたい。とあるが、ここでいう「別の環境問題」とはどういう問題か。次のうちから最も適切なものを選べ。

ア　生活のなかでの膨大なエネルギーの消費によって、地球温暖化をはじめとする人類全体に及ぶ悪影響が生じているという問題。

イ　機器類の進歩によって社会の時間のみが速くなり、人間の体がついていこうとしても、十分に適応できなくなっているという問題。

ウ　日本では、生活の便利さを追求するあまり他の国々よりも大量に資源を消費してしまうので、資源の枯渇が生じているという問題。

エ　社会の時間の速度に適応するための体の変化があまりにも急激であったので、人間には疲労が蓄積され限界まできているという問題。

問二 (2)ところが、改まって時間とは何か？ と聞かれると、時計で計るものと答えてしまうのが現実だろう。とあるが、筆者がこのように述べたのはなぜか。次のうちから最も適切なものを選べ。

ア　現代人の多くが、時間は重要な環境要因であり、だれもが持っている機器で基準を示すべきだと思っていると考えたから。

イ　一人一人が感じる心理的な時間でさえも、物理学の考え方を利用すれば数値で表すことができると信じる人々が多いと考えたから。

ウ　不変の枠組みに支えられ、しかもはっきりと数字で示される時間だけを公のものと認める傾向が人々にあると考えたから。

エ　多くの人々は、時間を場面や相手によってさまざまな長さに感じる経験がなく、時間が一様のものだと思っていると考えたから。

問三 第八段と第九段との関係を説明したものとして適切なのは、次のうちではどれか。

ア　第八段で述べた内容について、第九段では具体的な例を示して論旨を分かりやすくしている。

イ　第八段で述べた内容を受けて、第九段では多くの例を挙げてさまざまな解決策を示している。

ウ　第八段で述べた内容に基づいて、第九段では新しい観点から例を挙げて話題を転換している。

エ　第八段で述べた内容に対して、第九段では反対の内容の例を示して異なる意見を紹介している。

問四　⑶これは私たちが時間の主人になれることを意味している。とあるが、ここでいう「時間の主人になれる」とはどういうことか。次のうちから最も適切なものを選べ。

ア　エネルギー消費量を調整して時間の速度を自分の意志で操作したり、自分の自由になる時間を作ったりできるようになるということ。

イ　時間の流れに任せて生活していれば、余暇にどの程度の時間をあてるかということが自然に判断できるようになるということ。

ウ　多忙な現代でも時間というものを気にしないでいられる人間は、精神的に余裕のある生活ができるようになるということ。

エ　機械を使いさえすれば、時間に対する見方を変えることなく絶対時間そのものを操作できるようになっていくということ。

問五　「時間」という題で、あなたの考えたことを、この文章で読んだことを参考にして二百字以内にまとめて書け。なお、題は書かないこととし、書き出しや改行の際の空欄、、や。や「なども、それぞれ字数に数えよ。

アドバイス

問一　「これ」とは「資源の枯渇や地球温暖化をはじめとする環境問題」を指していると確認して解く。

問二　傍線部の直後に「私たちの自然観が（変わることのない枠組みに支えられた）古典物理学に基づいているから」「今の世の中では、数字で示せないものは公には認められにくい」と述べられている。

問三　第九段では、第八段で述べた「物理的時間以外の見方をすることで、時間もさまざまに見えてくる」という筆者の考えを具体例をあげてわかりやすく説明している。

問四　傍線部の直後の「絶対時間の下では」以下第十段末尾までの文章から判断する。

問五　「絶対時間の下では……私たちは時間を自由にすること などできないが、「時間の見方を変えれば、この状態から解放される」などという筆者の意見を参考に書くのも一方法。

第30日 古文

1 群馬県　2 佐賀県

1 次の文章を読んで、後の問いに答えなさい。

子どもはかわいい。「枕草子」の「うつくしきもの」の段の冒頭の部分には、

瓜《うり》にかきたるちご《(幼い子)》の顔。雀《すずめ》の子の、ねず鳴きする《(ねずみの鳴きまねをすると)》にをどり来る。二つ三つばかりなるちごの、いそぎてはひ来る道に、いとちひさき塵《ちり》のありけるを目ざとに《(目ざとく)》見つけて、いとをかしげなるおよびに《(かわいらしい指に)》とらへて、大人などに見せたる、いとうつくし。

と書いて、雀でも子どもでも幼いうちは本当にかわいいとしているのは、おそらく幼い息子の姿を思い浮かべてのことであったろうと思う。

また、「虫は」の段の「みのむし」についての文章は、子どもを振り捨てて、宮仕えに出た清少納言の心をあからさまに伝えていると思う。

みのむし、いとあはれなり。鬼の生みたりければ、親に似てこれもおそろしき心あらんとて、親のあやしききぬ《(粗末な衣服を)》ひき着せて《(着せて)》、いま秋風吹かむをりぞ来んとする。まてよ。といひおきて、にげていにける《(去ったのも)》も知らず、風の音を聞き知りて、八月ばかりになれば、ちちよ、ちちよとはかなげに鳴く、いみじうあはれなり。

虫の名を鈴虫、ひぐらし、蝶《ちょう》、松虫、……蛍とあげて来たあとに続く文章である。これらの虫は晩夏から秋の野や川のふちに舞い、飛び、夕暮れから夜にかけて鳴きしきる。そのはかなげな姿、そのわびしい声々を読者の胸に思い浮かべさせておいて、このみのむしの哀切な話が語られるのである。みのむしの親は、秋風が吹くようになったらきっと帰ってくるからと言い聞かせてどこかにいってしまう。子どもはこの言葉を信じて、風の音にも耳をそばだたせ、初秋の八月ともなれば、ちちよ、ちちよと泣いているのが何ともかわいそうだという。

私は、清少納言は情に厚い女であったと思うのである。

（田中澄江『「枕草子」を旅しよう』による）

《設問》

問一 文中═══の「あはれなり」を現代仮名遣いで書きなさい。

問二 文中〰〰の「いとちひさき塵のありけるを」の意味として、最も適切なものを、次のア〜エから選びなさい。

ア　糸くずやごみが落ちていたのを
イ　とても小さなごみがあったのを
ウ　ごみがひどく散らかっていたのを
エ　ごみがひとつにまとめてあったのを

問三 「枕草子」の「うつくしきもの」の段のうち、本文では「うつくしきもの」として、いくつの例をあげていますか。

問四 「枕草子」の「虫は」の段のうち、みのむしの親が子どもに言った部分を、「枕草子」の本文から抜き出しなさい。

問五 筆者は、清少納言についてどのように述べていますか、つぎのア〜エから最も適切なものを選びなさい。

ア　幼いわが子はかわいいが、いつかはみのむしの親子のように別れなければならないと覚悟している女性
イ　幼い子どものしぐさや、みのむしのさびしげな姿から、別れて暮らすわが子への思いを募らせている女性
ウ　幼い子どもを見て、みのむしのような十分な衣服をわが子のために用意できなかったことを反省している女性
エ　幼いわが子が、しばらく会わないうちに、鬼のような心をもった人間になってしまったことを悲しんでいる女性

●アドバイス●

問二 「いと」は「とても。たいへん」の意味。

問四 「といひおきて」「とはかなげに鳴く」の「と」は、ともに引用を示す助詞。「と」の前の部分が親のことば。

問五 清少納言は、幼い息子を家に残して宮仕えをしたと筆者は考えている。そして、筆者は「うつくしきもの」「虫は」に、清少納言の息子への思いが表れており、「情に厚い女」であったと書いている。この点に注目。

2 **次の文章を読んで、あとの問いに答えなさい。**

禅林寺深覚僧正《そうじょう》、宇治殿へ消息を奉《たてまつ》りて《手紙をさしあげて》、「法蔵の破れて侍《はべ》るに、修理してたまはらん《修理していただけないだろうか》」と申されたりければ、家司《けいし》に仰《おお》せつけられて《お仕えしている者にお命じになって》、まづ損色《そんじき》をとらせに《破損の様子を見に》つかはしたりければ、僧正①この由《よし》を聞き給《たま》ひて、かの使を前に呼び寄せて、「いかにかく不覚におはしますぞ、かくては君の御後見はせさせ給ひなむや《帝のお世話役はおできにならないだろう》と申せ」とありければ、御使帰り参りて、「法蔵の破れたるほども見せられ候《さぶら》はず。ただ御前に召されて《お招きになって》、②かうかうなむ申せ、と侍る」と申しければ、殿も心得ずおぼしけるほどに、御前に年老いたる女房候ひけるが、「あはれ、御腹の内の損じたるを《空腹でいらっしゃるのを》、法蔵とのたまへるにこそ《おっしゃったのでございましょう》」と申しければ、「さもあるらむ」とて、魚のあはせ、いみじくととのへて《いろいろと取りそろえて》、つかはしたりければ、「③材木たまはりて、法蔵の破れ、つくろひ侍りぬ」とぞ申されける。

思ひはかり深き《思慮深いということは》たぐひ、かくのごとし《このようなものだ》。

(『十訓抄』)

《設問》

問一 ①この由とあるが、その内容を説明したものとして最も適当なものを次のア〜エの中から一つ選び、記号を書きなさい。

ア 宇治殿から僧正の要請を承知したという返事が、僧正にとどけられたこと

イ 宇治殿と家司が僧正のところへ失礼をわびにわざわざ出向いてきたこと

ウ 宇治殿が僧正からの依頼を受け、状況を見るため早速使者を送ったこと

エ 宇治殿が僧正に不審を抱き、調査した上で要求を断ろうとしていること

問二 ②かうかうなむ申せ について、次の各問いに答えなさい。

(1) 「かうかう」を現代仮名遣いで書きなさい。

(2)「かうかうなむ申せ」とは、どのように申し上げよ、ということか。「かうかう」の指示する部分の最初と最後の五字を抜き出して書きなさい。

問三 ③材木たまはりて とあるが、「材木」とはこの場合何のことか。本文中の語句を抜き出して書きなさい。

問四 本文の内容に合うものとして最も適当なものを、次のア〜エの中から一つ選び、記号を書きなさい。

ア 僧正が法蔵の修理という無理な要求をしてきたため、宇治殿は困り果てていたが、要求を拒んで僧正の機嫌を損ねてはかえって不利だという女房の意見を聞き入れ、法蔵の修理を行った。

イ 僧正は、その立場もあって自分の所望する物を法蔵の修理と遠回しに表現したため、宇治殿はその真意をはかりかねていたが、女房の機転によって理解し、僧正の満足を得ることができた。

ウ 僧正が法蔵の修理と称して弱みにつけこんだり、わかりづらい謎《なぞ》かけで悩ませたりするため、宇治殿は女房らと相談して僧正に好物を贈ったところ、やっと僧正のいやがらせも収まった。

エ 僧正は、宇治殿が法蔵の修理に消極的なのを聞いて激怒したが、女房の気の利《き》いたとりなしによって、宇治殿は修理に着手し、謝罪の品まで贈ってきたので、僧正の心も落ち着きを取り戻した。

●アドバイス●

問二 (2)僧正が使いの者に対して言った部分を探す。「と申せ」は除く。

問三 宇治殿は僧正になにをつかわしたか。

問四 僧正が空腹であることを遠回しに言ったのを、女房が気づいて、宇治殿に助言したという、この文章の大意をつかんで解く。

第31日 小説 ―神奈川県

次の文章を読んで、あとの問いに答えなさい。

ケンの家で、植木職の親方のツネさんと若い衆（職人）が庭の手入れをしている。植木職として腕のいいツネさんは、いつも優しく穏やかな人で、少年のケンに松の皮で小舟を作ることを教えてくれたりする。ケンはツネさんたちの仕事の様子を眺めていた。

「おやかたぁ、おっかなくねえかぁ《（こわくないかあ。）》。」とケンは松の木を見上げた。ひょろっとした三角のはしごにツネさんは乗り、手ぎわよく、茶色になった下葉をつまむ。印半てん《しるしばんてん》（職人の仕事着）の腰にひもを巻き、細い柄の木鋏《きばさみ》がさしてある。下葉をつまみ落とし、そのあいまに、のびすぎた小枝をちょんと切った。

「なんのぅ、おっかねくなんかあるもんか。」とツネさんは、もう一段あがり、ぐらっとはしごが揺れた。三角ばしごは、一本の長い棒が支えるだけだ。若い衆がとりかかっている木は池のそばにあり、三角ばしごを使えない。彼は普通のはしごを立て、まわりの木に結んだロープで固定し、ちゃっ、ちゃっと音を立てて鋏を使う。はしごは若い衆が体を動かすたびに、親方のそれよりも大きく揺れた。彼らを見上げつつケンは、1ツネさんたちはお寺の広い境内《けいだい》でやるサーカスのようだ、と思った。

「そこんとこの草っぱ、なんでとらねんだぁ。」こうケンは親方に声をかけた。年を重ねた松は、あちこち幹に白っぽい苔《こけ》がみえ、枝のつけ根に、宿り木と似た草が生えていた。陽《ひ》かげに強いリュウノヒゲ（注）、それを長くしたような草である。苔にしろ草にせよ、ケンの目には薄汚いものとして映った。ツネさんは穏やかに笑い、

「庭木《にわき》ってなあ、こういったんが生えっと、（こういうのが生えると、）てえしたもんだがな《（たいしたものなんだ。）》。百年も二百年も生きてよ、こうなんが生えて、やっと味がでっがな《（でるんだ。）》。」

「でも、やっぱり汚ねえど。うちのばあちゃん、たんと顔にしみがあってみっともねえが、あれとおんなじだぁ。」

「ははっ……ばあちゃんのしみか、そういやあ、そうかもしんねな《(しれないな。)》。だけんどよぅ、こいつをこそぎ落としてみろ、痛えって木が泣き、草っぱも生きていげね《(いけない。)》。どっちも離れちゃなんね《(ならない。)》。相性《あいしょう》のいいやつは離さねで、このまんまにしとくんがいいんだ。」

「あいしょうって、なんだぁ。」

「ひらたくいやあ《(わかりやすく言うと、)》、 A だ。たげえに《(互いに)》寄りそってりゃあ、空《から》っ風が吹こうが、雪が降ろうが、長えこと生きられっがな。」

「へえぇ。だけんど、やっぱり汚ねえなぁ。」ふとケンの頭に小守りのミッちゃんが浮かんだ。よく彼女ととっ組み合いになる。しかしミッちゃんが実家に帰るとさびしい。親方がいうあいしょうとは、なんなのだろう。

「木だって動物だって、相性はでえじだ《(大事だ。)》。この庭にいっぺえ木があっが《(あるが、)》、木と木にも相性はあっど《(あるんだぞ。)》。」

池の後ろの(注)築山《つきやま》を中心に木がうっそうと茂る。木々は雑然と茂り、それらはセミのねぐらに過ぎない、とケンは思っていた。しかしツネさんの話だと、昔この庭をこしらえた人は、きちっとあいしょうを考えていたようである。2たくさんの樹木が、いままでと違った趣にみえてきた。

「ああっ。」でっかい声がした。池にかかった太鼓橋と築山とのあいだ、すこし狭いところに若い衆ははしごを立て、作業をやっていた。一本の木を片づけ、張ったロープをゆるめつつ彼は、はしごを立てたまま移そうとした。横向きに移動しながら橋のふちにつまずいたのである。池に低く松の木がのび、倒れたはしごがあたって、枝さきが五十センチばかり折れた。三角ばしごで作業をやるツネさんが振り向き、顔がこわばった。はしごをおりて彼は池にかけ寄り、

「おめ《(おまえ)》、えれえことをしてくれたな。」

「……。」若い衆はうなだれた。

「何度もいってるだんべ《(だろうが。)》がな。横着《おうちゃく》しちゃなんねって。ひとつ片づいたら、次の段取りはていねいにやるんだ。いつもおれがいってて《(言っている)》っこと忘れたか。」

「親方、かんべんしてくんな。」

「おれはな、おめをいたぶりてえんで、いってるんじゃね。どんなときも仕事ってなあ、手抜きしちゃだめだ。おめもいつか一本だちすっ《（する）》ときがくるがな。だけんどよ、いいかんげなことをやってたら、とてもじゃねえが食っていげね。」

3 ツネさんの表情はきびしかった。はじめてケンは親方のそんな顔をみた。

お彼岸《ひがん》を過ぎると、すこしずつ陽が落ちるのが早くなる。植木職たちは夕方、切り落とした枝や、つまみ落とした葉を掃《は》き集めていた。その時、町の織物問屋に出向いていた父が帰った。ツネさんが玄関先の父に、

「だんな、すまねことやりやんして《（すまないことをしてしまいまして。）》。」

父は池に歩み寄って松に目をやった。折れたのはわずか五十センチほどだが、その部分があるのとないのでは、だいぶ風情《ふぜい》がことなる。

しばらく父は松をみつめた。

「あっしが、へまやらかしちまった《（失敗をしてしまったんです。）》がね。はしごさぁ抱えたまんまよろけ、おっ倒れたはしごが枝にぶちあたって……まったく、もうしわけねえこって《（もうしわけないことです。）》す。どうか、かんべんしてもらえねだんべ《（もらえないでしょうか。）》か。」

4 なぜツネさんは若い衆がやったといわないのだろう、とケンは思った。

「ま、すんじまったこたぁ仕方がね。」と父が口をひらいた。「ツネさんみてな《（みたいな）》親方にも、たまにゃ [B] とかがあるだんべ《（あるんだろう。）》。これっから気をつけてくんな。」

（大屋研一「むかしの少年も闘っていた」から。一部表記を改めたところがある。）

（注）リュウノヒゲ＝ユリ科の常緑多年草。細長い葉が群がり生える。
築山＝庭園などで、山に見立てて石または土砂を盛り上げて作ったもの。

《設問》

問一 [A] に入れる語句として最も適するものを次の中から一つ選び、その番号を書きなさい。

1 気にしないこと　2 うそをつかないこと　3 けんかしないこと　4 横着しないこと

問二 [B] に入れる「ことわざ」として最も適するものを次の中から一つ選び、その番号を書きなさい。

1　蛙《かえる》の子は蛙　　2　弘法《こうぼう》にも筆の誤り
3　一寸先は闇《やみ》　　4　石の上にも三年

問三　――線1「ツネさんたちはお寺の広い境内でやるサーカスのようだ、と思った。」とあるが、この時の「ケン」の気持ちの説明として最も適するものを次の中から一つ選び、その番号を書きなさい。

1　サーカスでも、「ツネさんたち」の真似《まね》はできないだろうという尊敬の思いを強く感じている。
2　高い場所で、危険をかえりみずに仕事をしなければならない「ツネさんたち」に同情している。
3　わざと危険な動作をして自分を楽しませてくれる「ツネさんたち」に、あこがれを感じている。
4　不安定な状態のまま、見事な手さばきで仕事を進める「ツネさんたち」の様子に感心している。

問四　――線2「たくさんの樹木が、いままでと違った趣にみえてきた。」とあるが、それは「ケン」がどういうことに気づいたからか。最も適するものを次の中から一つ選び、その番号を書きなさい。

1　雑然とした樹木も、セミや苔や草にとっては絶対に必要であることに気づいたから。
2　雑然と生えている樹木も、風雪に負けずに一生懸命生きていることに気づいたから。
3　雑然と茂っている樹木が、細かい配慮のもとに植えられていることに気づいたから。
4　雑然とした庭の樹木が、苔を生やすために百年以上生きてきたことに気づいたから。

問五　――線3「ツネさんの表情はきびしかった。」とあるが、その理由として最も適するものを次の中から一つ選び、その番号を書きなさい。

1　「若い衆」の仕事への心構えを正そうと真剣になっているから。
2　全く反省していない「若い衆」に怒りがこみあげてきたから。
3　話しても分かってくれない「若い衆」にあきらめを感じたから。
4　依頼主に対する弁償のことが気になり途方《とほう》に暮れているから。

問六　――線4「なぜツネさんは若い衆がやったといわないのだろう、とケンは思った。」とあるが、この時の「ケン」の気持ちの説明として最も適するものを次の中から一つ選び、その番号を書きなさい。

1　他人の失敗を進んでかぶろうとしている「ツネさ

ん」の姿に、すがすがしいいさぎよさを感じている。

2 あくまでも真実を語ろうとしない「ツネさん」の姿に、いいようのない悲しみと不信感を感じている。

3 うまく父をまるめこもうとしている「ツネさん」の姿に、大人《おとな》の世界の汚さを見て失望を感じている。

4 真実を話さない「ツネさん」の姿に、自分には理解できないものがあることとはがゆさを感じている。

問七 この文章について述べたものとして、最も適するものを次の中から一つ選び、その番号を書きなさい。

1 方言のもつ独特の味わいを生かし、主人公が理想と現実の壁につきあたって深く悩んでいく様子を重々しい感じで描いている。

2 方言を会話に用いて素朴な雰囲気を作り出し、主人公が自分をとりまく世界の複雑さを考え始める様子を印象的に描いている。

3 方言をまじえた短文を積み重ねて人物の心の動きを追いながら、主人公が醜い人間関係にとまどう様子を客観的に描いている。

4 方言を用いて人物を生き生きと描くとともに、主人公が仕事をとおして自らの将来を想像する様子をありのままに描いている。

アドバイス

問一 「相性」とは、互いの性質の合いぐあい。「相性がいい」と言えば、気が合う、仲がよいの意。

問二 「名人でも失敗することもある」という意味のことわざが入る。

問三 ケンはツネさんたちの仕事ぶりを「サーカス」のように見事だと感心している。

問四 この「趣」は「様子」というほどの意味。庭の木々が、それぞれの相性を考えたうえで植えられていることを、ケンにも理解できたのである。

問五 「若い衆」も一本だちするときがくる。そのために、ツネさんは厳しく仕込んでいる。

問六 ケンには若い衆の失敗を自分の失敗と言うツネさんの気持ちがまだ理解できないのである。

問七 1 主人公が理想と現実の壁に悩んでいるか、2 主人公が自分をとりまく世界の複雑さを考え始めているか、3 醜い人間関係にとまどっているか、4 主人公は将来を想像しているか。選択肢《し》の要点を見つけて考える。

第32日 随筆 ——香川県

次の文章は、戦後、物資が不足して生活が苦しかったころの家庭でのできごとを、筆者が回想したものである。これを読んで、あとの㈠〜㈧の問いに答えなさい。

昭和二十一、二年。私は中学生だったろう。両親と一緒に新潟県の長岡市に住んでいた。

一番上の姉が結婚して大阪へ行っていたが、両親は、

——知らない土地で大丈夫だろうか——

と、いつも気にかけていた。

ある日、この姉から速達が届く。

昼日中のことだから、家には母と私の二人きりだった。母が手紙を開く。

細かいことは忘れてしまったが、要点をかいつまめば……姉の背中に悪性の癰《よう》（皮膚や皮下にできる急性のはれもの）ができて、放《ほう》っておくと命にもかかわるものらしい。よい医者にかかりたいが、先立つものがない。至急送金してほしい、といった内容であった。

母はすぐに父の会社へ電話をかけたが、父は不在だった。いくつか心当たりを狙《ねら》って連絡をとってみたが、いっこうに父が捕[a]まらない

私は、緊張した様子であちこちへ電話をかけている母を観察して、

——これは、えらいことになったんだなあ——

と、事態の重大さを計っていた。

父が帰って来たのは、夜の十時頃《ごろ》だったろう。玄関の戸が開き、

「ただいま」

いつもと変わらない。①靴を脱いで、のっしと上がる。

父が緊急の出来事について、なにも知らないことは、子どもの私にもその声だけでわかった。私はすぐにでも母が大切な話題を切り出すものと②固唾《かたず》を飲んでいたのだが、母はその件には触れず、

「お帰りなさい」

父の着物をさしだし、父が着替えるのを待って、いつも通りにお茶をいれる。

そして、父が一口飲んだときだった。

「実は、昼、稔子《としこ》から手紙が来て……」

と、事情を語った。

父の顔が見る見る赤く脹《ふく》れあがった。手紙を急いで読み、それを投げ出し、

「なんで、お前は、今ごろ、そんなことを言い出す！」

と、b怒声が飛んだ。

母は……手紙が届いてから今しがたまでずーっと父の居所を捜し続けていたことを告げたが、③父の怒りのポイントは、それではない。

これも細かい事情は忘れてしまったが、とにかく父の言いぶんは、

「俺《おれ》は家に帰りついて玄関の戸を開け、家族の元気な顔を見て〝ああ、今日も無事でよかった〟と安心するんだ。それを日課にしているんだ。それなのに、お前はわざと知らん顔をしていて、俺が安心したときを狙って、こういう大事なことを言い出す」

つまり、玄関先でいち早く言い出すべきことを、母が遅らせて茶の間でお茶を出したところで告げたのがわるい、という主旨であった。

母は黙って怒られていた。

そのうちに父の怒りも収まった。考えてみれば、怒っていて好転する出来事ではない。対策が思案され、翌日の午前

中には電報為替が発信され、父は大阪周辺に知人を捜してよい医師を紹介してくれるよう手配を採ったはずである。父にとっても金繰《かねぐ》りはなかなかむつかしい様子だった。

その翌日か、翌々日くらいだったろう、母と私は庭に立っていた。母は庭掃除をしていた。松の木と庭石と、母と私……位置関係が映画のシーンのようにはっきりと記憶に残っている。

私には父の怒りが釈然としなかった。理不尽に思えてならなかった。

母だってどんなに早く父に緊急の事態を知らせたかったか。あちこちに電話をかけていたときの様子から考えても自明である。玄関の足音を聞いたとたん、駆《か》けて行って告げたかっただろう。だが、疲れて帰宅した父にいきなりショッキングなニュースをぶつけては気の毒だ。それを考えてタイミングを遅らせたに決まっている。

もし逆に玄関先で母がいきなりつらい用件を持ち出したら、父はなんと言っただろう。

「なんで俺が家の戸を開けたとたんに、そういうことを言い出す！」

と、やっぱり怒ったのではあるまいか。きっとそうだ。④どう考えてみても、母はわりにあわない。

私は思った通りのことを母に告げた。

母は庭掃除の手を止め、少し笑った。それから庭石のまわりを一回りしてゆっくりと呟《つぶや》いた。

「お父さんはね、怒ったんじゃないのよ」

⑤「うん？」

「うろたえたの」

短く言いきった。

もう少しなにか言ったかもしれないけれど、覚えているのは、これだけだ。母があまり多くを語らなかったことはまちがいない。

が、子ども心にも、母の言葉はよくわかった。父が怒ったのはたしかだが、その根底にあったのは、うろたえだったろう。

――知らない土地で苦しい生活をしている娘が重病にかかった。さあ、どうしよう――

激しい狼狽《ろうばい》（おどろきあわてること）に父は襲われ、われを忘れてしまったのである。母にもそれがわかったから黙って父の怒声を聞いていたのだろう。

――⑥お母さんのほうが上だな――

この出来事に関しては、そう思わないでもなかった。

（阿刀田高の文章による。一部省略等がある。）

《設問》

問一　a、c、dの＝＝のついている漢字のよみがなを書け。

問二　bの＝＝のついてる漢語「怒声」と、上下の文字の意味のつながり方が同じ漢語を、次の1〜4から一つ選んで、その番号を書け。

1　身体　　2　漆器

3　明暗　　4　駐車

問三　①に靴を脱いで、のっしと上がる　とあるが、そのような父の様子が大きく変化し始めたことを表す一文が本文中にある。その文を見つけて、初めの三字を抜き出して書け。

問四　②に固唾を飲んでいた　とあるが、これは「私」のどのような気持ちを表しているか。最も適当なものを次の1〜4から一つ選んで、その番号を書け。

1　母から父に早く姉のことを話してほしいとあせる気持ち

2　父が母の話を聞いて動転するのをひそかに心配する気持ち

3　母がいつ話し父がどう反応するか息をこらして待つ気持ち

4　父の力で姉の病気を早く治してほしいと祈るような気持ち

問五　③に父の怒りのポイントは、それではない　とあるが、それでは父の本当の怒りのポイントはどういうところにあると「私」は受け取ったのか。最も適当なものを次の1〜4から一つ選んで、その番号を書け。

1　こちらも生活が苦しいのに送金を断らなかったところ

2　緊急な事なのに居所を捜しあてられなかったところ

3　自分の帰りを待つだけで娘に何もしていなかったところ
4　大事な事を帰宅したときすぐに知らせなかったところ

問六　④に　どう考えてみても、母はわりにあわない　とあるが、なぜ「私」はそのように感じたのか。その理由を二十五字程度で書け。

問七　⑤に「うん？」とあるが、この言葉には「私」のどのような気持ちが表れているか。最も適当なものを次の1～4から一つ選んで、その番号を書け。

1　母の言葉がよく聞き取れず問い直したい気持ち
2　母の父をかばう態度が納得できず反発する気持ち
3　母の思いがけない言葉を聞いてとまどう気持ち
4　母のどんな時にも冷静な観察力に敬服する気持ち

問八　⑥に　お母さんのほうが上だな　とあるが、これは母に対する「私」のどのような思いを述べたものか。四十字程度で書け。

●アドバイス●

問三　父親の表情・様子が変化する場面をさがす。

問四　「固唾を飲む」は、緊張して事のなりゆきを見守る様子。

問五　父の言い分の直後に「つまり～」とあって怒った理由が説明されている。

問六　「どちらにしろ母は父に怒られる」と判断できたので「わりにあわない」と思った。

問七　母も当然、父の怒りを理不尽だと感じているはずだと私は思いこんでいた。それを否定されたので、とまどった。

問八　うろたえて怒った父親に対して、父親の心の中を知ったうえで抵抗もせず、怒りを受け入れた母親に対して感動している私の思いをまとめてみる。

第33日 論説文

東京都

次の文章を読んで、あとの各問に答えよ。

森林に対する関心が急速に高まった中で、特に目立つのはブナ林に寄せられた多くの讃辞である。最近、世界の自然遺産に登録された白神山地がそのことを象徴している。しかし、ブナ林それ自体を称賛しているようにみえながら、実は人間を中心に置いた価値判断に終始していることをまず指摘しておかねばならない。もちろん人間あっての文明であり文化であるから、そのこと自体が必ずしも間違っているとは言えない。しかし、現在の自然界では、人間は既に生態系の一員から離脱している。したがって、人間の判断が、自然界全体にとっても望ましいものという保証はない。もっと具体的に言えば、人間が自分自身にとっての有用性のみを、絶えず判断の基準としている点に問題があるにちがいない。この有用性という基準こそ、もう一度見直してみることが必要であろう。

初め、ブナ林への関心は、深い森への畏《おそ》れの思いとともに、木材資源という視点から出発したものと思われる。言うまでもなく、有形の効用はだれの目にも明らかだから、これを判断の基準にしたことは当然と言ってよい。次いで注目され始めたのは、森林のもついわゆる公益的機能である。この機能は極めて広範囲にわたり、しかも多様なので、ここに列挙することは避けたい。ただ公益的機能の重視によって、森林一般と同様に、ブナ林にもまた新しい視点からの価値が認められるようになったことは確かである。

価値判断の基準はその後ますます多様になった。殊にレクリエーション機能などは、ブナ林の魅力を急速に増大させたと言える。ブナ林内の快適さや、ブナ林のもつ神秘さがここで意識されるようになった。さらに、従来なかったものとして注目され始めたのは、森林の文化的機能である。生態系としてのブナ林の価値も、この文化的視点から主として論じられている。ブナ林への期待は現在さらに高まっている。

(1)しかし、このように判断の基準が変わっても、初めに述べたように、あくまで人間にとっての有用性が念頭にあったことには変わりはない。しかも、その有用性の背景には、絶えず経済的な判断があった。森林の隠れた機能が次々と発掘され、そのつど人々は新鮮な驚きを覚えたものであるが、せんじつめればいつも経済的な視点にたどり着くのである。思えば、林業経営というものの呪縛《じゅばく》から、人々は逃れることができずにいるのではなかろうか。我が国でも、まるでその証拠でもあるかのように、森林の効用を金額に換算しようという試みまでなされているのである。しかも、それが一般の人々の理解を助けていることも否定できない。

われわれは、一度人間中心の観点からみた場合の有用性というものから脱却しなければならない。そうすれば、これまで自然や森林の価値と考えられてきたものが、新たな視点から見直されることになるであろう。その場合、価値という表現は適切でないかもしれない。(2)おそらく自然や森林の価値ではなく、意義とでも表現すべきものであろう。ブナ林に注目が集まった現在、日本人はこの問題にいやおうなく対面させられたのである。例えば白神山地がなぜ保護される必要があるのか。おそらくそれは存在すること自体に、人知を超えた意義があると考えられるからであろう。だれのために、どう役立つか、などということが問題なのではない。この機会にもう一度自然というものの本質に迫ってみることが、日本人ばかりでなく、人類全体にとって必要とされているのである。

ブナ林との共存といっても、それはむしろ言葉のあやのようなもので、むしろ人間という立場からの発言であり提言であった。既に人間は生態系から離脱しているとはいえ、自分自身の立場をいまさら捨てることはできない。もしそれが可能なら、ブナ林の保全や自然保護の問題も、解決に悩むことはなかろう。人間を生態系の一員として、他のもろもろの存在と同列に取り扱えばよいのである。そうすれば、真っ先に淘汰《とうた》されるのはあるいは人間であるかもしれない。しかし、それが不可能なことはいまさら述べるまでもないであろう。ではどうすればよいか。

それには、人間を自然の支配者と位置付けた西欧の思想から、一日も早く脱却することが必要であろう。(3)日本人にとって、これは必ずしも至難のことではない。もともと日本人の自然観は、自然を支配の対象とするどころか、自分自身とは別のもの、すなわち他者とはみていなかったのである。一言で言えばこれは自然との一体感、しかも親和的一体感となるであろう。西欧の科学思想の導入によって、日本人は科学に目覚めると同時に、この一体感を喪失した。この失った一体感を取り戻すことが、日本人にとって今や急務なのである。

　では一体感とは何か。明治以前の日本人が自然を認識の対象にすらせず、そのため自然に相当する名詞すらもなかった、というような説明だけではとうてい理解されない。おそらく本来の一体感とは、常に自然の側に立って、自然の気持ちを思いやることであるにちがいない。最近「自然にやさしく」とか「地球にやさしく」とかいう表現が、好んで用いられる。生態系から離脱した者が、自然を外から眺めて言う言葉としては、いかにもふさわしいように思える。しかしよく考えてみると、人間は常に自然に対して優者の立場にある。そういえば、「自然保護」という言葉もまた同様な語感を伴っているではないか。まるで強者が弱者を保護するかのようであるが、むしろ保護されているのは人間であろう。(4)そのことを忘れて自然を保護すると言い、自然との共存を称《たた》えても、自然の側からみれば「いまさら何だ。」ということにもなりかねない。

　大切なことは、人間にとって有用なものだけに目を向け、その活用が自然と人間の関係のすべてだと思う考え方を捨てることであろう。そうなれば、人間は自然の存在自体を尊重するしかない。自然の意志、ないし自然の心を尊重すると言ってもいいであろう。とはいえ、自然の心に迫ることなど、表現することは易しくても実際は至難のわざである。人間にできることは、自然に対して謙虚な気持ちをもつことにほかならない。せめて意識の中だけでも、生態系の一員である自分を自覚することなのである。

（北村昌美「ブナの森と生きる」による）

〔注〕生態系——一定の空間に生育する生物群と、それらの生育にかかわる要因の複合的な体系。
呪縛《じゅばく》——心理的な制約。　淘汰《とうた》される——適当でないものとして除かれる。

《設問》

問一 (1)しかし、このように判断の基準が変わっても、初めに述べたように、あくまで人間にとっての有用性が念頭にあったことには変わりはない。とあるが、筆者が「判断の基準」の例として挙げているものを、本文中に述べられている順に次のようにまとめてみた。[(a)]と[(b)]にそれぞれ当てはまる語句を本文中からそのまま抜き出して書け。

有形の効用 ⇩ (a) ⇩ (b) ⇩ 文化的機能

問二 (2)おそらく自然や森林の価値ではなく、意義とでも表現すべきものであろう。とあるが、筆者がこのように述べたのはなぜか。次のうちから最も適切なものを選べ。

ア 自然の本質に迫る深い内容を含む「価値」よりも、林業経営の基盤となる考えを具体的に表す「意義」の方が適切な表現だと考えたから。

イ 人間の知識では理解しがたい「価値」よりも、森林の効用についての人々の理解を助けてきた「意義」の方が適切な表現だと考えたから。

ウ 人間にとって有益かどうかを基準にした「価値」よりも、存在すること自体の意味に着目した「意義」の方が適切な表現だと考えたから。

エ 人間中心の観点を捨て去らなければ分からない「価値」よりも、経済的視点から簡単に分かる「意義」の方が適切な表現だと考えたから。

問三 (3)日本人にとって、これは必ずしも至難のことではない。とあるが、「日本人にとって、これは必ずしも至難のことではない」とはどういうことか。次のうちから最も適切なものを選べ。

ア 日本人は元来自然との一体感をもっているので、自然を支配するという考えからどうしても抜け出せないわけではないということ。

イ 自然に対して強い愛着をもっている日本人が自然を支配しようとする考えにこだわり続けるのは、やむを得ない面もあるということ。

ウ 自然の利点を十分に知る日本人は西欧思想の限界を理解しているので、従来の考えを捨て去ることは極めて容易であるということ。

エ 自然との親和的一体感を守り続ける日本人には西欧の思想が定着していないので、特に考えを改めようとする必要もないということ。

問四 (4)そのことを忘れて自然を保護すると言い、自然との共存を称《たた》えても、自然の側からみれば「いまさら何だ。」ということにもなりかねない。とあるが、「そのこと」に相当する内容として最も適切なのは、次のうちではどれか。

ア 自然保護という言葉には特別な語感があるということ。

イ 保護されているのは自然ではなく人間であるとい

うこと。
ウ　自然の中では常に強者が弱者を保護しているということ。
エ　人間はいつも自然に対して優者の立場にあるということ。

問五　「自然と人間とのかかわり方」という題で、あなたの考えたことを、この文章で読んだことを参考にして二百字以内にまとめて書け。なお、題は書かないこととし、書き出しや改行の際の空欄、、や。や「などもそれぞれ字数に数えよ。

●アドバイス●

問一　「有形の効用」「文化的機能」という言葉が用いられている第二・第三段落をよく読む。「判断の基準」とは、人間のブナ林に対する考え方の基準ということである。

問二　この段落の冒頭に「われわれは、一度人間中心の観点から見た場合の有用性というものから脱却しなければならない。」とある。

問三　——線部(3)を含む段落をよく読む。

問四　——線部(4)の直前の文に注目。

漢字書き取り 6

(1) フウフで働く。
(2) 一万冊のゾウショ。
(3) ホウシャ状の道路。
(4) 社会にホウシする。
(5) ぶどうは秋のミカク。
(6) 見物人でコンザツ。
(7) グタイ的に説明する。
(8) コウセイな判決。
(9) 銅像をセイサクする。
(10) ケイセイ不利な戦い。
(11) コウゴに運転する。
(12) 映画をヒヒョウする。
(13) 読者のハンキョウ。
(14) 生活のチエ。
(15) オンダンな気候。
(16) シュダンを選ばない。
(17) 三つの役をケンニン。
(18) 奈良のシセキ。
(19) 殺人事件のベンゴシ。
(20) 一ツイの花。
(21) 体力をソクテイする。
(22) シュビよくはこぶ。
(23) イチョウの薬。
(24) 祖父のイアイの品。
(25) アンイに考える。
(26) リンリツする煙突。
(27) 仕事がサンセキする。
(28) 人気女優がコンヤク。
(29) セキネンのうらみ。
(30) 費用をセッパンする。
(31) 鉱石をサイクツする。
(32) オンビンな処置。
(33) チョウホウがられる。
(34) エイコ盛衰。
(35) ユウエツカンをもつ。
(36) ルイジした作品。

第34日　小説

――筑波大附属駒場高校

消防署に勤務している「彼」は屯所《とんしょ》（消防署員が出動まで控えている建物）で野鳥の「おおるり」を飼っている。そこに女の人が尋ねてきた。次の文章を読んで、後の問いに答えなさい。

話の先を聞いてみると、屯所の裏手に聳《そび》えて立っている市民病院の付添婦だということが分かった。はじめはただ市民病院にいるというから、あまり冴《さ》えない顔色から推して入院患者が脱け出してきたのかと思ったが、

「いいえ。」とその人は笑って、「こう見えても私は病人の世話をする方です。付添いです。」

それで、まだ三十前なのに髪を無造作にうしろへ束ねて、薄化粧もしていない訳が分かった。

五階建ての病院の、三階から上が入院患者の病室だが、毎朝、どこか窓の下の方から澄んだ小鳥の啼《な》き声がきこえてくる。入院患者たちはそれをなによりの楽しみにしていて、朝の小鳥がよく啼いてくれると一日気分がいいと言っている。ただ、欲をいえば、その啼き声をもうすこし近いところで、しみじみと聴きたい。もっと高く啼かせてもらえないだろうかと、寝たきりの病人たちはそう言っている。それで、その付添婦の人はみんなの願いをかなえてやりたくて、朝の小鳥の飼主を執念深く探し歩いていたのである。

そんな話を聞いて、彼は①ちょっと悪くない気がした。そんなことなら、籠《かご》ごと貸してやってもいいと思ったが、あいにく病院で生きものを飼ってはいけないことになっているという。それでは②餌《え》に仕掛けをするほかはない。餌に仕掛けをして、鳥籠をできるだけ高いところに置くことだ。

このあたりでは、小鳥は大概、干した鮒《ふな》の粉末と、玄米の粉と黄な粉を混ぜ合わせたのに、はこべを入れた擂《す》り餌で飼うが、これに茹《ゆ》で卵の黄身か蜂蜜《はちみつ》をすこし加えると、声にめっきり艶《つや》が出てくる。餌にそんな仕掛けをして置いて、鳥籠は、裏の鉄塔の上に揚げることにすればいい。毎朝、鳥籠を持って垂直な梯子《はしご》を昇り降りするのでは大変だが、上に滑車をつければなんでもない。濡《ぬ》れたホースを乾かすための鉄塔だから、てっぺんに円く手すりのようなものがつい

ている。そこに滑車を取り付ければいい。但し、雨降りと風吹きの朝は勘弁してもらいたい。もずがしきりに鳴く朝も大事をとらせてもらいたい。……

彼は、自分がいつになくお喋《しゃべ》りになっているのに気がついた。

「ついでに、おおるりの姿を見ていったらどうです。」

などといって、付添婦の人を物置の軒下へ連れて行ったりした。付添婦の人は、雀《すずめ》とおなじぐらいのおおるりを、想像していたより遥《はる》かにちいさいと言って驚いていた。こんな小さな軀《からだ》から、よくもあんなに高くて綺麗《きれい》な声が出るものですね、そういってから、深い瑠璃《るり》色の羽毛に見惚《みほ》れて、動かなくなった。

「どうです、ちょっと飼ってみたくなるでしょう。」

彼がそういうと、付添婦の人はなにも言わずに、こっくりした。

「こっそり飼う気があるなら、俺《おれ》が山から捕ってきてあげてもいい。」

付添婦の人は、びっくりしたように彼の顔を仰いだが、彼が拳《こぶし》で目脂《めやに》を拭《ぬぐ》いながら、

「但し、来年の春ですよ。」

と言うと、③その人の頰《ほほ》が急にゆるんで、五つも六つも老《ふ》けた顔になった。そのままぼんやりしているので、

「なに、一《ひ》と冬の辛抱ですよ。」

と彼は言った。すると、その人も、

「ほんと。一と冬の辛抱ね。」

と言って、顔を力ませるようにして、やっと笑った。

彼は、その日のうちに裏の鉄塔へ滑車を仕掛けて、翌朝からおおるりの鳥籠《とりかご》を塔のてっぺんまで揚げる約束を実行した。

一《ひ》と月ほど経《た》った。

ある朝、彼が屯所へ出勤していくと、宿直明けの友《とも》さんが黙って彼の胸元へ菓子折を突き出した。友さんのおごりに

しては豪勢すぎる菓子折りだから、

「……どうしたんです。」

と訊《き》くと、

「きのう、おおるりの奥さんがきてね。これをきみにと言って置いてった。」

と友さんが言った。

「おおるりの奥さんだって。付添婦の人ね。」

彼が④笑って訂正すると、

「奥さんだよ、入院していた主人が亡《な》くなったと言ってたから。」と友さんは言った。「旦那《だんな》さんはまだ三十すぎたばかりで、癌《がん》にやられたんだって、気の毒に。冬まで持てばと言われたそうだが、やっぱりいけなかったって。きみにおおるりの礼を言ってたよ。毎朝とてもよく聞こえたそうだ。」

彼は、黙って裏庭へ出た。おおるりは相変わらず空に谺《こだま》を呼ぶような声で啼《な》いていた。彼はその声に誘われて、思わず物置の軒下へ歩きかけたが、途中で、⑤そうか、もう籠を鉄塔へ揚げることもないわけだと気がついて、引き返した。日課が一つ減ったと思えばいい。彼は⑥自分にそう言い聞かせた。


（三浦哲郎《みうらてつろう》『おおるり』より）

〈注〉もず…全長二〇センチメートルほどの肉食性の鳥で、昆虫や小動物を捕食する。

《設　問》

問一　――①「ちょっと悪くない気がした」について、
(1)　この言葉の意味を答えなさい。
(2)　このような気がしたのは、どうしてですか。

問二　――②中、「餌に仕掛け」をするのは何のためですか。

問三　――③「その人の頬が急にゆるんで、五つも六つも老けた顔になった」とあります。このときの「その人」の気持ちの変化を答えなさい。

問四　――④「笑って訂正する」について、
(1)　「訂正」したのはどのように思っていたためですか。
(2)　そう思っていたのはどうしてですか。

問五　――⑤「そうか、もう籠を鉄塔へ揚げることもないわけだ」とありますが、なぜ「揚げることもない」

と考えたのですか。

問六 ――⑥「自分にそう言い聞かせた」という表現からどのような心情が分かりますか。次の中からもっとも適当なものを選び、記号で答えなさい。

ア　おおるりの籠を鉄塔のてっぺんに揚げる手間がはぶけてせいせいしたということ。

イ　自慢のおおるりの声を人に聞かせてあげることができなくなって残念であるということ。

ウ　おおるりの籠を鉄塔に揚げる必要がなくなったという事態が受け入れにくいということ。

エ　おおるりを山から捕ってきてあげることができなくなってしまって期待はずれであるということ。

●アドバイス●

問三　直前の会話にある「来年の春」は女の人にとって夫の死後を予感させることになり、寂しい顔、見方によっては老けた顔に見えたのである。

問四　(2)　女の人は「付添いです」と言っているが「付添婦」とは言っていない。髪も無造作に束ね、化粧もしていなかったので付添婦と彼は誤解していたのである。

問五　籠を揚げる目的がなんであったか。そして、今はその必要がなくなったのである。

問六　「日課が一つへった」のを喜んでいるのではなく、そう思って心を静めようとしているのである。

漢字書き取り 7

(1) 多大な**コウセキ**。
(2) **キョドウ**不審な男。
(3) **クナイ**庁に勤務。
(4) 天皇の**ミョウダイ**。
(5) 宮中に**サンダイ**する。
(6) 空気の**ジョウカ**装置。
(7) **ジダン**で解決する。
(8) 苦労も**トロウ**に終る。
(9) 原因を**キュウメイ**。
(10) 神仏の**クドク**。
(11) 責任を**キュウメイ**。
(12) **テイチョウ**な挨拶。
(13) **テイサイ**をとる。
(14) **ゾウキ**林を散歩する。
(15) 神社の**ケイダイ**。
(16) **ニンタイ**にも限度。
(17) **メイヨ**教授になる。
(18) 金銭**スイトウ**簿。
(19) 日蓮《にちれん》の**ゾクミョウ**。
(20) **オンケン**な思想。
(21) CDが**フキュウ**する。
(22) **トクチョウ**のある顔。
(23) お金を**ユウズウ**する。
(24) 利益を**キョウジュ**。
(25) **ジソンシン**が強い。
(26) **カンセイ**な土地。
(27) **ビショウ**する乙女。
(28) **カンタン**な問題。
(29) 早起きの**シュウカン**。
(30) **センモン**学校へ通う。
(31) **オンダン**な気候。
(32) 意外な**テンカイ**。
(33) **コウカ**抜群。
(34) 再会を**ヤクソク**する。
(35) 意見を**ハンエイ**する。
(36) **コンナン**を乗りきる。

第35日　随筆

——日本女子大附高

次の文章を読み、後の問に答えなさい。

鏡にうつした自分の目を見ながら、今更のように幼児の目を羨《うらや》む。

血走りもせず、濁りもせずよく冴《さ》えて、輝く闇《やみ》と水の蒼《あお》さを共有する。[1]あの目はまだ見るべきものを見ていない。聞くべきものを聞いていない。それでもやはり羨ましいと思う。

鏡にうつった自分の顔が、幼い日から失ってしまったものをあげたてれば、[2]心は忽《たちま》ちうつむいてしまう。だからと言って、たとえば萩《はぎ》の葉のふくらみを思わせる幼児の肌を、強く触れればそれだけで破れてしまいそうな唇を、ただ羨ましいとは思わない。けれども、目は、違う。

私の目の血走りや濁りは、生まれた時にもらっていたものから[3]何かが消えて、何かが加わったせいだと自分に言う。長年生きてきた証《あか》しだと言って納得させようとする。[4]あの輝く闇と水の蒼さが見ていないものも見たし、聞いていないものも聞いた。そう言ってみる。そう言ってみるが、羨ましさは消えない。

やさしくてあどけなく、無防備なのが幼児の目である。ところがその目が、暗黙の脅威に転じる瞬間があって、そういう時、私はたじろいでしまう。怖い。幼児が何かの仮りの姿に見える。できることならあの無垢《むく》の目を取り返したい。そうすれば、より多くの物が見え、物という物が今よりはっきりとかたちをととのえ、物のかすかな動きにも、私はもっと素早く反応することができるかもしれない。

「生きとし生けるもの、いづれか歌を詠まざりける。」およそ千年の昔、紀貫之はそう言った。貫之の頭の中は、恐らく歌のことでいっぱいだったろうと思う。歌とはやまと歌のこと、すなわち和歌である。日本古来の詩である。彼はやまと歌を詠み、やまと歌を論じ、同様にやまと歌への愛着から、女の姿を装って[A]まで書いた。

想像にまかせて言うと、堂々とした体軀の紀貫之や、剛毅《ごうき》な気性の貫之は存在しない。小心で愚痴っぽく、人恋しくて、どこか女々しいのも私の貫之らしさのうちである。

しかし詩人としての貫之は、日本の文学史に峰をつくってやまと歌を守り、つまりは日本語を守った。「生きとし生けるもの、いづれか歌を詠まざりける」というのは、貫之の偽らざる胸の中であったろうが、私には貫之が、5己れをひそかに鼓舞激励している声にも聞こえる。彼は、漢詩に気がねしているやまと歌の挽回《ばんかい》を念じて、どこかでひるみそうな自分を、そう言って勇気づけていたのではなかろうか。

6「歌の道」は必ずしも万人のものではないが、「歌の心」は万人のもの。貫之の言葉を私はこう受けてみる。胡蝶《こちょう》を胡蝶と見、秋風を秋風と聞く。物の物らしさにおどろく耳目は万人生来のもの、そして、その耳目を曇らせてしまうのもまた万人の心々であると。

怠りばかりが耳目を曇らせるのではない。7さかしらもまた同罪である。物を物として知るには理性の助けがいる。しかし、物におどろく情を蔑《さげす》む理性は、歌の素材にはなっても、歌のいのちにはならない。

とらわれない目が欲しい。濁らない目で物を見たい。目に見える物の向うにある、目に見えない物の声が聞きたい。たとえそのために苦しみや悩みが加わるとしても、最期の時まで、8物の物らしさにおどろくことのできる女でありたいというのが願いである。

9幼児の目が羨ましい。幼児の目が脅威である。

〔竹西寛子「歌」(『ひとつとや』所収)〕

《設　問》

問一　傍線1「聞くべきものを聞いていない」を説明している文としてもっともふさわしいものを、次の中から一つ選び、記号で答えなさい。

ア　誰でもが聞かねばならないはずのものを聞こうとしていない。

イ　人として成長の過程で当然聞くはずのものをまだ聞いていない。

ウ　幼いなりに理解できるはずのことを聞こうとしていない。

エ　純粋すぎて、まだものごとを正しく聞きとめられない。

問二　傍線2「心は忽ちうつむいてしまう」を説明して

いる文としてもっともふさわしいものを、次の中から一つ選び、記号で答えなさい。

ア　年老いた自分の姿に悲しくなり、穏やかな心で鏡を見ることができず、若さを取り戻したくなってしまう。

イ　世渡りばかりが上手になった自分がいやになり、伝統の世界に逃げ込んでいることが悲しくなってしまう。

ウ　これまでの自らの過去を反省すると、さまざまにわきおこる後悔の思いに、うちのめされてしまう。

エ　余計なものばかりを身につけ、純粋な発想ができなくなった自分に出会って、自然とうなだれてしまう。

問三　傍線3「何かが消えて、何かが加わった」について、消えたものはたとえば何で、加わったものはたとえば何だと思いますか、それぞれの例を考えて答えなさい。

問四　傍線4「あの輝く闇と水の蒼さ」は何をさしていますか、文中から抜き出して答えなさい。

問五　空欄［A］にあてはまる書名を答えなさい。

問六　傍線5「己れをひそかに鼓舞激励している声」とはどのような声ですか、もっともふさわしいものを次の中から一つ選び、記号で答えなさい。

ア　漢詩が流行していて劣勢ではあるが、日本人がその感動を表現するには和歌こそがふさわしいはずだ、という声。

イ　外国から輸入した漢詩には日本人の心をもりこむことはできず、歌の心を表現するには和歌が良い、という声。

ウ　すべての人は、歌の心を与えられているのだから、ありのままの心を歌った作品は永遠に残るはずだ、という声。

エ　漢詩も和歌もすばらしい形式なのだから、心さえあれば、どちらの形式でも感動を表わせるはずだ、という声。

問七　傍線6「『歌の道』は必ずしも万人のものではないが、『歌の心』は万人のもの」とはどういうことですか、もっともふさわしいものを次の中から一つ選び、記号で答えなさい。

ア　誰もが和歌をきわめようとして精進するわけではないが、表現の基盤となる心は誰でも持っている。

イ　誰にでも歌を作りたいという欲求はあるが、それを表現するかどうかは人によって違いがある。
ウ　どの流派も目標とする所は同じだが、和歌や漢詩には、その創作法をめぐって幾つもの立場がある。
エ　誰でも漢詩や和歌を作ろうという熱意は一つだが、その表現は人によりさまざまな形をとる。

問八　傍線7「さかしらもまた同罪である」とはどういう意味ですか、もっともふさわしいものを次の中から一つ選び、記号で答えなさい。
ア　理知的な態度が優れた作品を生む。
イ　独善的になると歌の命が失われる。
ウ　りこうぶっても良い歌はできない。
エ　常識から外れると歌の心を見失う。

問九　傍線8「物の物らしさにおどろくことのできる女」とはどのような女性のことだと思いますか、もっともふさわしいものを次の中から一つ選び、記号で答えなさい。
ア　とらわれない視点から、意外な物にある、素晴らしい価値を発見できる女性。
イ　あるがままの物の姿を自然に受け止め、率直に感動することのできる女性。
ウ　物の本質を探究し、自然界の事象に驚きをもって接することのできる女性。
エ　伝統的な様式を重んじ、新鮮な心で和歌を作り続けることのできる女性。

問一〇　傍線9「幼児の目が羨ましい。幼児の目が脅威である」で、作者はなぜ、「羨ましい」といいつつ、「脅威である」とも言っているのですか、五十字以内で説明しなさい。

●アドバイス●

問一　傍線部1の「まだ」という語句に注目。時が経てば「見る、聞く」ことになるが。
問三　「幼い日」と今の作者を比較して考える。
問四　「見ていないものを見たし」とある。物を見るものは何か。
問五　紀貫之が女性が書いたように見せかけて書いた本の名は何か。
問六　「鼓舞激励」はすぐ後の行の「勇気づけて」と同意。
問八　「さかしら」はかしこそうにふるまうこと。
問一〇　「幼児の目が羨ましい」は、「とらわれない目が欲しい」などと対応。また、「幼児の目が脅威である」は、第五段落の「暗黙の脅威」「たじろいでしまう。怖い。」「幼児が何かの仮りの姿に見える」と対応していることに注目して書く。

第36日　論説文

愛光高

次の文章を読んで、後の問いに答えなさい。

❶本来、自然は建築の敵である。放棄された建築に植物が繁茂すると、崩壊は急速に進むといわれる。しかも、石造建築の場合には、いったん植物が繁ってしまうと、その植物を一度に[A]ジョキョすると、かえって崩壊が加速されるという。アンコール・ワットやボロブドゥールの[B]イセキの保存には、こうした問題がついてまわっている。

また、その一方で「建築家はその失敗を蔦《つた》で隠す」というジョークがあるように、建築を植物によって覆ってしまうと、それまでの建築とはまったく異なった表現になってしまう。蔦をからませることは、壁に湿気を常時もたらすことになり、建物にとって良いことではないというのが一般的な見解だ。

しかし、植物は外部の熱の遮断には有効なのだという考え方もある。平らな屋上をもつビルなどの場合、屋上一面にヘチマを植えて葉を繁らせれば、冷房の効率がぐっとよくなる。屋上緑化は現代の課題のひとつである。これなどは、自然の恵みの力をかりて、建築をエネルギー的に護ろうとする考え方だといえよう。

建築と自然との関係は、❷こうした効率を中心に据えた功利的なものだけとは限らない。むしろ日本人の心情にふさわしいのは、自然に溶け込んでいったり、自然に還ってゆくような建築の姿ではないだろうか。

木材や石や土は、人間が手を加えて建築の材料にするにせよ、本質的に自然の材料だとする見方がある。鉄やガラスやコンクリートに比べれば、それらは自然界に存在したときの姿をとどめているからだ。これらの材料の加工とは、整形にすぎないことが多いからである。自然の一部が切りとられ、形を整えただけで、建築の一部となっているからである。

特に植物性の材料は、やがては文字通り自然に還ってゆく材料である。木造建築の長い伝統をもってきた日本人が、建築と自然とを深く結びつけて考えるようになったのは、当然だといえるかもしれない。

それは、やがては滅びゆくものとしての建築、いわばあらゆるものを「もののあはれ」のなかに溶け込ませてゆく感性による建築観へと、日本人を包み込んできた。自然と対立し、自然に抵抗し、自然をCセイフクしてゆく建築観ではなく、❸自然のなかで生成し、自然のなかで流転し、最後には自然に還ってゆくのがわれわれにとっての建築なのである。それは永遠性を信じ、モニュメントを築き上げようとする建築とは、Dタイショウ的な建築だといわなければならない。

日本人の建築観は、それではまったく永遠性とは無縁のものなのだろうか。そのようなことは決してなく、日本人もまた、永遠性を信じていないわけではない。だが、その永遠性は自然の懐にいだかれて、自然に還ることによって得られる永遠性である。

❹石川啄木《たくぼく》が「ふるさとの山にむかひて言ふことなし」と詠んだのは、その山にこそ自然と自分が一体となった永遠性があるからである。

自然のサイクルと共鳴しながら生成する建築のイメージは、木造で茅葺《かやぶ》きの農家などに一番近い。

京都府の北部の山間にある美山《みやま》町には、いまでは数少なくなってしまった茅葺きの農家が数多く残されている。美山という地名じたい、深山《みやま》といった響きに聞こえる山間部である。この町を訪れて、重要文化財にも指定されている石田家住宅という農家を見学したとき、その茅葺きの屋根に草が茂っているのを目にして、妙に感動した。

屋根に草がはえることとは、その家にEコウハイの波が押し寄せていることにほかならず、喜ばしいことではない。屋根にペンペン草がはえるなどと言えば、その家の家運が傾いてきたことをはやし立てる悪口である。けれどもその一方で、そこに一種のうつろいゆくものの美学を認める感性も日本人はもっていた。

いまでも、茅葺きの屋根に意図的に菖蒲《しょうぶ》の花などを植える家もある。そこには暮らしのなかに季節のうつろいを取り入れた生きかたがある。

建築が❺永遠性をもって自然に対峙《たいじ》する存在ではなく、ある場所のうえに自然の営みと同じようなサイクルをもって生成する存在であるような文化もあるのだ。木造建築の文化とは、そうした建築のあり方なのである。モニュメントとしての建築ではなく、自然とともに大きなサイクルを描く建築が、そうした木造建築である。

美山町で、別の民家がちょうど屋根を葺《ふ》き替えている現場に出会ったが、何束も重ねられた茅《かや》をほぐし、整え、重ねながら葺いてゆく作業は、一種の建設作業ではありながら、建設作業という言葉が連想させるような工業の雰囲気ではなく農作業の延長のようなごく自然の営みの趣を漂わせていた。自然の産物としての建築の姿が、いまも生きているのである。

《設問》

問一 A～Eのカタカナを漢字に直しなさい。

A ジョキョ　B イセキ　C セイフク
D タイショウ　E コウハイ

問二 ❶「本来、自然は建築の敵である」とあるが、どういう点でそのように言えるのか、説明しなさい。

問三 ❷「こうした効率を中心に据えた功利的なもの」とは、具体的にはどういうことか、説明しなさい。

問四 ❸「自然のなかで生成し、自然のなかで流転し、最後には自然に還ってゆく」建築とはどのような建築か。次の中から正しいものを一つ選び、記号で答えなさい。

ア　日本の風土の中で自然発生し、四季折々の豊かな自然の変化を受けながら、最終的に自然の大きな営みの中に吸収されていくような建築。
イ　木材という天然の生きた建築材料を用いるため、時間の経過とともに老朽化が進み、建物としての寿命が極端に短いような建築。
ウ　自然と一体化した生活を営む人々によって作られ、代々受け継がれていくことによって、最終的にその土地に根付いていくような建築。
エ　自然との調和を目指して作られ、季節に応じて建物の機能や外観を変えていくことで、最終的に自然以上に自然らしさが感じられるような建築。
オ　自然の一部を加工して作り、時間とともに自然の営みに同化するようもとの形を変えながら、最終的に自然の一部になっていくような建築。

問五 ❹「石川啄木」の代表的な作品を一つ選び、記号で答えなさい。

ア「坊ちゃん」　イ「みだれ髪」
ウ「一握の砂」　エ「路傍の石」
オ「二十四の瞳《ひとみ》」

問六 ❺「永遠性をもって自然に対峙する」建築とは、

どのような建築か。説明しなさい。

※　対峙する……向かい合って立つこと

問七　筆者の主張に合うものを一つ選び、記号で答えなさい。

ア　日本人は、木造建築という伝統を通じ、建築を滅びゆくものとしてとらえ、人間の営みを空しいものであると感じるようになった。

イ　自然を建築の敵であると考える日本人は、功利性を重視した上で、できる限り自然の影響を受けないような建築を目指してきた。

ウ　日本人は、茅葺き屋根に菖蒲の花を植えるなど、木造建築の中に積極的に自然を取り入れることで、自然を支配することに成功した。

エ　木造建築を伝統とする日本人は、素材を自然に求めるだけでなく、建設作業そのものも自然の大きな営みと共鳴しながら行ってきた。

オ　日本人は、自然の手助けなしには建築は完成しないと考え、自然が建築に対し悪影響を及ぼした場合でも、それを許容してきた。

●アドバイス●

問二　傍線部❶直後に述べられている具体的な説明を参考に答える。

問三　傍線部❷、直前の段落の内容に注目。指示語「こうした」の指示する内容をつかんで解く。

問四　ア～オの各文の中に本文の内容と反するところがあれば×とする。巧みな文なので、違っていると思われるものを除く消去法で正しいものを残すとよい。

問五　石川啄木は有名な歌人である。

問六　筆者が否定的に述べている建築物はどんなものか。問四と同じ方法で解くとよい。ア「人間の営みを空しいものであると感じる」、イ「自然を建築の敵であると考える日本人」、ウ「日本人は……自然を支配することに成功した」、オ「日本人は……それを許容してきた」などは本文の内容に反する。

第37日 説明文・古文 ――海城高校

次の文章を読み、後の問いに答えなさい。

『徒然草』を読み進めてゆくと、1兼好が単なる論理の人でなかったことが見えてくる。有名な木登りの名人について述べた第一〇九段に、

高名の木のぼりといひしをのこ、人を掟《おき》てて、高き木にのぼせて梢《こずえ》を切らせしに、いと危く見えしほどはいふ事なくて、降るる時に、軒長《のきたけ》ばかりに成りて、「あやまちすな。心して降りよ。」と言葉をかけ侍《はべ》りしを、「かばかりになりては、2飛び降るとも降りなん。如何《いか》にかく言うぞ。」と申し侍りしかば、「その事に候《さうらふ》。目くるめき、枝危きほどは、己が恐れ侍れば申さず。あやまちは、やすき所に成りて、必ず仕《つかまつ》る事に候。」といふ。あやしき(注)下臈《げらふ》なれども、聖人の戒めにかなへり。鞠《まり》も、難《かた》き所を蹴出《けいだ》してのち、やすく思へば、必ず落つと侍るやらん。

と記しているのには、3一芸にすぐれた人物に対しては、どんな身分の者であろうとも、その言行に注目し、そこから生活の叡知《えいち》を学び取ろうとした兼好の熱意が読み取れるのであるが、ここに採りあげられている「高名の木のぼり」、つまり木登りの名人の言葉には、どんな人間にも期せずして兆してくる心理のかげりが、その瞬間において的確にとらえ示されている。梢から軒長ほどの所まで降りてきた男に、「あやまちすな。心して降りよ。」と、声をかけた名人の真意を理解できないで、「かばかりになりては、飛び降るとも降りなん。如何にかく言ふぞ。」という4常人の意識には見落とされてしまう人間心理の機微が、「高名の木のぼり」の言葉には手に取るように明示されており、さらに、「鞠も、難き所を蹴出してのち、やすく思へば、必ず落つとや侍るやらん。」と付け加え、たとえ「あやしき下臈」ではあっても、経験豊かな、その道の達人の言葉は最上の訓《おし》えであり、聖人の戒めに等しいとまで高く評価しているのである。

また第九二段には、弓の師匠の達人ぶりが次のように記されている。

或人《ある》、弓射る事を習ふに、諸矢《もろ》をたばさみて的に向ふ。師の云《い》はく、「初心の人、二つの矢を持つ事なかれ。後の矢を

頼みて、始めの矢に等閑《なほざり》の心あり。毎度ただ得失なく、この一矢に定むべしと思へ。」といふ。わづかに二つの矢、師の前にて一つをおろかにせんと思はんや。(注)懈怠《けだい》の心、みづから知らずといへども、師これを知る。このいましめ、万事にわたるべし。

二本の矢を持って的に向えば、たとえ師匠の見ている前であっても、必ずや二の矢を頼みにし、知らず知らず、一の矢で射止めようとする決意を鈍らせてしまうであろうことを、弓射の師匠は的確に見透しており、兼好はまた師匠の言葉に導かれながら、修道者にも兆す一(注)刹那《せつな》の懈怠心のおそろしさを説いて、この段を結んでいるが、この一章には、木登りの名人の話とあわせて、人間の心理が、いかに微妙にその行為を左右してしまうかを、痛切に感得していた兼好の精神構造が、鮮やかに示されているのである。

(永積安明『徒然草を読む』)

(注) 下臈＝身分の低い者。　懈怠＝なまけおこたること。　刹那＝きわめて短い時間。

《設問》

問一　――部1「兼好が単なる論理の人でなかったことが見えてくる」とあるが、兼好は「単なる論理の人」ではなくて、どのような人であると言っているのか。次の中から適当なものを一つ選び、記号で答えなさい。

ア　常人よりも芸術的感性がすぐれた人。
イ　どんな身分の者の言葉でも評価できる人。
ウ　人間の心理の機微を感受できる人。
エ　偶然や運というものを信じた人。

問二　――部2「飛び降るとも降りなん」の口語訳として適当なものを次の中から一つ選び、記号で答えなさい。

ア　飛び降りなければ降りられないだろう。
イ　飛び降りようとしても降りられないだろう。
ウ　飛び降りる前に降りてしまうだろう。
エ　飛び降りたとしても降りられるだろう。

問三　――部3「一芸にすぐれた人物に〜兼好の熱意が読み取れる」について、次の①・②の問いに答えなさい。

①　「兼好の熱意」が明らかに読み取れる一文を第一〇九段から抜き出し、初めの五字で答えなさい。

②　「一芸にすぐれた人物」から兼好はどのような「叡知」を学び取ったと言えるか。それが読み取れる一

文を、第一〇九段から抜き出し、初めの五字で答えなさい。

問四 ——部4「常人の意識には〜明示されており」とあるが、「人間心理」とはどのようなものか。次の中から適当なものを一つ選び、記号で答えなさい。

ア 人間は安心してしまうと集中力を失い失敗しやすい。

イ 人間は困難なことに対しては普通以上の力を発揮する。

ウ 人間は難題に挑戦するときは周囲に注意が向かない。

エ 人間は簡単なことに対しては安易に答えを出してしまう。

問五 ——部5「毎度ただ得失なく、この一矢に定むべし」の口語訳として適当なものを次の中から一つ選び、記号で答えなさい。

ア 射るたびごとに、ただ当たりはずれを考えることなく、この一矢で決着をつけよ。

イ 射るたびごとに、ただ損得ばかりを考えることなく、この一矢を選ぶつもりだ。

ウ 射るたびごとに、ただ過去の失敗や成功にこだわらず、この一矢に集中しなさい。

エ 射るたびごとに、ただ弓射の得意不得意にかかわらず、この一矢にすべてを託すだろう。

●アドバイス●

問一 本文の最後の段落の中の「人間の心理が……鮮やかに示されているのである」の部分に注目して解く。

問二 「降りなん」の「な」は「ぬ」という完了の助動詞の未然形であるが、ここでは強めの意（きっと）の意で使われている。「ん（む）」は推量の助動詞である。

問三 ① 最後の二文、兼好が高名の木のぼりを評しているところをよく読む。② 高名な木のぼりの言葉に注目。

問四 木のぼりの例と鞠の例に共通して言えることは何か。

問五 「得失」は成功と失敗。ここは矢が的に当たるか、はずれるかということ。

第38日 小説

桐朋高等学校

次の文章を読んで、後の問に答えなさい。（＊印の語には注があります）

親類を呼んで新宅披露《ひろう》のようなことをしたかどうか覚えがない。市兵衛町の哲吉伯父が健二さんを連れて来てくれたことは、その時撮った写真が伯父の家に残っていたのでたしかである。羽織を着ているから、二月か三月のことである。応接間の西側の光線のいいところに肘《ひじ》掛け椅子《いす》をおき、父と母も一人ずつ坐《すわ》らせて撮った。伯父さんと健ちゃんの二人像、伯父一人の坐像がある。母の番になった時、[1]父が不意に自分も入るといい出し、椅子の背にひじをのせてかがみ込んだ。少し照れたように斜め前を向いて、薄ら笑いを浮かべている。母はあわてて前のめりになり、カメラを見て口を開けまいとして苦労した笑い顔になっている。

　これは母が父と二人で撮った唯一の写真になった。母はまったくうれしそうな顔をしている。父といっしょに夜逃げ同然で、上京してから十五年目、思いもかけず「お屋敷」に住む身分になったのである。そしてその写真を撮っているのは、長男の私である。

　私自身の写真には、縁側に腰掛けているのを、玄関傍の木戸を入ったあたりから撮ったのがある。和服に学生帽をかぶっているのは、どういう了見かわからない。中遠景にして、縁側の硝子《がらす》戸と、足を下ろしている大きな踏み石を入れてあるのは、やはり「お屋敷」の子になったのがうれしくて、縁側をいっしょに入れたかったからに違いない。少しうつむいて、正面の地面を眺めている。植え込みの中に三脚を据えて、母か女中にシャッターを押してもらったらしいのだが、ピンぼけで失敗してしまった。

　何か新しい家になじめない感じがあったのは、にわか成金としてむりもないことである。風呂桶《おけ》はゆったりしているし、台所の土間にある釜《かま》から温湯が管で出てくるから、これまでの据え風呂より遥《はる》かに快適だった。しかし石炭をむだ使いしないために、一家が連続して入ることが父の要請であった。一番先に入るのは、むろん父だが、脱衣場で体を拭《ふ》

きながら、

「次、はよ来いよ」

とどなる声が聞える。すれ違いに誰かが入って行かないと、御機嫌が悪いのである。2こっちは面倒になって、今日は入りません、と答える。すると、

「なぜ入らない、入らないのは勿体《もったい》ない」という。

いくら家が裕《ゆた》かになっても、折角《せっかく》わかしたものに、農家の出である父は香のものにかける醤油《しょうゆ》の量を煩《うるさ》くいった。ところが少年の体には、その頃からだんだん甘くなった醤油が変にうまいのである。おかずを食べてしまうと、めしに醤油をかけただけで二杯ぐらい食べる。

現在の私は、父は要するに、食卓で私たちにほかにいうことがないので、醤油の量のことをいったのだと思っているが、その頃は折角家計に余裕ができたのに、父がいつまでも昔と同様けちであるのが、私はたまらなくいやであった。

父といさかいをし、自分の部屋の押入に入って泣いたこともある。私の部屋は前述のように東北の隅の六畳で、腰掛け椅子を買って貰《もら》った（*洋吉さんが腰掛けの机なので、そうしなければいけないような気がしたのである）。

私は坐り机を窓際に据えた。そして祈りの内容について記憶があるのはこの机に向ってである。「A」などキリストの教えは、新しい大きな家に入ることによって現実的な意味を持って来たのである。

新しい家に馴染《なじ》めない感じが、こんな大きな家に住んで安楽に暮らすことに対する罪障感を生んだらしい。父の財産が自由になるようになったら、すべて貧しい人達に与えてしまうつもりであった。私の祈りには「罪より守り給《たま》え」に「神の国を一日も早く地上に齎《もたら》し給え。そのために働く、われらを助け給え」という句が加わって来た。

新しい家へ引越してから、ひと月と経たないのに、不満気な顔付で夕食をすますと、部屋に入り、なにかを大声でいっている私の姿は、両親の眼には異様に映ったろう、と思う。父には反抗と映ったろう。そして実際私は「B」というキリストの言葉に自分の行動を是認されたと思っていたのだから、父は正しかったわけである。

信仰に関して、父との最初の衝突は旧約聖書を買ってくれと私がせがんだことから起った。私はその頃「*四福音書」

と「使徒行伝」をあげ、「ロマ書」3と格闘しているところだったが、より深くキリストの教えを究めるために、「詩篇」や「イザヤ書」を読まなくてはならないと思った。

私は教文館本の標準型のほかに、その半分ぐらいの大きさのポケット型の、薄紙、背金のものを持ち歩いていた。値段はこの方が高かった。『新旧約合本聖書』も同じ装丁が欲しかった。定価は四円五十銭で当時、子供の持つ本としては高かった。

私は学校の課外参考書としてそれくらいの本を買って貰《もら》ったし、困窮児童の救済のために父は五円出してくれたばかりだった。私は断られるとは思っていなかった。ところが父はいけないといっただけではなく、

「ヤソなんかよせ、日本は仏教で沢山《たくさん》だ」

といったので、4私はかっとなった。

どういう言葉の行きがかりから、父が金を儲《もう》けるのは不当だ、といい出すことになったのかわからない。父が相場*で儲ければ、他方には C ではないか、と私はいった。この時、父の額に気弱げな影が走り、眼をちゃぶ台の上に落したので、私は自分の言葉が的を射たことを知った。これは私の父に対する最初の勝利であった。(こういうことを覚えているから、私の神は、父の代替物である、その代替物を後楯《うしろだて》とした、父への反抗であったという、心理的解釈を是認したい気持ちである)

父は、D というのは矛盾している、といった。私は、そんなら家を出る、新聞配達にでも何にでもなる、不当な金で買ったこんな大きな家へ住んでいるのは不愉快だ、貧乏で小さい家にいた頃の方がずっとよかったといった。(私は「幼な子の如《ごと》くならざれば、神の国に入ることを得じ」という聖書の言葉を信じていた。そして氷川神社の近所の、5両親と三人暮しの淋しい生活をなつかしむような気持ちになっていた)

夕食の席で、母もいたが、昔の方がよかった、という私の言葉に、殆《ほと》んど肉体的な痛みを堪《こら》えるような表情が、母の顔を走ったのを覚えている。その場は、多分私の予期していた通り、母の取りなしで収った。私は部屋へ帰り、泣きながら「力を与え給《たま》え」と祈った。

明くる日、登校前に母は五円札をくれ、
「これで聖書を買っておいで。しかしお父さんに反抗してはいけません」
といった。これも大体、［E］の経過だったと思う。今日でも私の性格の欠点である、甘えを伴った喧嘩《けんか》の癖は、この頃から認められるのである。

父は何もいわなかったが、二、三日して、叔母の蔦枝《つたえ》が来た。蔦枝は何度も書くように日本女子大の泉山寮監で、大岡家の子女の教育は、必ずこの叔母に相談することになっていた。

多分日曜日で、私はまだ朝寝坊していた。母が来て、叔母さんが話があるとおっしゃるから起きていらっしゃいという。しかし私には叔母が父の指金《さしがね》で来たのはわかっていたから、起きていかなかった。叔母は怒って、自分で起こしに来た。話があるというのになぜ起きて来ないか、と私の部屋の入口に立ったままいう。私はさすがに蒲団《ふとん》の上に起き直ったが、叔母さんの話はきかなくてもわかっている、しかし私には信仰があるのだ、私は学校を出たらすべてをすてて牧師になるつもりだ、そのため、父に歯向うのはやむを得ない、といった。それから父が金を儲《もう》けたのは不当である、という主張を繰り返した。

6 叔母は少しあっけに取られていたが、
「お前はまだ子供です。なにもわかっていないのです」
といった。しかし私を論破しようとはせず、そのまま引き上げて行った。叔母が少し不自由な足を引きずるようにして、廊下を奥の間の方へ遠ざかって行く後ろ姿を覚えているから、それも私には印象深い［F］の瞬間だったのである。

大人の世界には、私の知らないことが沢山あることを私は漠然と感じていたが、私のごく単純な主張に、正面から答えることのできないのは、教育者叔母もまた共犯者であるからだ、と私は感じた。叔母は生涯を独身で通し、教育者としてその生涯に汚点はなに一つない。しかしその貯金を父に預け、損をする人の犠牲で生んだ有利な利子を廻《まわ》して貰《もら》うことを、何とも思っていなかった。

そして現在の私は、この時の7子供の論理を間違っている、と思っていないのである。その論理に従って生きる替りに、8大人の論理に従って五十年を過してしまったことを悔む気持ちがある。中学一年生の私は実に単純だったが、私がこの時ほど明白な主張によって生きたことはその後ない。朝晩神に祈りを捧《ささ》げ、清らかな気持ちで毎日を送ったことはその後一度もないのである。

（大岡昇平「少年——ある自伝の試み」による）

＊洋吉さん……哲吉伯父の長男で、当時高等学校（旧制）の学生。親戚《せき》中でとびぬけた秀才であり、「私」は兄のように敬愛していた。

＊「四福音書」「使徒行伝」「ロマ書」……新約聖書のはじめの六篇。「詩篇」「イザヤ書」……それぞれ旧約聖書中の一篇。

＊相場……ここでは株の相場を指す。「私」の父は株の仲買人であった。

《設問》

問一 ——線部1について。「父が不意に自分も入るといい出し」たのはなぜか。この時の「父」の気持ちを考えて説明しなさい。

問二 ——線部2について。このように答える「私」の気持ちの説明になっている部分がある。その部分を抜き出し、初めと終りの五字を記しなさい。

問三 空欄A・Bには、聖書の一節が入る。それぞれを補うものとして適当なものを次の中から選び、記号で答えなさい。

ア 幸福《さいはひ》なるかな、心の貧しき者。天国はその人のものなり。

イ 求めよ、さらば与へられん。尋ねよ、さらば見出ださん。

ウ 我はなんぢを父母兄弟より離さんとて来《きた》れり。

エ 父と母とを敬へ。また、己《おのれ》のごとくなんぢの隣を愛すべし。

オ 富める者の神の国に入るよりは、駱駝《らくだ》の針の穴を通る方《かた》、反《かへ》って易《やす》し。

問四 ——線部3「格闘している」とは、ここではどのような意味で用いられているか。わかりやすく言いかえなさい。

問五 ——線部4「私はかっとなった」のはなぜか。その説明として最もふさわしいものを次の中から選び、記号で答えなさい。

ア　金が惜しいだけなのに、理屈をつけてそれを正当化しようとする大人のいやらしさが堪え難かったから。

イ　思ってもみなかった父の拒絶にあってうろたえ、さらに命令口調を浴びせられて我慢できなかったから。

ウ　聖書を買ってくれないばかりか、まじめな信仰心を侮辱することばを口にしたことが許せなかったから。

エ　本の装丁にこだわる気持ちを見抜かれた上に、信仰の浅さを罵《ののし》られたことが悔しくてならなかったから。

問六　空欄C・Dにあてはまることばを考えて、それぞれ十五字以内で答えなさい。

問七　――線部5「両親と三人暮しの淋《さび》しい生活をなつかしむような気持ちになっていた」のはなぜだと考えられるか。その説明として最もふさわしいものを次の中から選び、記号で答えなさい。

ア　父といさかいを繰り返すことが苦しく、心の中にはおだやかに過ごしたい気持ちもあったから。

イ　わずかな金も自由にならないことがもどかしく、心のなかには清貧の生活への憧《あこが》れもあったから。

ウ　将来の生活を考えると不安でならず、心の底では大人になどなりたくないとも思っていたから。

エ　家族内での孤立がつらく、その原因となる信仰を心の底ではうとましく思うこともあったから。

問八　空欄Eにあてはまることばを、文中から十字以内で抜き出しなさい。

問九　――線部6について。「あっけに取られた」とは、

㈠　叔母のどのような様子を表しているか。

㈡　「私」はそれを、叔母のどのような様子の表れだと思ったのか。

それぞれ簡潔に説明しなさい。

問一〇　空欄Fにあてはまる漢字二字の語を、文中から抜き出して答えなさい。

問一一　――線部7「子供の論理」と8「大人の論理」との違いを、簡潔に説明しなさい。

問一二　本文に描かれた「私」の説明としてふさわしくないものを、次のア～エの中から一つ選び、記号で答えなさい。

ア　「私」は相当甘やかされて育ったらしく、ずいぶん生意気なことも言っているが、そのわがままが結局は許されてしまっている。自意識が強く、ものごとをよく考えているわりに、そうした自分の甘えについてはあまり自覚できていない。

イ　大きな家に引越したことをうれしく思う一方で、信仰ともからんだ罪障感も大きく、自分の中の矛盾した気持ちを整理しきれずにいる。その屈折が、いわゆる反抗期と重なって、新しい家での生活はぎくしゃくしたものになってしまっている。

ウ　中学校に進学して学問的・宗教的な雰囲気に触れ、家庭とは異質な世界へ飛び込もうとしている。そのために背伸びすることで気持がかたくなになっている上に、父の職業に対するひけめも加わり、父に対する反発は非常に強いものとなっている。

エ　キリストの教えを真面目《まじめ》に受けとめてはいるが、ことばの上だけの観念的な理解にとどまり、聖書を都合よく解釈している面も見られる。「私」の信仰とは、西洋へのあこがれと父に対する反抗が形を変えたものに過ぎず、あまり真剣なものではない。

アドバイス

問一　新宅披露の記念写真であり、母と二人で夜逃げ同然の上京から十五年で思いもかけず「お屋敷」に住む身分になったことなどをおさえて答える。

問六　C　「大人の世界には……」の段落の内容がヒントになる。

D　旧約聖書を買いたいという話題に即して答を作る。

問八　「これも」とあるから、その前の部分の表現に注目。

問一〇　「どういう言葉の行きがかりか…」の段落の中の「私の父に対する最初の……」に注目。

問一一　最終段落がヒント。子供の論理を間違っていると思っていない。中学一年生の私は単純だったが明白な主張によって生きていたと書いている。しかし、大人の論理はどうかと考えて解く。

問一二　ア～エの各文には、一つの正しい文以外、間違った部分が必ずある。それを探して、消去法で正解を見つけるとよい。

第39日 随筆

巣鴨高校

次の文章を読んで後の設問に答えよ。

子どもであることという主題に、私はいったいどうすれば近づけるのだろう。一見何げないこの主題に、[1]どこか私たちを疎外するようなひびきがあると感ずるのは、私の感じすぎだろうか。子供であることのリアリティをほんとうに感じているのは、子ども自身をおいてない。ところが子どもには、子どもであることがほんとうはどういうことかを、十分に表現する能力がない。そして、その能力をもつことのできたおとなは、すでに子どもではないのだから、子どもであることを自分の記憶や、子どもの観察、そして何よりも想像力にたよって探ることしかできない。その過程で私たちおとなは、どんなに多くの[ⓐ]□張や誤りをくり返すことだろう。【A】、と私は思う。

子ども——と一口に言うとき、私たちは知らず知らずのうちに、子どもたちをひとつの無人格的な群として考えているのではないかと私はおそれる。たとえば私たちは初対面の他人に会うとき、その人をおとな一般というふうには考えない。この人はどういう人だろうか、他人の立場に同情できる人だろうか、どんなことに興味をもってるのだろうか、いっしょにうまく仕事ができるだろうか……不安とともに期待をいだきながら、私たちはその人を無意識のうちにひとりの個人として考えている。だが、相手が子どもである場合、私たちはともすると[2]□□をくくる。その子が子どもなりにすでに一個の個性を育てつつあるのだということ、その子もまたその子のものでしかない運命を負った存在であるということを私たちは忘れがちではないだろうか。かわいらしい、あどけない、正直だ、ふつう子どもの属性と考えられているそんな先入観にしばられて私たちは子どもに語りかけ、時に裏切られると、あの子は【B】という一言で、[ⓑ]□罪する。私たちはひとりの子どもを人間としてよりも、ペットとして扱うような傾向にある。

たしかに生まれたての赤んぼうに、人格と呼ばれ得るようなものはないかもしれない。だが人間は、生まれ落ちたその瞬間から、一個の人格をもつ存在へと歩み始めているのだ。そうしてその人格を形成する上で、私たちおとなが子どもに対してはかり知れぬほど大きな影響を与えるということは、誰《だれ》も否定できないだろう。自分の行動に責任を負う能力をもつおとなの人格とまだその能力をもたない子どもの人格とが、おのずから異なることは言うまでもない。しかし、責任というその一事をとりあげてみても、子どもに責任の何たるかを教えるには、私たちおとなが先ず子どもを3ひとりの小さな人間として遇してゆくことが必要だろう。

決して悪意からではなく、むしろ善意から子どもの人格を認めようとせぬこと、それは子どもを甘やかすことにつながる。だが反対に子どものうちに独立した人格を認めすぎることもまた、子どもを甘やかすことになるのではないか。かわいらしさ、あどけなさ、正直等々が子どもの属性であるとしたら、ずるさ、わがまま、他へのⓒ□存等々もまた子どもの属性である。いわゆる美徳と悪徳とがほぐし難くもつれあってひとつの人格をつくっているという点では、おとなと子どもに大きなちがいはない。子どもを一個の人格として遇するということは、子どもの意志を【C】のは当然だ。

子どもであることはおとなであることと同じく謎《なぞ》に満ちている。たとえ法的には未成年と成年との間に一本の線がひかれているとしても、おとなである私たち自身の中に幼児性とも言うべきものが残っていることを、私たちは日々自覚せざるを得ない。そういう自覚が子どもにはない以上、それもまたおとなを子どもと分かつひとつの目安にはなるかもしれないが、一方私たちはまた、老年に達した成人がしばしば子どもに帰ったとしか言いようのない状態になるのを見て驚くことがある。それを病的な状態だとわり切ってしまうことが果たして正しいのかどうか。私はむしろそこにも、おとなの中に一貫してかくされている幼児性のしぶとさを見るように思う。

初めに述べたこととの矛盾をおそれずに言えば、私たちは自分の中に秘められ、ⓓ□圧されている子どもを発見しつづけることで、子どもであることへの想像力を働かせ、同時にみずからを成熟させてゆくのだとも言えようか。〈汝《なんじ》自身を知れ〉という古い格言の意味はここでも生きている。子どもたちを客観的にみつめることも必要だが、それ以上に自分自身をふり返ることで私たちは【D】に迫り得ると私は思う。

その意味では、子どもに対するしつけも、おとなにとって常に4自分自身への問いかけを含んだものである。これまで信じられてきた価値が徐々に崩壊し始め、私たちひとりひとりが人類の進むべき方向を模ⓔ□しているこのような時代にあっては、既成の社会秩序を守るという意味でのしつけは、疑われてしかるべきだろう。だが、おとなが望む望まないにかかわらず、子どもはしつけを必要とするものであり、しつけを通して人間にとって基本的な社会のルールを教えることは、おとなの子どもに対する大きな責任である。

（谷川俊太郎『「ん」まで歩く』による）

《設　問》

問一　傍線部ⓐ〜ⓔの熟語の空欄にそれぞれ入る漢字は何か。それぞれ一字ずつで示せ。

問二　傍線部1「どこか……感ずる」とあるが「私たちを疎外するようなひびき」の説明として最も適当なものはどれか。次の中から選び、記号で答えよ。

ア　考えを進めていくのが困難な立場に追いやられているような感じ。

イ　いくら考えたところで結局は解答が得られないだろうという感じ。

ウ　きちんと考えられず根拠の薄弱な想像に頼っていくしかないという感じ。

エ　どのように考えてもわからず自分にはなじまない主題であるような感じ。

問三　空欄A〜Cに入る言葉として最も適当なものはどれか。次の中から選びそれぞれ記号で答えよ。

A　ア　なさけない
　　イ　じれったい
　　ウ　いじらしい
　　エ　おそろしい

B　ア　思いやりがない
　　イ　子どもらしくない
　　ウ　素直さがない
　　エ　抜け目がない

C　ア　無条件に通すということではない
　　イ　先入観から安易に通すことではない
　　ウ　善意からきちんと認めて通すことになる
　　エ　一人前の人間の意志として通すことになる

問四　傍線部2の空欄に入る言葉は何か。ひらがな二字で答えよ。

問五　傍線部3「ひとりの小さな人間」とは、どういう人間のことか。本文中の語句を使って二十五字以内で説明せよ。

問六　空欄Dに入る言葉は何か。本文中からさがし出し、十五字以内で書き抜いて示せ。

問七　傍線部4「自分自身への問いかけ」とは、子どもに対するしつけをしていく中で「自分自身」の何を問うことか。次の中からこの「何」としてふさわしいものを三つ選び、順に記号で答えよ。

ア　自分自身の性格。
イ　自分自身の価値観。
ウ　自分自身の社会的地位。
エ　自分自身の未成熟な部分。
オ　自分自身の将来のあるべき姿。
カ　自分自身のこれまでの生き方。
キ　自分自身の子どものころの生活。

アドバイス

問一　ⓐは子どもであることを想像力によって探るとき、「□張や誤りをくり返す」という文の流れから、ⓑは子どもに裏切られたとき、その子どもを罰するというように考え、ⓒは子どもの「ずるさ、わがまま、他への□存」という甘えた態度の並列から、ⓓは表面に出ない「子どもを発見」するという表現から、何かに押さえこまれているものとみて漢字一字を探して熟語を作る。

問二　直後の文の「子どもであることのリアリティをほんとうに感じているのは、子ども自身をおいてない」、同じ段落の「想像力にたよって探ることしかできない」とあるのに注目。

問三　Aは「子どもであることのリアリティ」に近づきたいのに、近づけない。Bは直後の文に「人間としてよりも、ペットとして扱うような傾向」とある。Cは筆者は最後の段落で子どもにはしつけが必要であると説いていることから判断する。

問四　たいしたことはないという意味の慣用句を思い出して答える。

問六　「子どもであること」に「迫る」のが目的と考え、指定字数でまとめる。

第40日 論説文 ―― 江戸川学園取手高

次の各段落の文章を読んで、あとの問いに答えなさい。

〈第一段〉 作者の答えはかならず作品の中に用意されているとすれば、せいて見つけようとする必要はないのではないかと思われる。自分が作者であったら同じ問いかけにどう答えるか、あらかじめ考えておくのも(ア)イッキョウである。この答えと作者の答えをつきあわせる。作者との考え方くらべである。自分より劣る作者の作品を読んでもつまらないから、この考え方くらべはいわば定義によって作者の勝ちときめられている。しかし、読者は負かされることによって、自分が打ちこんでいる作者と作品の真にすぐれていることを、いよいよ深く知ることができるようになる。考えるとはどういうことかを、具体的かつ(イ)ジッチに学ぶ貴重な機会を得る。

〈第二段〉 ところで、目まいのするほど遠くまで読者を引っ張って行くことに、作者の[①]はある。感動はその(ウ)ヨコクである。しかし、読者の近づきやすいところからはじめなくてはならない。作品の一部分はくどく、ていねいになっている。しかし、それが作者のいいたいことのすべてではない。むずかしいと読者はすぐ投げ出してしまうので、進展をところどころで落として要点を復習しながら、作者はより深めた考察や主張や展望を(エ)オりこんでいく。読者の理解力を考慮して、作者は何段階もの目標と戦略を立てているように見える。作品の限られた余白のなかで、彼は読者の最も鋭い問いかけにもひそかに備える。しかし、この場合の相手は信頼できる読者なのだから、その答えは飛躍させ(オ)アッシュクしたほのめかしで足りる。

〈第三段〉 実際、ある段階からは、同じ調子の問いかけの繰り返しだけでは、答えを見つけるのがうまくいかなくなる。これと並行して、すぐれた作品にはむだな部分はないはずだが、ねらいのはっきりつかめない叙述があちらこちらに目立つようになる。読者の心にふたたび迷いが生ずる。作者と読者は生きている時代も境遇も異なる別の人格なのだから、これ以上の理解は不可能なのではないか、という迷いである。読者はようやく佳境に入ろうとしているのに、彼らはせっかちで逃げ出すことにばかり熱心であるように見える。しかし、事態はそれほど深刻ではない。チンパンジーが鳥や昆虫の儀式の意味さえ理解することが企てられ、成果を収めている。作者は理解されることを望んで本を書いている。すれ違いが起っているとすれば、重要なのは原因を反省することであって、なお訴えることをやめていない書物から注意をそらすことではない。②読者が問うている次元と作者が答えている次元が、同じでなくなってきているにすぎない。

〈第四段〉 作者が強調している部分は確かにかなめのところなのだが、それは最低の基盤なのであって、作者の思索の最高の到達点ではない。はっきりいえば、読めばだれにでもわかる部分である。自分ひとりへの特別の啓示であるかのように受けとって安心していてはならない。作者はさらに遠くを見ている。周辺に版図《はんと》を広げ、なわばりの目じるしをつけて歩いている。この拡大された見通しのなかで作品の射程をはかっている。作品に盛られた内容をくみつくそうとするのであれば、読者もまたこの位置に立つことができなければならない。作者はもはや道案内をしてくれない。しかし、考え方くらべがこの探検の道しるべになる。

〈第五段〉 考え方くらべを繰り返すことによって、読者の思考力も練られるが、同時に作者の発想の方法がしだいに明確になってくるからである。作者の関心のたどる道筋の先を読むことができるようになってくる。作者の心の場の力学への可能な影響を確かめ、自分の推量の正しさを裏づけるために、同じ作者の他の作品や伝記を参照することは、この段階では無用ではない。しかし、ぜひ必要だとは思わない。近代的な小説はもともと特別の予備知識をもたない読者を対象に書かれていることになっているからである。この段階でといったのは、想像力は欠乏のなかでむしろ最もよく働き、あまりにはやく伝記や他の作品に頼ると、読みが浅くなりがちだからである。それらはけっして探究の導きの糸となるものではない。傍証をときに差し出すにすぎない。作品のなかでのみ、作者の刻々の心の動きをじかに見ることができる。

〈第六段〉 作品をすべてと考え、その完成にいっさいをかけるべきだ、というのは作者のがわの心がけである。どんな読者に出会うかわからないのだから、作者としてはそう覚悟をきめるほかはないだろう。しかし、読者の立場からいえば、③提出された作品をすべてと受けとる必要は少しもない、と私は考えている。

〈第七段〉　ジャンルや表現様式の約束にしばられてのいい残しを、多かれ少なかれ含まない作品はない。作品はつねに作者の意図に及ばない。より強くいえば、作品はつねに断念され損なわれた作者の意図である。貧しくなっている状態において味わうよりは、作者のより完全な意図にもどしてながめたほうが、作品は当然より興味深くなるであろうし、読者にとっても得るところが多いであろうと思われる。作品の難解な箇所や矛盾や欠陥は、作者の意図にさかのぼって解釈すれば、新しい発見の手がかりとなることがある。文法に、学校文法のほかに、説明文法と呼ばれるものがある。規則に従って正誤の判断をくだすのが学校文法だが、説明文法は、犯された違法のなかに、それが犯されるにいたった心的ドラマを見る。宝石は無傷を尊ぶが、自然界のドラマという観点から見るときは、透明のうちに濁りや傷を含むもののほうが興味深い。複雑な力の相克※をそこに認めることができるからである。

※相克＝互いに争うこと

〈第八段〉　技術面での成功は称えられるべきであろうが、致命的なものでないかぎり、失敗はアプリオリ※に悪であるとはいえない。完成度だけを取りあげると、大きな問題に立ち向かう野心的な作家ほど一般に不利である。それは既成の表現様式のわくをはみ出すものであることが多い。どうしても無理や未熟や舌足らずなところが出てこずにはいない。しかし、それらを無理や未熟や舌足らずとするのは、これまでの慣例から見てのことにすぎない。この基準は絶対的なものではない。無内容の未熟や難解は問題にならないが、確かな感動を与えるにかかわらず欠陥をもつ作品においては、この欠陥こそがむしろその新しさであり存在理由であることがありうる。

※アプリオリ＝先天的

〈第九段〉　作品は作者には最後の希望かもしれないが、読者には可能性の苗木でしかない。作者の体験を追体験するためのことばの見取り図にすぎない。④事物の第三次元をもともと欠いている。それは本来かならず補って読まれるべきものなのである。しかし、相手が黙っているのをよいことに、束縛され自由を失った作品の手足をさらにもぎ、醜く変形させて、自分のほうが偉いように見せたい批評家たちには、⑤魅力のない読書法かもしれない。最高の状態の相手と戦うことを名誉とした騎士道や武士道の精神も、彼らには残っていない。彼らは読書術を書物の調理術ととらえているようである。私は書物の園芸術と理解している。書物という苗木をめいめいの心に根づかせて、枝葉を十分に茂らせ、できるだけ複雑で大きな花を咲かせる企てなのだからである。

（塚崎幹夫『星の王子さまの世界』）

《設問》

問一 傍線(ア)から(オ)までのカタカナの部分を漢字で示しなさい。

問二 本文中には次の文章が脱落しています。どの段落の末に入れたら、文が通じますか。各段冒頭に示した段落名で示しなさい。

［脱落文］ しかし、置き去りにされた読者には、このほのめかしはなぞとして残ってくる。

問三 空欄①に入るべき語句として適切なものを第八段の文中から抜き出して示しなさい。ただし、漢字二字とします。

問四 傍線②はどういうことですか。次の選択肢から適当なものを選んで記号で示しなさい。

イ 状況は思いのほか深刻であると作者が考えていること。

ロ さほど状況は深刻ではないと作者が考えていること。

ハ ある程度状況は深刻であると作者が考えていること。

ニ どちらともいえない中途半端な状況にあると作者が考えていること。

問五 傍線③のように考えるのはどうしてですか。第七段の文中より、二十字の文を抜き出して示しなさい。ただし「〜だから。」と文がなるようにぬき出すこと。

問六 傍線④の主格は何ですか。ただし漢字二字とします。本文中の語句から抜き出して示しなさい。

問七 傍線⑤は、どういう読書方法を指していますか。

(a) 本文に即して十五字以内で説明しなさい。

(b) 作者はそのことをどう比喩していますか。本文からもっとも適切な語句を抜き出して示しなさい。ただし、六字とします。

●アドバイス●

問二 脱落文中の「このほのめかし」を手がかりにする。

問三 「読者を引っ張って行」こうという意欲を感じさせる語が入る。「ねらい」「意図」「目的」などと類似した意味をもつ二字熟語を探す。

問四 「〜にすぎない」という表現に注目。

問五 作者は「作品をすべて」と考えているが、筆者が目指しているのは「作者の意図」であり「作品」ではないことに注目。

問六 〈第九段〉の第一文から第三文の主語はなにか。傍線部④に対応する「何が」を探す。

問七 (a)「批評家たちにとっては魅力のない読書法かもしれない」が、筆者はこの読書法を「魅力のない」ものとは考えていない。第九段をていねいに読み十五字以内で説明する。(b)批評家の読書法と筆者の読書法は対比して述べられている。

第41日　詩・随筆

甲陽学院高校

次の詩と鑑賞文とを読んで、後の問いに答えよ。ただし、句読点は字数に数える。

私たちの身近なところで、①親しみやすい〈死のイメージ〉を書いたものはないだろうか。親しみやすいとはいっても、通俗的な世間一般の幸福感を歌いあげたりすることではありません。ああ、これなら私たちが抱いている〈死のイメージ〉とほとんど同じだ、というふうな詩はないものでしょうか。表現にも、私たちの日常語で書かれたものはないでしょうか。あると思います。次の詩をゆっくり味わってください。

ちいさな遺書　中桐雅夫《なかぎりまさお》

わが子よ、わたしが死んだ時には思いだしておくれ、
酔いしれて何もかも分からなくなりながら
涙を浮かべて、お前の名を高く呼んだことを、
また思いだしておくれ、a恥辱と悔恨の三十年に
堪えてきたのはただお前のためだったことを。

わが子よ、わたしが死んだ時には忘れないでおくれ、
二人の恐怖もb希望も、慰めも目的も、
みなひとつ、二人でそれをわけあってきたことを、
胸に②おなじあざを持ち、また
おなじ薄いまゆをしていたことを忘れないでおくれ。

わが子よ、わたしが死んだ時には泣かないでおくれ、
わたしの死はちいさな死であり、
四千年も昔からずっと死んでいる人がいるのだから、
泣かないでおくれ、引き出しのなかに
忘れられた③一個の古いボタンの意味を。
わが子よ、私が死んだ時には微笑《ほほえ》んでおくれ、
わたしの肉体は夢のなかでしか眠れなかった、
わたしは死ぬまでは存在しなかったのだから、
わたしの死体は影の短い土地に運んで天日にさらし、
飢えて死んだ兵士のように骨だけを光らせておくれ。

中桐君のこれはずばりそのものの題をもっています。④いかにも詩人らしいポーズはうたわれていません。どこにもある安サラリーマンを思いだすような、酔っぱらいが登場してきます。センチメンタルで安酒に酔うとちょっとしたことにも理由なく涙を浮かべるようなcショミンが出てきます。
そして「二人の恐怖も希望も、慰めも目的も、みなひとつ」だと、この父親は、父と子という人間の動かしがたい宿命にしばられていて、生活におびえ、生活のなかにささやかな喜びを見出すことも一体だ、という自覚を忘れていません。だが、この父親はただそこだけに安住しているのでもありません。子どもには暖かいものを着せてやろう、うまいものをたくさん食べさせてやろう、思う存分学問もさせてやろう、と世間一般の親ならだれでも考えていることをやはり考えているに違いありません。が、人間とは、それ以上の価値を見つめていくことも大切なのだ、と教えます。「わたしの死はちいさな死」に過ぎないのだと教えることで、子どもが〈人間とは何ぞや〉〈人類とは〉という大きなdメイダイにも目を向けることを望んでいます。

この詩人の要求は強烈です。はげしい太陽の光に死体をさらすだけでよい、腐れ朽ちて骨だけにさせてほしいというのです。「⑤」という比喩《ひゆ》は、一種の優しいイメージとは違って、さきの戦争で死んだ同世代人と同じように、無になってもかまわない、という残酷なイメージです。

「わたしが死んだ時には泣かないでおくれ」は、逆説です。

子どもにとって父親の死は、現実には〈大きな死〉には違いないが、それを「わたしの死はちいさな死」というのは逆説であり、人間のeユウキュウの歴史に目をひらくことをfシサしながら、無価値なものと見える物に目をそそげ、と教えることも逆説です。

「死んだ時には微笑んでおくれ」も逆説です。〈泣いておくれ〉というよりも強い呼びかけです。「肉体は夢のなかでしか眠れなかった」という句には、時代の激しさを生き抜いてきた一個の人間の雄々しさが浮かびます。また〈わたしは生きている間だけ存在していた〉といえば、これも当然なg平凡な表現ですが、「わたしは死ぬまでは存在しなかった」と逆説を用いることによって、死の意味を強め、そして生の意味をあざやかにあらわしています。

この作者は、静かな梨《なし》の木でも植えられそうな墓場を望むのでなく、「影の短い土地」すなわち⑥草木さえもよくは育たない砂漠のような土地に、死体を投げ出せと教えます。

このように、この詩はいたるところで逆説を用い、その効果によって彫りの深い〈死のイメージ〉を作りあげることに成功しています。

（安西均『やさしい詩学』による）

《設問》

問一　二重傍線部c・d・e・fのカタカナを漢字に直せ。

問二　二重傍線部a・b・gの対義語をそれぞれ答えよ。

問三　傍線部①・⑥の言葉の意味を次の形に言い換えてみた。（　）に入れるのに最適な漢字二字を答えよ。

①（　　）できる　　⑥（　　）の

問四　傍線部②・③は、鑑賞文中ではどの表現にあたるか。最適な語句（②は二十字以内、③は十五字以内）をそれぞれ抜き出して答えよ。

問五　傍線部④は、この場合、どんなうたい方なのか。次の（　）に入れるのに最適な鑑賞文中の言葉を、次の記号ア～オの中から選び記号で答えよ。
（　）によって詩を歌いあげること。
ア　通俗的な世間一般の幸福感
イ　私たちの日常語で書くこと
ウ　一種の優しいイメージ
エ　残酷なイメージ
オ　逆説を用いること
問六　空欄部「⑤」に入れるのに最適な詩中の言葉（十五字以内）を抜き出して答えよ。
問七　鑑賞文の筆者によると、詩人（父）は詩を通してわが子にどんなことを伝えようとしているのか。その立場になって、八十字以内で分かりやすくまとめよ。

●アドバイス●

問三　①は「よく分かり合える」、②は「土地がやせて何も育たない」という意味の二字の熟語を考える。
問四　③は親子の深いきずな、④はごくつまらないものと考えて、鑑賞文の中から探す。
問五　傍線④直後の文に注目。
問六　直前の「はげしい太陽の…ほしいというのです」がヒント。
問七　父の立場からの発言をていねいに読みとって答える。

漢字書き取り 8

(1) 影響が**イチジル**しい。
(2) 川面に全身を**ウツ**す。
(3) 学校に**ツト**める。
(4) 生徒としての**ツト**め。
(5) 解決に**ツト**める。
(6) 茶の湯の**ココロエ**。
(7) 書店を**イトナ**む。
(8) 石を取り**ノゾ**く。
(9) 資格を**カ**く。
(10) 一家を**カマ**える。
(11) 意見を**ノ**べる。
(12) 非常時に**ソナ**える。
(13) **ケワ**しい坂を登る。
(14) 足が**ハヤ**い。
(15) **メシ**を食う。
(16) 給食を**クバ**る。
(17) 援助を**コトワ**る。
(18) 銀行に**アズ**ける。
(19) たいせつに**アツカ**う。
(20) **オモテム**きは病死。
(21) 布を**オ**る。
(22) 秘伝を**サズ**ける。
(23) 外国の生活に**ナ**れる。
(24) 人を**ウタガ**う。
(25) 敵に**マ**ける。
(26) 友人を自宅に**マネ**く。
(27) **カカ**りの人を呼ぶ。
(28) 新卒者を**ト**る。
(29) **ヤワ**らかい毛布。
(30) 舟で川を**クダ**る。
(31) **カタ**い決意。
(32) **マゴ**や子を愛する。
(33) 殿様に**ツカ**える。
(34) 友人と**マジ**わる。
(35) **ウツワ**が小さい。
(36) 僧が**コロモ**を着る。

第42日　小説

大阪教育大学附属高校［池田校舎］

次の文章は『豚の死なない日』（ロバート・ペック作／金原瑞人《かねはらみずひと》訳）の最後の場面である。主人公の「ぼく」は十三歳の少年であり、父親は豚の屠殺《とさつ》（肉や皮を取るために殺すこと）を仕事としていた。よく読んで後の問いに答えよ。（字数制限のある問いは、句読点や記号も字数に含める。）

ぼくはウィルコックスさんに話をした。ウィルコックスさんは信心深いシェーカー教徒で、葬儀の世話をしている。マティー伯母さんとヒューム伯父さんに会ってから、ぼくは家に向かった。Ⓐ途中で寄るところは二軒しかなかった。バスコムさんとアイラさんの家、それからタナーさんの家だ。うちにもどってみると、もうウィルコックスさんがきていた。鹿毛《かげ》の去勢馬が牛小屋を出たところにとまっている。小さな馬車がつない①であった。御者台の後ろには棺桶《かんおけ》が乗っている。白木②でできていて、把手《とって》がついていない。ラーニングに住むシェーカーの仲間からの贈り物だ。ウィルコックスさんに払う葬儀の費用はどうにかして工面しよう。検死を頼まれるときほど高くはないだろう。

「ウィルコックスさん、お昼にはみんなきてくれると思います」ぼくがいった。ウィルコックスさんは父さんの死装束の準備をしている。

「それまでには準備はすべて整ってるよ、ロバート」

「どうもありがとうございます」

ぼくはキャリー伯母さんと母さんに葬儀の時間を伝えた。ふたりともいちばん上等でいちばん簡素な服を着るはずだ。

「そんなにたくさんはこないと思うよ」ぼくはいった。

「たぶん全部で六人じゃないかな」

「ロバート」母さんがいった。「おまえがあれこれやってくれて助かるわ。わたしひとりじゃとてもぜんぶはできなかったもの」

「そんなことないさ、母さん。他にだれもいなければ、なんとかなるものだよ」

ぼくは果樹園の中にある埋葬用の場所に墓穴を掘った。Ⓑそれから何か仕事はないかと探しまわった。なんでもよかった。父さんが死ぬ前の日、ぼくたちは物置で鋤《すき》の修理をしていた。葬儀の客がくるのをぼんやり待つかわりに、ぼくは続きにとりかかり、もうちょっとというところまでやっておいた。

物置を出るとき、僕の目をひいたものがあった。それまでは気にもとめなかったが、父さんの道具類の把手だった。ほとんどの道具は長年使ってきたので③で黒ずんで、把手もこげ茶色に変わっている。しかし父さんが握っていたところだけは明るい色をしていた。金色に近い。使いこんだせいでつるつるになって、光っている。どの把手も仕事をする指が触れていたところだけが、しっとりした輝きを放っている。ぼくは残らず把手をみてまわった。息を飲むほど美しい。働く手が把手を金に変えたかのようだ。

ぼくは父さんの道具をみているうちに、手をのばしてひとつひとつに触ってみたくなってきた。父さんがしていたようにこの手にしっかり握りしめ、ぼくの手がその道具を持てるくらい大きくなったかどうか確かめてみたかった。

道具の下に古い葉巻の箱があった。白いほこりをかぶっている。中にはちびた鉛筆と古くなった紙切れが入っていた。紙切れを広げてみると、それは父さんが名前を書く練習に使っていたものだった。中にひとつ、ほとんど完璧《かんぺき》に書かれた「ヘイヴン・ペック」の文字がある。父さんはほぼまちがいなく書けるようになっていたようだ。紙は乾いて、茶色く変色している。ずいぶん長いこと練習したらしい。ぼくはていねいに最初たたんであった通りに紙をたたみ、箱の中に収めると、ふたを閉めた。

それから家にもどると、服を着がえた。もうすぐ昼だ。幼いころは、母さんが作ってくれた黒のスーツを着ていたが、それを着ると、いつも説教師になったような気がしたし、もうずいぶん小さくなっていた。といって、父さんの服は大きすぎる。ぼくは茶色の作業靴をはいて父さんの着古した黒いズボンをはくと、裾《すそ》を内側に折りこんで、ピン④で止めた。シャツも父さんのを着た。ネクタイはしめなかった。そして鏡をのぞいてみた。葬列の先頭に立つのにふさわしい格好かどうか、確かめたかった。しかし、ぼくは喪主というよりは道化師のようだった。シャツは全然あってないし、黒いズボンの下に突きだした茶色の作業靴は変に目立って、裸足《はだし》でいるみたいだ。Ⓒぼくはシャツを引きはがすようにして脱ぎ捨てると、床にたたきつけた。

「神様、聞いてください」ぼくはいった。「貧しいってことは地獄です」

昼までには客は皆そろった。ちょうどぼくたちが父さんに晴れ着を着せ、棺《ひつぎ》に収めて家に運びこんだところだった。

最初にきたのはマティー伯母さんとヒューム伯父さんだった。次にバスコムさんがアイラ・ロングさんといっしょにきた。タナーさんと奥さんは黒い馬車に乗ってきた。二頭の黒い馬に引かせている。ぼくは表までふたりを迎えに出た。

「わざわざありがとうございます、タナーさん」

「ロバート、わしの名前はベンジャミン・フランクリン・タナーだ。親しい人間はみなベンジャミンと呼んでくれる。友だちどうしだ。

「あたしはベス」奥さんがいった。Ⓓ名字でなく名前で呼びあおうじゃないか「これからはそう呼んでね」

タナーさんたちをみんなのいる居間に案内すると、ぼくは道のほうに目をやった。もう一台、荷車がやってくる。乗っていたのはセブリン・ヒルマンさんと奥さんだった。それに町からイザドア・クルックシャンクさんがジェイコブ・ヘンリーとその一家を連れてやってきた。最後にきたのはクレイ・サンダーさんだった。父さんはこの人の所⑤で豚を殺す仕事をしていたのだ。父さんと働いていた人たちもいっしょにきてくれた。今日は仕事は休みだ。豚は一匹も死なずにすむ。

Ⓔぼくは皆がきてくれてうれしかった。ぼくとたいして変わらない服装の人もいたし、中にはもっとひどい格好の人もいた。それでもきてくれている。ヘイヴン・ペックを土にかえす手伝いをしにきてくれた。それだけで、うれしくてたまらなかった。皆がきてくれたのは父さんを尊敬し、父さんを誇りに思ってくれているからだ。落ち着かない様子で狭い居間に立っている人たちをみて、ぼくは父さんのかわりに喜んでいた。父さんは金持ち⑥ではなかった。しかし決して貧しくはなかったのだ。父さんはいつもそういっていたが、ぼくには冗談にしか思えなかった。だけど父さんが本気でそういっていたのだ。父さんは豊かな人生を送った。ほんとうにそうだったのだ。

［注］・シェーカー教徒…キリスト教の一派。

・去勢馬…精巣を取り除かれた馬。

・鋤…土を掘り起こす農機具。

《設　問》

問一　傍線部Ⓐ「途中で寄るところは二軒しかなかった。」について。「ぼく」は何をするために寄ったのか。二十字以内で答えよ。

問二　傍線部Ⓑ「それから何か仕事はないかと探しまわ

った。」について。なぜ仕事を捜しまわったのか。次の中からもっとも適当なものを一つ選び、記号で答えよ。

ア　父の葬儀の準備があらかた終わってみると心が空虚になり、何かしていないといたたまれない気持ちになったから。

イ　まじめな性格で、つねに家の仕事をしていたので、こんな時でもなまけるわけにはいかないと思ったから。

ウ　父の死後、何倍もの仕事が自分にふりかかってくるので、葬儀などに気を取られず、少しでもすませておきたかったから。

エ　今まで父から命令されてばかりだったが、これからは何をするのも自分で決めるのだという自負心が芽生えたから。

オ　父の死後は以前にもまして家の経済は苦しくなるに違いないので、今のうちに仕事を探しておかなくてはと思ったから。

問三　父の遺品（ⓐ道具類の把手・ⓑちびた鉛筆と古くなった紙切れ）から、父がどのような人物であったことがわかるか。それぞれについて四十字以内で答えよ。

問四　傍線部Ⓒ「ぼくはシャツを引きはがすようにして脱ぎ捨てると、床にたたきつけた。」について。この時の「ぼく」の気持ちとして、次の中からもっとも適当なものを一つ選び、記号で答えよ。

ア　急なことだが、日ごろ、体にあった服を用意してくれなかった母を憎く思う気持ち。

イ　父は信心深かったのに、その父の葬儀に着る服も恵んでくれない神を恨む気持ち。

ウ　鏡にうつった、まるで道化師のように不格好な自分に気がついて、いらだたしい気持ち。

エ　貧乏人で終わった父はきっと地獄におちると思い、父をかわいそうに思う気持ち。

オ　葬列の先頭に立つのに、貧乏で着る服がないのがやりきれなく、腹立たしい気持ち。

問五　傍線部Ⓓ「名字でなく名前で呼びあおうじゃないか」について。タナーさんは、今後、ロバートをどのように扱おうとしているのか。五十字以内でわかりやすく答えよ。

問六　傍線部Ⓔ「ぼくは皆がきてくれてうれしかった。」とあるが、なぜそのような気持ちになったのか。次の中から最も適当なものを一つ選び、記号で答えよ。

ア　貧しさのために父さんの葬儀にふさわしい服装ができないことをぼくは心苦しく思っていたが、ぼくとたいして変わらない服装の人も葬儀に出席してくれたので、恥をかかずにすみ、安心したから。

イ　父さんは貧しかったので、葬儀にも限られた人しか来ないとぼくは思っていたが、予想外に多くの人が集まってくれて、父さんの人生が本当に豊かなものだったことが証明されたように感じたから。

ウ　父さんは貧しいが豊かな人生を送ったとぼくは信じていたが、そのようなことはだれも理解してくれないと考えていたので、思いのほかたくさんの人が葬儀に出席してくれることを知って、父さんの思いがやっと報われたように感じたから。

エ　貧しい暮らしを支えるためとはいえ、父さんが豚を殺す仕事をしていることにぼくは日頃から心を痛めており、葬儀のために仕事が休みになって、豚が一匹も死なずにすむことで救われるように思えたから。

オ　父さんは豊かな人生を送っていると言っていたが、ぼくは貧しい生活を恥じていたので、葬儀にたくさんの人々が出席してくれることを以外に思い、人々の心の暖かさに感謝を感じたから。

問七　本文中の二重傍線部①から⑥の「で」の中から、「信心深いシェーカー教徒で」（一行目）の「で」と同じ働きのものを一つ選び、記号で答えよ。

ア　小さな馬車がつない①であった。
イ　白木②でできていて、
ウ　長年使ってきたの③で
エ　ピン④で止めた。
オ　この人の所⑤で
カ　金持ち⑥ではなかった。

●アドバイス●

問一　傍線後には、父の死と葬儀のことが書いてある。
問二　墓穴を掘った直後のことであり、直後に「なんでもよかった」とあるのに注目。
問三　ⓐⓑそれぞれに続く文を読んで、ⓐからは父の勤勉さ、ⓑからは努力家の側面を読みとる。
問四　次の行に「貧しいってことは地獄です」とある。
問五　一人前の対等の人間として扱おうとしているのである。
問六　最後の段落に注目。
問七　「シェーカー教徒で」の「で」は断定の助動詞「だ」の連用形で「だ」と言い換えて文を結べる。㋐は助詞「て」の濁音化したもの。㋑は材料を表す助詞。㋒は理由を表す助詞「ので」の一部。㋓は手段・方法を表す助詞。㋔は場所を表す助詞。

第43日 随筆

——早稲田大学本庄高等学院

次の文章を読み、あとの問いに答えなさい。

[1]あなた方は、もう御存じないかしれないけど、加藤嘉《よし》という老け役のいい役者がおりました。加藤の家と私の家とはもう四・五代にわたる付き合いで、それに二人とも小学校に入るまで鎌倉に育って家もお互いに目と鼻のさき、兄弟のように毎日一緒に遊んでいたんです。ところがかれは子供の時から始終両親達につれられて芝居を観《み》に行っていた。当時、六代目の菊五郎が俳優学校というのを創《つく》った。加藤嘉ってのは、御存じかもしらないが、一時山田五十鈴《いすず》とも一緒になってまして、まあ彼女はすでに三度目位の女房でした、その加藤嘉が菊五郎の俳優学校に入学して、その時まだ二十歳になっていませんでしたけれども、新橋の若い芸者と駆け落ちを致しました。いろいろ私の父が骨を折って、どうにかその芸者さんと結婚式を①アげさしてやりました。それからも女出入りじゃずいぶん②ハデだったと思いますよ。[a]手をつかねてただ彼を私は見ているだけでした。はやくからとても才能ありましたね。

［A］、藤山一郎、本名は増永ってんだけども、まだ声がわりのしない小学校のときから素晴らしい好《よ》い声、生まれつきの好い声、素ッ晴らしい声で歌を歌っていました。その練習ぶりを知っています。こども心に音楽の訓練というもののきびしさにはおどろいたものです。

それからまた、藤山一郎のほか私の小学校にはもう一人変わり種、岡本太郎がいました。わがまま者でしてね、授業中にサッサと教室の外に出てっちまって、一人で庭を走り回って遊んでる。しかし、色彩感の③キョウレツな、そして、何を描いたんだか、そういう、[2]そちらの方に感覚のない私には訳の分からない、そういう絵を描いて、教室の壁に貼《は》りならべて自分で個展を開いていた——。

［B］、こどもの時からまわりにいろいろ才能のゆたかなのがいて、才能というものはどうにもならないものだと早くからさとらされました。中学校に入ったら、こんどはここで飯沢匡《ただす》と一緒になった。彼は、日本には喜劇が④ハヤらないから育たないから、じぶんは喜劇作家になるんだと、じぶんじゃ忘れちまったらしいけれど、もう中学生の時にそう言っておりました。学校の勉強ちっともしないんです。とうとう、学校、卒業しないで辞めちゃった。その、学校を辞

めるときにね、一緒に僕に、辞めないかって、⑤サソったんです。そういう、学校辞めちゃう飯沢がサソウ相手に、僕が選ばれたってのは、いかに私が、やっぱし学校を⑥ナマけてたかっていう、まあこんな、わざわざ言いたてることないけども、聞かれないで問わず語りの証拠になるでしょう。私は父に、飯沢、これはペンネームで伊沢が本名ですけど、その伊沢が、一緒に学校辞めようってサソうんだけどって言ったんです。そしたら父が、辞めたければ辞めても良いよって。あと、［C］ひとこと⑦チュウシャクが付きました。才能があると思えばね、よく考えて御覧と。3私は一緒に学校辞めようっての、断りました。

学者ってのは、バカでこそなれるんです。学問ってのはなまじ才能なんかないからできるんです。ほかにやれるものがないから、とにかくほそぼそとつづけてきた⑧シダイです。まあ私は学者としても大したことないかも知れないけれど、才能が無いって事を知っている。ソクラテスはアテナイの町で、俺《おれ》はみんなよりひとつ余計に自分がものを（Ⅰ）と言う事を（Ⅱ）といって、人を説いたが、学問なんて馬鹿々々しいものは馬鹿じゃなきゃできない。まあ、あなた方は何も学者におなりになる訳では無いけれども、せっかく大学に入ってこられて、研究なんてものに4何の値打があるんだろう、バカバカしいと思ったらやる気なんか起こらなくなるでしょう。カメイの話が、どこまでプラスになったかマイナスになったか、どういう影響があなた方に及んだか、こんな話されちゃあ、せっかく東京から来てもらったのに困りましたよねえって先生方に言われるか知らんけれども、そりゃああなた方の受け取り方シダイで、とにかく、世の中にゃ学者にならない方がよっぽど良かったんじゃないかと思うような⑨オしい人物が、私の目からみるといろいろいないでもありません。

［D］、学問なんて馬鹿々々しいものは、なんのために役に立つのか分からないことは、バカじゃなきゃできないんですが、ただ、b烏滸《おこ》がましく、口幅ったく言えば、馬鹿だって事を知ってなけりゃ学問なんてのは馬鹿バカしくってできない。まあ、学問なんてのはそんなもんですから、ちょっと、真似事位で、まああとは、それぞれ立派な家庭の主婦に育っていらっしゃって、一市民としての生活を⑩マットうされる事が、人生でありましょうけれども、せっかく、大学で国文科に入っていらした、その、学問の真似事ぐらいをやって御覧になっても、後々の思いでの好い種にはなされるんじゃないかと思います。

（かめい　たかしの文章による）

《設 問》

問一 文中の空欄［　］A〜Dに入るべき語句を次の中から選んで、記号で答えなさい。

ア しかし　イ とにかく　ウ それゆえ
エ つまり　オ または　カ それから

問二 傍線部1「あなた方」とはどのような人たちだと考えられるか。本文中の語句を用いて十字以内で答えなさい。

問三 傍線部2「そちらの方」は具体的にはどのようなことを指していると考えられるか。漢字二字の熟語で答えなさい。

問四 傍線部3「私は一緒に学校辞めようっての、断りました。」の「断った」理由を本文中から五字以内で抜き出して答えなさい。

問五 傍線部4「何の値打があるんだろう」とほぼ同じ内容を述べている箇所を本文中から二十字以内で抜き出して答えなさい。

問六 波線部「俺はみんなよりひとつ余計に自分がものを（Ⅰ）と言う事を（Ⅱ）」の空欄（Ⅰ）・（Ⅱ）に、「知っている」「知らない」のどちらか適切な方を入れなさい。

問七 傍線部a「手をつかね」・b「烏滸がましく」の用法として正しいものを次の中からひとつ選んで、記号で答えなさい。

a「手をつかね」
ア 弟達のけんかは手をつかねるほど激しかった。
イ 子供らは手に手をつかねておどっている。
ウ 医師は患者の治療に必死に手をつかねた。
エ 訓練によって手をつかねた技術は一生役に立つ。

b「烏滸がましく」
ア この問題に詳しい私は烏滸がましく発言をした。
イ おぼれている人を烏滸がましくも助けられなかった。
ウ 朝日を見て烏滸がましい気分になった。
エ 私が代表に選ばれたのは、烏滸がましい限りだ。

問八 傍線部①〜⑩のカタカナを漢字に改めなさい。

①アげさして　②ハデだった　③キョウレツな
④ハヤらない　⑤サソった　⑥ナマけて
⑦チュウシャク　⑧シダイ　⑨オしい
⑩マットうされる

●アドバイス●

問二 最終段落に注目する。
問三 岡本太郎の才能。
問四 父のチュウシャクと直後の段落から答えを探す。
問五 最終段落に注目。

第44日 論説文

甲陽学院高校

次の文章は、現代ヨーロッパと日本における旅について論じたものである。これを読んで、後の問に答えよ。

近代文明が成熟し、本当に買いたい目新しい工業製品もあまり見当たらなくなってしまった今日、だれもがほかの土地、ほかの国のくらしぶり、生活文化に大きな関心を抱くようになった。その土地に足を運び、滞在し、土地の生活文化に全身で触れ、楽しみかつ学びたい。この欲求は、いまや全世界的にひろがり、かつての気晴らしの旅、ドンチャン騒ぎの旅にとって代わりつつある。日本でも、グッチやルイ・ヴィトンその他の、ブランド物を買いあさるためのショッピング・ツアーは、そろそろ終わりに近づきつつあるといえるのではあるまいか。だからこそ、町中を観光バスでウツラウツラと走り抜けてしまう旅ではなく、自分の足でゆっくりその土地を楽しむ、「散歩する旅」がしたい。自分の町を散歩する人が、わが国でも最近とみに増えた。以前はなかった現象である。散歩は町を調査して歩き回っているのでもなければ、町を愛するが故に視察しているのでもない。町からちょっと心を引いて歩き、あのベランダの花はきれいだなとか、こっちのゴミは汚いなとか思いながら、「町を旅している」のである。

その土地の生活文化なりくらし感覚なりを、味わい楽しむ「散歩する旅」が一般化しつつある一方で、ヨーロッパでは、「渡り鳥型」の旅もまた支配的になろうとしている。かつてのように、一カ所にじっと一カ月も滞在して夏のヴァカンスを過ごす旅ではなく、一カ所に三、四日ないし一週間いて、また別の所に、さらにまた別の所にと、ジプシーないしは渡り鳥のごとくに移動しながら旅をする形である。キャンピング・カーをつけて、そこで寝止まりしながらの旅も、そのための電気・水道施設が整っているヨーロッパでは、大いに人気がある。むかしヴァカンスとは「頭を空っぽにすること」であった。一年のうち十一カ月はみっちり働いて、残り一カ月は仕事を完全に忘れ、仕事から離れて頭を空っぽにし、いなかの別荘――貸し別荘が沢山ある――に引っ込んで、日がな一日、釣りとか読書、あるいは絵をかいたり、執筆したりして過ごす。あるいは、それこそ何もせずに、一日中じっとして、時の経過をただ見つめている。ふだん、社会とのかかわりのなかで、心ならずも生きている自分を解放し、本当の自分に戻るために、である。その根底にあるのは、孤独感であり、またその孤独を楽しむ心である。いまそのような、社会と自分、仕事と自分をはっきり分け、「自分」を②確個として保持しつづける自信のある人はいなくなった。社会と自分、仕事と自分は分かちがたく溶け合い、地方でヴァカンスを楽しんでいるエリートも、仕事の電話がジャンと入れば、地球の反対側までも直ちにスッ飛んでいく。自分の別荘にファックスも設置されており、時差に関係なく世界中から通信が送られてき、つねに世界と結ばれている。日常生活においても、自ら判断し、自ら決断して行動する人は少なくなり、レストラン一つ選ぶのにも、月刊の③食痛誌『ゴー・エ・ミヨー』などを頼りに、特定の店に人が集まり、④シェフやボーイに「おいしい」「大変結構」を連発する。自らひとり生きる自信を失ったのである。世界中どこでも先進国に見られる、現代文明に共通する現象といっていい。

なぜそうなったかといえば、一人で生きるのは心細いという、人恋しい気持ちが強くなったからであり、先行き不透明な、それだからこそはっきりとした志のある生き方の出来ない、B階段の踊り場に立たされているような時代を、現代人は生きているからにほかならない。そのような精神状況の下で、⑤現代人は仕事の場から隔絶されて自分自身を発現したいというより――それは仕事もまだ半人前の、若い人たちの世界である――各地・各国のくらしに触れて、半ば楽しみ、半ば仕事のヒントや機会にもしたい、それによって知恵のある生き方をし、自分自身を高めたい。そのような気持ちで、いま人は旅に出る。仕事とレジャー、日常の生活と旅を区別する発想は、もはや過去のものといっていい。一言でいうなら、いまは生活の日常性と旅の非日常性が、分かちがたく一つになろうとしている。旅先でふだん着のくらしを楽しむ、非日常的日常性の追求こそが、現代人を旅に駆り立てる。ヨーロッパでは定住型の旅から渡り鳥型の旅へ、日本では反対に一泊旅行のドンチャン騒ぎ、気晴らしの旅から短期滞在型の旅へと、面白いことに両者はいま、それぞれ反対方向から⑥歩み寄りつつあるといえよう。

（木村尚三郎『パリ』による）

《設　問》

問一　傍線部①「寝止」、②「確個」、③「食痛」の各々の二文字目を、より文意の通りやすい語にするために、同じ読み方の別の漢字一文字に直せ。

問二　傍線部④では、筆者は、どういうことを言おうとしているのか。最も適当なものを、次の中から選び記号で答えよ。

ア　人々が他人の判断に雷同している。

イ　人々が他人に対して人なつっこくなっている。

ウ　人々がささいなことまで誇張している。
エ　人々は何事にも評価が甘くなってきている。

問三　傍線部⑤が、かかっている相手の述語を、次の中から選び記号で答えよ。

ア　発現したい　イ　いうより
ウ　触れて　エ　機会にもしたい
オ　高めたい　カ　〔述語は書かれていない〕

問四　二重傍線部A・Bは、各々どういうことを言っているのか。わかりやすく説明せよ。

問五　「日本人のドンチャン騒ぎ」と、「かつてのヨーロッパのヴァカンス」の、(a)違いと、(b)共通点を各々説明せよ。

(a)に関しては、「日本人」の場合をXとし、「ヨーロッパ」の場合をYとして、「Xは〜。Yは〜。」という形で具体的に両者を対比して述べること。

問六　傍線部⑥では、両者が、どういう旅に近づきつつあるといっているのか、説明せよ。

問七　江戸時代の日本で、旅に生きた俳人の一人に、松尾芭蕉がいる。彼がのこした紀行文の中の一つの題名を書け。

問八　例文の中の「と」と同じ意味の「と」を含むものを、次の中から選び記号で答えよ。

(例文)　彼は「今日はもうだめだ」と叫んだ。

ア　一日中じっとして　イ　社会との関わり
ウ　仕事と自分　エ　世界と結ばれている
オ　はっきりとした志
カ　共通する現象といっていい

●アドバイス●

問一　それぞれ正しくはどう読むのかを確かめてから正しい漢字に直す。①「ねとまり」、②「かっこ」、③「しょくつう」と読む。

問二　雑誌を読んで騒いでいるのであり、「自ら生きる自信を失っている」のである。

問三　「現代人は」に対する述語なら、「……だ。…である」、「…と思っている。…している」などとなるはず。

問四　Aは傍線部の前後と第二段落の初めの表現に、Bは直前の表現に注目。

問五　文章の最後の部分に注目。

問六　傍線部の前の部分で、今日の旅のあり方について述べられている。

問七　最も有名な作品をあげるのがよい。

問八　例文の「と」は、引用を表す格助詞。アとオは副詞の一部。同じ格助詞でも相手を表したり並列を示したりするものもある。

第45日 古文

桐蔭学園高校

次の文章をよく読んで、後の設問に答えなさい。

慶長七年七月七日に、せなかに笈擢《おいずり》などいふものをかけつる人足《にんそく》、やせくろみ竹杖《たけづえ》にすがり、京の町をとほれば、見る人、「あな《★》、げにやらん（＝本当に）、この頃《ころ》は地獄の釜《かま》のふたもあき、罪人聖霊《しょうりょう》となり来るなると聞くが、さやうの者に候《そうろ》ふ」といひあへるに、この者店によりて「瓜《うり》を一つ、いかほど」といへば、「二文《もん》」とAこたふ。腰にただ一文あり。「盆の結縁《けちえん》とBおぼして給《たま》はらんや」と。①「その分にもせん」とあり。すなはち瓜をとり、かしらよりかぶりくらひ、後はさみたる銭をC見れば、落ちて縄《なわ》ばかりぞ候ひける（＝縄ばかりが残っていた）。「ア瓜の主人、慈悲とおぼしめしゆるし給へかし」と歎《なげ》くに、この人天然と（＝生まれつき）慳貪《けんどん》にて、「沙汰《さた》のかぎり（＝とんでもないこと）、すりのたぐひとおぼゆるなり。出させ給へ」と町の人を催し（＝集め）、やせたる男を追ひたて、イ板倉殿の坪の内（＝中庭の中）に引きすゑ、右の様子、つぶさに訟《うった》へ申す。人足もありのまま言上《ごんじょう》す。伊賀守《いがのかみ》聞き給ひ、「何《いず》れも事の実否を糺明《きゅうめい》すべし。②先《ま》づこの者を瓜売に預くるに、二時の飯をそちが与へ、昼は町としてよきに番すべし。③ゆるがせならば、われを恨むな」とて帰されけり。ただ一文の事に④いらぬ儀をいうて、造作するもの（＝めんどうなこと）、とD思ひながら、一間なる所におしこめ、番をすゑ、毎日の食をぞ与へける。六日七日に及べども、糺明なければこらへかね、おのおの参りて「御糺明あれかし」と申すに、伊賀守、「事の多さに忘れて候ふ。今思案するに、時は盂蘭盆《うらぼん》、科《とが》（＝罪）は瓜一つ、これほどの裁許《さばき》（＝裁決）ははじめにすべかりしかど、瓜売の慳貪なる心根がにくさに延べつるぞ。飢にのぞみたる者を見ては、招きても与ふべきに、⑤せんかたなき者をとらへきて、銭一文のことに首をはねよとはなんぞ。慈悲をせさすべきために、この中に養はせたり。いそぎウその者をゆるしかへせ」と下知《げち》（＝仰せ）あれば、⑥エその席にありし人、みな頭をかたぶけ、感涙をながさぬはなかりし。

（注）○七月七日＝陰暦のこの日にお盆の祭りが始まり、地獄の釜のふたが開いて地獄の罪人がその苦しみから解放されると考えられた。

○笈擢＝袖《そで》のない着物の一種。　○人足＝力仕事に携わる人々。

○聖霊＝死者の霊魂。　○文＝当時のお金の単位。

○盆の結縁＝お盆に仏の道に関係の深い行いをすること。

○慳貪＝考え方が狭くてけちなこと。　○糺明＝追及し明らかにすること。

○二時の飯＝一日二度の食事。当時は一日二食が普通。

○一間＝畳二枚分の広さの部屋。　○盂蘭盆＝陰暦七月十五日に行う仏教上の行事。

《設　問》

問一　本文中の空欄《★》に入る語として最も適切な語句を次の中から一つ選び、その番号をマークしなさい。

1　にくし
2　きたなし
3　くちをし
4　おそろし

問二　――部①「その分にもせん」とは、どういうことを言っているのですか。最も適切な説明を次の中から一つ選び、その番号をマークしなさい。

1　お前の言うとおりにしてやろう、ということ。
2　お前の持っているお金のぶんだけやろう、ということ。
3　お前のすきなだけ食べさせてやろう、ということ。
4　お前にひとつだけただで食べさせてやろう、ということ。

問三　――部②「先づこの者を瓜売に預くるに、二時の飯をそちが与へ、昼は町としてよきに番すべし」とありますが、伊賀守はなぜこのような処置をとったのですか。最も適切な説明を次の中から一つ選び、その番号をマークしなさい。

1　お盆の時期で忙しいので、すぐに処罰が決定できないため。

2　瓜売りがあまりにけちなので、反省をうながすため。

3　人足と瓜売りとで話し合わせて解決させるため。

4　人足は非を自覚していないので、自分の罪に気づかせるため。

問四　――部③「ゆるがせならば」は、「私の申し渡しをいい加減にするならば」の意味ですが、このあとには、言葉を補わないと意味が通じません。どのような言葉を補えばよいのですか。最も適切な表現を次の中から一つ選び、その番号をマークしなさい。

1　二人とも処罰することになってしまう。そうなっても、

2　お前が後から罰を受けることになる。そうなっても、

3　人足を許すことになってしまう。そうなっても、

4　いつまでも裁判の結果が出せなくなる。そうなっても、

問五　――部④「いらぬ儀」とはこの場合、具体的にどういうことですか。最も適切な説明を次の中から一つ選び、その番号をマークしなさい。

1　町の人々がこの出来事を騒ぎ立てたこと。

2　人足が仏を理由に許しを求めたこと。

3　伊賀守が人足の世話をするように命じたこと。

4　瓜売りが人足を訴えでたこと。

問六　――⑤「せんかたなき者」とはだれのことをさしていますか。最も適切な人物を文中の＝＝線をつけた次の中から一つ選び、その番号をマークしなさい。

1　ア　瓜の主人

2　イ　板倉殿

3　ウ　その者

4　エ　席にありし人

問七　――⑥「その席にありし人、みな頭をかたぶけ、感涙をながさぬはなかりし」とありますが、人々が涙を流した理由として最も適切な説明を次の中から一つ

選び、その番号をマークしなさい。

1　意地の悪い瓜売りに対して罰が加えられたから。

2　哀れな人足が首をはねられずにすんだから。

3　伊賀守の裁きが双方に配慮したものだから。

4　瓜売りに味方した町の人々をとがめなかったから。

問八　――線A～Dの中には一つだけ主語の異なるものがあります。その番号をマークしなさい。

1　A　こたふ　　2　B　おぼして

3　C　見れば　　4　D　思ひながら

問九　次の1～5の中から、本文の内容に合っている説明を二つ選び、その番号をマークしなさい。マークの順番は問いません。

1　伊賀守は大した事件ではないので町のものに任せようとしたが、結局はけんか両成敗として二人とも同じ扱いにした。

2　瓜売りは人足があまりにもみすぼらしく気の毒に思ったので、瓜を与えたが、恩をあだでかえされ訴えた。

3　伊賀守は瓜売りにあわれみの心を実践させるために、あえて一週間近く人足の面倒をみさせた。

4　人足は空腹に耐えかねて瓜をだましとったが、伊賀守に見破られ瓜売りの家に預けられた。

5　瓜のお金を払わなかった人足に腹を立てた瓜売りは、町人たちと共に訴え出たが、すぐには裁決が下らなかった。

●アドバイス●

問三　最後の伊賀守の言葉「事の多さに……ゆるしかへせ」をよく読む。

問四　命令にそむいたならば、命令された瓜売りが罰を受ける1と2にしぼられる。ただ、番をつけなければ人足は逃げるから、1の「二人とも」は当たらない。

問五　「いらぬ儀をいう」のはだれか。

問六　「とらへ」られていた者はだれか。

問七　伊賀守の最後の会話をよく考える伊賀守の多忙な時に、小事で訴えてきた瓜売りもよくないし、人足にも悪いところがある。それなのに二人を思いやったさばきをしたことをおさえて答える。

問八　「瓜売」か「人足」か。

第46日 小説

（30分）――東大寺学園高校

次の文章は、大正時代末期の東京を舞台にした小説の一部である。これを読んで、後の問いに答えよ。

昨年のクリスマスの午後、堀川保吉《やすきち》は須田町の角から新橋行きの乗合自動車*に乗った。彼の席だけはあったものの、自動車の中は相変わらず身動きさえできぬ満員である。のみならず震災後の東京の道路は自動車を躍らすことも一通りではない。保吉はきょうもふだんの通り、ポケットに入れてある本を出した。が、鍛冶《かじ》町へも来ないうちにとうとう読書だけは断念した。この中でも本を読もうというのは奇跡を行うのと同じことである。奇跡は彼の職業ではない。美しい円光を頂いた昔の西洋の聖者なるものの、――①いや、彼の隣にいるカトリック教の宣教師は目前に奇跡を行っている。

宣教師は何ごとも忘れたように小さい横文字の本を読みつづけている。年はもう五十を越しているのであろう、鉄縁の*パンス・ネエをかけた、鶏のように顔の赤い、短い頰鬚《ほおひげ》のあるフランス人である。保吉は横目を使いながら、ちょっとその本を覗《のぞ》き込んだ、*Essai sur les……あとは何だか判然としない。しかし内容はともかくも、紙の黄ばんだ、活字の細かい、とうてい新聞を読むようには読めそうもない代物である。

保吉はその宣教師に②軽い敵意を感じたまま、ぼんやり空想に耽《ふけ》り出した。――大勢の小天使は宣教師のまわりに読書の平安を護《まも》っている。もちろん異教徒たる乗客の中には一人も小天使の見えるものはいない。しかし五、六人の小天使はつばの広い帽子の上に、逆立ちしたり宙返りをしたり、いろいろの曲芸を演じている。と思うと肩の上へ目白押しに並んだ五、六人も乗客の顔を見回しながら、天国の冗談を言い合っている。おや、一人の小天使は耳の穴の中から顔を出した。そう言えば鼻柱の上にも一人、得意そうにパンス・ネエに跨《また》がっている……。

自動車の止まったのは大伝馬《てんま》町である。同時に乗客は三、四人、一度に自動車を降りはじめた。宣教師はいつか本を膝《ひざ》に、きょろきょろ窓の外を眺めている。すると乗客の降り終わるが早いか、十一、二の少女が一人、まっ先に自動車へはいって来た。*褪紅《たいこう》色の洋服に空色の帽子を*阿弥陀《あみだ》にかぶった、妙に生意気らしい少女である。少女は自動車のまん中にある真鍮《ちゅう》の柱につかまったまま、両側の席を見回した。が、あいにくどちら側にも空いている席は一つもない。

「お嬢さん。ここへおかけなさい。」

宣教師は太い腰を起こした。言葉はいかにも手に入った、心持ち鼻へかかる日本語である。

「ありがとう。」

少女は宣教師と入れ違いに保吉の隣へ腰をかけた。そのまた「ありがとう」も顔のようにこましゃくれたaヨクヨウに富んでいる。保吉は③おもわず顔をしかめた。A由来子供は——殊に少女は二千年前の今月今日、ベツレヘムに生まれた赤子のように清浄無垢《むく》のものと信じられている。しかし彼の経験によれば、子供でも悪党のないわけではない。それをことごとく神聖がるのは世界に遍満したセンティメンタリズム*である。

「お嬢さんはおいくつですか？」

宣教師は微笑を含んだ眼《め》に少女の顔を覗きこんだ。少女はもう膝の上に毛糸の玉を転がしたなり、さも一かど編めるように二本の編み棒を動かしている。それが眼は油断なしに編み棒の先を追いながら、ほとんど媚《こび》を帯びた返事をした。

「あたし？　あたしは来年十二。」

「きょうはどちらへいらっしゃるのですか。」

「きょう？　きょうはもう家へ帰るところなの。」

「きょうは何日だか御存知ですか？」

「十二月二十五日でしょう。」

「ええ、十二月二十五日です。十二月二十五日は何の日ですか？　お嬢さん、あなたは御存知ですか？」

④保吉はもう一度顔をしかめた。宣教師はbタクみにキリスト教の伝道へ移るに違いない。コオランと共に剣をとったマホメット教の伝道はまだしも剣をとったところに人間同士の尊敬なり情熱なりを示している。が、キリスト教の伝道は全然相手を尊重しない。あたかも隣に店を出した洋服屋の存在を教えるようにB慇懃《いんぎん》に神を教えるのである。あるいはそれでも知らぬ顔をすると、今度は外国語の授業料の代わりに信仰を売ることをcススめるのである。殊に少年や少女など

に絵本や玩具《がん》を与えるかたわら、ひそかに彼らの魂を天国へdユウカイしようとするのは当然犯罪と呼ばれなければならぬ。保吉の隣にいる少女も、――しかし少女は相変わらず編みものの手を動かしながら、落ち着き払った返事をした。

「ええ、それは知っているわ。」

「ではきょうは何の日ですか？　御存知ならば言ってごらんなさい。」

少女はやっと宣教師の顔へみずみずしい黒眼勝ちの眼を注いだ。

「きょうはあたしのお誕生日。」

保吉は思わず少女を見つめた。少女はもう大真面目《まじめ》に編み棒の先へ目をやっていた。しかしその顔はどういうものか、⑤前に思ったほど生意気ではない。いや、むしろ可愛《かわい》い中にも智《ち》恵の光の遍照した、幼いマリアにも劣らぬ顔である。保吉はいつか彼自身の微笑しているのを発見した。

「きょうはあなたの誕生日！」

⑥宣教師は突然笑い出した。このフランス人の笑う様子はちょうど人の好《よ》いお伽噺《とぎばなし》の中の大男か何かの笑うようである。少女は今度は怪訝《けげん》そうに宣教師の顔へ目を挙げた。これは少女ばかりではない。鼻の先にいる保吉を始め、両側の男女の乗客はたいてい宣教師へ目をあつめた。ただ彼らの目にあるものはeギワクでもなければ好奇心でもない。いずれも宣教師の哄《こう》笑の意味をはっきり理解した微笑《ほほえ》みである。

「お嬢さん。あなたは好い日にお生まれなさいましたね。きょうはこの上もないお誕生日です。世界中のお祝いするお誕生日です。あなたは今に、――あなたの大人《おとな》になった時にはですね、あなたはきっと……」

宣教師は言葉につかえたまま、自動車の中を見回した。同時に保吉と眼を合わせた。⑦宣教師の眼はパンス・ネエの奥に笑いをかがやかせている。保吉はその幸福に満ちた鼠《ねずみ》色の眼の中にあらゆるクリスマスの美しさを感じた。少女は――――少女もやっと宣教師の笑い出した理由に気のついたのであろう、今は多少拗《す》ねたようにわざと足などをぶらつかせている。

「あなたはきっと賢い奥さんに――優しいお母さんにおなりなさるでしょう。ではお嬢さん、さようなら。わたしの降りる所へ来ましたから。では――」

宣教師はまた前のように一同の顔を見渡した。自動車はちょうど人通りの烈《はげ》しい尾張町の辻《つじ》に止まっている。

「では皆さん、さようなら。」

数時間の後、保吉はやはり尾張町のあるバラック*のカフェの隅にこの小事件を思い出した。あの肥《ふと》った宣教師はもう電灯もともり出した今頃《ごろ》、何をしていることであろう？　クリストと誕生日を共にした少女は夕飯の膳《ぜん》についた父や母にけさの出来事を話しているかも知れない。保吉もまた二十年前には娑婆苦《しゃば》*を知らぬ少女のように、あるいは罪のない問答の前に娑婆苦を忘却した宣教師のように小さい幸福を所有していた。

（注）＊乗合自動車＝バスのこと。　＊パンス・ネエ＝フランス語で鼻眼鏡《めがね》のこと。
＊Essai sur les……＝……についての随想の意味。　＊褪紅色＝桃色。　＊阿弥陀に＝後ろに傾けて。
＊センティメンタリズム＝感傷主義。　＊バラックのカフェ＝粗末な造りの喫茶店。　＊娑婆＝俗世間のこと。

《設問》

問一　══印a～eのカタカナ部分を漢字に書き改めよ。

問二　〰〰印A「由来」B「慇懃に」の意味について、次のア～エの中から最も適当なものをそれぞれ一つずつ選び、記号で答えよ。

A　由来
ア　元来
イ　以来
ウ　遠来
エ　将来

B　慇懃に
ア　冷静に
イ　丁寧に
ウ　親切に
エ　傲《ごう》慢に

問三　――印①の「奇跡」の内容を表している一文を、そのまま抜き出せ。ただし、答えは最初の五字でよい。

問四　――印②「軽い敵意」を感じたのはなぜか。その理由として最も適当なものを、次のア～エの中から一つ選び、記号で答えよ。
ア　自分は読書を断念したのに、細かい字の本を一心

に読んでいる姿に嫉妬《しっと》を感じているから

イ　日本にいるにもかかわらず、横文字のものを読むというキザな態度にはなじめないものがあるから

ウ　横文字の並んだ西洋の書物を、当然のこととはいえ西洋人が楽々と読んでいる姿に羨《せん》望の気持ちがあるから

エ　キリスト教に敵意を感じ、キリストについて書かれたらしい横文字の書を読んでいる姿を苦々しく思っているから

問五　――印③「おもわず顔をしかめた」・――印④「保吉はもう一度顔をしかめた」とあるが、それはなぜか。その理由として最も適当なものを次のア～エの中から一つ選び、記号で答えよ。

ア　③は少女が宣教師になれなれしくしているからで、④は宣教師と会話がはずんでいるので

イ　③は神聖の少女がまさに悪党のように見えたからで、④は宣教師も何となくうさんくさい態度をとっているので

ウ　③は少女が保吉の隣にすわってなれなれしくしたからで、④は宣教師も相手を尊重せずなれなれしい態度をとったので

エ　③は無垢であるべき子供がこましゃくれた態度をとっているからで、④は宣教師が信仰を押しつけようとしているので

問六　――印⑤は、なぜ「前に思ったほど生意気ではない」と思ったのか。その理由として最も適当なものを、次のア～エの中から一つ選び、記号で答えよ。

ア　好奇心に満ちた大きな目を見開きながら、外国人との意思疎通を図ろうとしている、子供のけなげさに感動したので

イ　利発で機転のきいた、うまくいなしてしまう答え方にすっかり感心させられて、子供の賢明さを認めざるを得ないので

ウ　前は媚を売ろうとするような、子供らしくない態度に思われたが、今はいかにもかわいい子供らしい顔をしているので

エ　宣教師の質問に真剣に取組み、真面目に答えようとする誠意が認められて、子供のその賢明な態度に心動かされたので

問七　――印⑥「宣教師は突然笑い出した」のはなぜか。その理由を五十字以内で答えよ。

問八　――印⑦「宣教師の眼はパンス・ネエの奥に笑い

をかがやかせている」とあるが、この笑いの理由になると思われることがらを、解答欄に合うように、――印⑦以降の文中から二十字以内の語句をそのまま抜き出して答えよ。

〔　　　　　　　〕から

問九　この文章全体から読み取れる、宣教師に対する保吉の気持ちの変化についての説明として正しいものを、次のア～エの中から一つ選び、記号で答えよ。

ア　宣教師のキザな態度に嫌なものを感じていたが、宣教師が心の平安を保ち続けていることに感心した。

イ　キリスト教への反感をもっていたが、宣教師が意外といい人であることを知り、心の安らぎを感じた。

ウ　少女をだまそうとしていると誤解していたが、熱心に布教しようとする宣教師の使命感を感じて感動した。

エ　少女に対してのなれた態度に反発を覚えていたが、キリスト教徒の心の広さを知って自分も幸福感を覚えた。

●アドバイス●

問二　「由来」には副詞として「もともと」の意味がある。

問三　すぐ前に「この中でも本を読もうというのは奇跡を行うのと同じ」とある。

問四　バスが満員で、しかもゆれて自分は本が読めないのに、宣教師は奇跡的にも本を読んでいることに注目。

問五　③④それぞれの直後の文に注目する。

問六　傍線の前後をよく読む。

問八　最終段落から探す。

問九　ア～エの各文中に本文の内容と異なる言葉がないか探し、消去法で正しいものを選ぶとよい。ア「キザな態度……」、ウ「熱心に布教……」、エ「なれた態度に反発……」は、いずれも本文の内容とは異なっている。

第47日　随筆　——お茶の水女子大附属高校

次の文章を読んで、後の問いに答えなさい。

五月の高原の村はとうぶん空っぽである。浅間山の正面のたてに長くならんだ亀裂《きれつ》にいつまでも凍《い》てついて、ネギ三本の名に呼ばれる最後の残雪がきえ失せたあと、わずかに薄青くなった草地も茂みがあさく、から松の幹からふきでた新芽の、注1「翁《おきな》の面《おもて》」のひげに似たまるい斑点《はんてん》も、まだ緑がういういしい。そのうちにようやっと咲くのは小梨《こなし》である。樹頭から枝々、かぼそい小枝のはしばしまで、立ち木の形なりにびっしり花をつけ盛りあがったところは、降りつもった冬の雪がそのまま残っているかのように見える。風もないのにそれも雪片さながらに散るのは、(a)小鳥がこぼすのである。

まことに春に目覚めた彼らは求愛の歌に忙しい。人語をきかず、ただ鳥声といったことば通り、人間の姿はもとより、話し声さえいく日も耳にしない。明け暮れに①シュウジツ絶えないのは、彼らのさえずりである。海抜の②勘定だとたっぷり九百メートルは低く遠い東京では、テレビの自然映画の録音ぐらいでしか聞かれないほととぎす、かっこう、うぐいす、びんずい、三光鳥のたぐいを、私はそこいらで騒ぎまわる悪童扱いにして、しばらくでもおとなしく黙ってはいられないものか、と(b)時には舌打ちするのである。

あれは何年前であったろう。あけっ放しになっていたテラスから、ほととぎすが飛びこんで来た。そこにいるのは、確かに自分らと同じ生きものらしいが、ただ黙りこくって鳴かないのは何故で、いったいどんな種類の鳥だろう、と様子をさぐりに来たのかも知れない。ほととぎす特有のしっぽを舳《へさき》のように突き出し、一瞬ホールの食卓のはしっこに止まったと見るまもなく、反対側の窓から飛び去った。なんとも(c)奇妙な仲間がいたのを、ほととぎすは帰っての報告にしたに違いない。

ところで、(d)この高原の村の家々は巣箱にそっくりではあるまいか。そんな気がするのは小鳥たちとの親しみによるのみではなく、もっと端的[注2]な連想である。高原の夏の村といえば聞こえはよいが、もともとある大学の関係者がテント代わりに建てた山小屋の集落に過ぎない。あとから仲間入りした家々は、さすがに草分け[注3]組みほどお粗末ではなく、様式もモダンにはなったが、それとてお隣の軽井沢などとはおおよそかけはなれたささやかなもので、それらがから松の森かげや、楢林《ならばやし》に、台地のゆるい斜面の[注4]叢林《そうりん》のあいだに散らばっている光景は、鳥たちのものよりわずかにかさ張った巣箱を、点々とおいたかのように見える。

五月はこれらの巣箱もまだ空っぽである。でも、六月が過ぎ、七月も十日前後になると、なにか動くもの、声するものが、どの巣箱かにはいって来たらしい気配が感じられ、どうかしておもてに話し声が聞こえたりする。おや、人間だ、とこんな驚き方をする。いよいよ(e)渡り鳥の先発隊があらわれたのである。やがて夏休みにはいるにつれて次第にやって来る家族、ひとつがいの親鳥、小鳥といった組みあわせのもので、巣箱はどれもいっぱいになる。朝の光で目覚め、暗い夜は眠り、もとより東京のようにはいかなくとも、なにかしら手に入るえさで胃袋をみたし、さえずりの代わりに「ことば」なるものでにぎやかにしゃべり合い、笑いかわせみさながらに笑いさざめくところ、鳥類となんら変わりがない。

しかしそれとてせいぜい小《こ》ひと月で、九月には高原の村はふたたび空っぽになってしまう。ちょうど鳥たちのあるものがそれぞれの③シュウセイによって日本を見捨て、④極北のツンドラの地をさしてまではるかにわたって行くように、彼らも帰らなければならない場所へと去ったのである。

山の秋は早い。一日増しに冷えこみ、それにつれていよいよ青味を深めて透き通る[注5]玻璃《はり》いろの大空を、浅間が山頂の鉱物めいた鋭い稜線《りょうせん》でいまにもぱりっと突き砕くかとうち眺められる晴れがつづき、ある朝、ふいに白い霜がおりたりすると、そろそろ紅葉の季節になる。それがまたはなはだ長い。まず道ばたや、斜面の草紅葉《もみじ》をさきがけに次第に染まって行く木々も、種類により、時の過ぎるにしたがって色彩をかえる。から松についで多い楢のたぐいを例にとっても、あざやかな黄にはじまって淡紅に、それが朱のいろに深まって照りはえたあと、今度は紫にかわって黒ずみ、ようやっと最後のかっ色になる。これらの推移は楢には限らない。平地では常緑樹のように見られる木々も、ここではみごと秋の色に染まる。それゆえ紅葉の名所と(f)呼ばれる、楓《かえで》の鮮紅ひといろに塗りつぶされる土地よりは多彩で、豊満で、浅間のみこそ孤高に厳然と暗紫色の山容を守っても、つづく注6山彙帯《さんいたい》の峰々は、薪《たきぎ》にもならないような雑木まで思い思いに色をかえるから、なにか山の肌いちめんが、無数のチューブからしぼりだされ、ありとあらゆる色絵具で盛りあがったパレットを連ねたように見える。

色彩の注7饗宴《きょうえん》がながながとつづくのに比べて、落葉はなんとあわただしいだろう。焚《た》くにちょうどよいほど持って来るような⑤ジュウジュンさは、山の風にはない。秋がふけるにつれて(g)いよいよ頑固に、気まぐれで、どうかしてある夜ひとあばれしてやろうとなると、明くる朝は森、林、木という木、枝という枝が追いはぎにあったように裸にされてしまう。わずかのお目こぼしはから松である。一直線にそそりたつ樹頭の先端に、マッチの長さもないか細い棒状の葉が一つまみの金髪のようにくっ着いている。これが秋の最後の閃《ひらめ》きで、いつのまにかそれもコーヒーいろに焦げる時、すべてが冬に一変する。

(野上弥生子《のがみやえこ》「花」による。表記等を改めたところがある)

注1　翁の面……能面の一つで、老人を表すもの。
注2　端的……明白なさま。
注3　草分け……物事を初めてする人のこと。
注4　叢林……樹木がむらがり茂っている林のこと。
注5　玻璃……ここではガラスのこと。
注6　山彙帯……山岳地帯のこと。
注7　饗宴……ごちそうなどでもてなすこと。

《設問》

問一　傍線部①・②・③・④・⑤について、漢字はその読み方をひらがなで記し、カタカナは漢字に改めなさい。

問二　傍線部(a)「小鳥がこぼすのである」とあるが、小鳥は何をこぼすのですか。五字以内で答えなさい。

問三　傍線部(b)「時には舌打ちするのである」からは、春の小鳥たちに対する筆者のどのような気持ちが読み取れますか。五〇字以内で答えなさい。

問四　傍線部(c)「奇妙な仲間」について、次の各問いに答えなさい。

(1)　「仲間」とは何をさしていますか。二字の漢字で答えなさい。

(2) なぜこのように表現したのですか。その理由に当たる箇所を、本文中から三〇字以内で抜き出して答えなさい。

問五 傍線部(d)「この高原の村の家々は巣箱にそっくりではあるまいか」とあるが、筆者がこのように思うのは、「村の家々」がどのような様子だからですか。本文中の表現を用いて三〇字以内で答えなさい。

問六 傍線部(e)「渡り鳥の先発隊」は何をさしていますか。二〇字以内で答えなさい。

問七 傍線部(f)「呼ばれる」が修飾する文節を次から選び、記号で答えなさい。

ア 楓の　イ 土地よりは
ウ 浅間のみこそ　エ 山容を
オ 峰々は

問八 傍線部(g)「いよいよ頑固に、気まぐれで、どうかしてある夜ひとあばれしてやろう」は、主語が省略されています。主語を次から選び、記号で答えなさい。

ア 色彩は　イ 饗宴は
ウ 落葉は　エ 山の風は
オ 秋は

●アドバイス●

問三 直前の「しばらくでもおとなしく黙ってはいられないものか、と……舌打ちする」の部分からだけではなく、鳥たちの行動に対する作者の気持ちも読みとって解く。

問四 (2) 傍線(c)の含まれている段落をよく読む。

問五 傍線部(d)の後に「端的な連想である」とある。高原の家々と巣箱の明白な類似点をまとめてみる。

問六 ここでは「渡り鳥」とは人間のこと。

問七 「名所と呼ばれる」が続くのは「場所」を示す言葉である。

問八 「何が」あばれるのか考える。

第48日 論説文

東海高校

次の文章を読んで後の問に答えよ。

現代はアイデンティティ不定の時代といわれている。私はなにものか。私は何をして生きていけばよいのか。どうすれば自分らしさを発見できるのか。これらの問いは青年期につきものだが、最近では、青年期に限らず、およそ（※1）ライフステージのどこにおいても、このような問いにつきまとわれることが多い。

近代社会は、前時代の共同性を解体させ、一人の個人がある具体的な共同体に属することの内的な意味を希薄化させた。それが、私たちのアイデンティティ不定の大きな要因として関係している。それは同時に、私たちの社会において「大人である」とか「大人になる」とかいうことが、何を指すのかがはっきりしないことをも意味する。

なぜならば、かつては、大人になることは、①タンテキに、個人が自分の属すべき共同体の一員としての資格を得ることを意味していたからである。共同体があるひとつの精神のもとに統一性を保っていれば、大人であることの意味はおのずから決まってきた。したがって、大人になることは、その共同体の核をなしている精神を心身両面において理解し、それを自分が生きていくための基本の型として承認することを意味していた。

よく知られているように、近代以前の社会には、それぞれの社会の②ヨウセイに見合った何らかの通過儀礼が存在した。子どもと大人はこの儀式によってはっきりと分けられていた。たとえば、わが国の武家社会における元服の儀式は、それを最もよく象徴している。一定の年齢になると、男子は幼名を廃し（※2）烏帽子名をつけ、服を改めて、髪を結いなおしたり（※3）さかやきを剃ったりした。

ところが近代は、子どもから大人への変化期からこの単純な境目を取り払い、代わりに「教育課程」という、長い③シャテイをもったシステムをあてがうことにした。いうまでもなく、学校制度がその機能を果たすことになったのである。

「教育課程」は、節目のはっきりしないたいへん間延びしたプロセスである。それは、人間はだんだんと段階的に成長していって大人になるものだというイメージを私たちのなかに知らず知らずのうちに植えつける。近代の教育制度は、自分がどこで大人になったのかという自覚を曖昧（あいまい）なものにさせる効果を持っていたのである。

一方では、いま述べた認識と（　1　）次のようなこともいわれている。

近代以前には、子ども期と呼べるような時期は存在せず、子どもはみな小さな大人であった。幼児期をすぎると、ごく早い時期から子どもは大人の集団に仲間入りして、かれらの話や行動のなかから、見よう見まねで大人社会の④キハンやそのありさまを学び、明瞭（めいりょう）に問題化されることとひそやかに語られることとの区別などを身につけるようになっていった。

大人はそういう子どもたちに比較的無頓着（むとんちゃく）だった。一部の選ばれた身分の人々を除けば、子どもに「教育的な」見地から善悪の基準について意識的にかかわろうなどとはせず、現在ならば子どもにそんなことを知らせたり見せたりしないほうがよいと思われることでも、平気で知らせたり見せたりしていた。というよりは、自然にそれらのことは、子どもの目にさらされてしまっていた。

ところが近代になって、資本主義的生産が飛躍的な発展を遂げるに従い、一人の生産者が複数の消費者を養えるようになると、「家族」が、一般世間から明瞭な輪郭をもって成立するようになった。

この、一般世間からの家族の明瞭な自立が、年少の人々を内部に囲い込み、そこに子ども期（児童期、思春期）と呼べるような独立した時期を誕生させた。人間の成長・成熟にとって、家族生活の重要性が浮かび上がるようになった。その結果、子どもは社会から⑤カクリされた家族のなかで、数少なく選ばれて生まれ、保護としつけと教育の対象として「大切」に育てられることになる。親子の同居期間は長くなり、身体的に成長した子どもも、社会的には未成熟な存在として、いつまでも家族のもとに留め置かれることになった。

この認識もまた、見逃してはならない視点である。これは要するに、子どもに対する大人のまなざしの変化を語ったものといえるだろう。

それまでは、子どもは生むにまかせ、大した配慮もなく育つにまかせていた。子どもは、家族の内側と外側のはっきりしない境界線を、早くから行き来していた。そして、親から身体的な意味で自立できるようになるごく早い年齢段階から生産にかり出され、大人の世界に参加させられていた。

ところが、ある時期から、人々は、子どもをまさに子どもとして「大切に」あつかうようになった（もちろん、これはさしあたり、子どもという存在に対するそのような社会的文脈が成立した事実を語っているだけであって、子どもに対する苛酷（かこく）なあつかいが実質的に少なくなったのかどうかという判断の尺度にはならない）。（※４）フィリップ・アリエスのいう「十七世紀までは子どもは小さな大人にすぎなかった。(2)**子ども期は近代になって発見されたのだ**」という有名なことばはそういう意味である。

　したがって、両方の認識は矛盾するのではなく、同じ一つのことを異なる二つの側面から観察したものと考えるべきだ。要するに、子どもと大人との間に単純に荒々しく引かれていた境界線が取り払われ、それまでは半ばどうでもいいものとして無造作に考えられていた子どもが、もっと細心な視線を注がなければならない存在として、大人たちの意識のなかにクローズアップされてきたのである。そしてその結果、子ども期は、いくつかの段階を抱え持ちつつ、次第に大人になってゆく「過程的な」存在とみなされるに至ったのである。

　このまなざしが洗練と細分化の道を進めば進むほど、子どもはいったい、いつになったら大人になるのかがわからなくなった。気づいてみると「いつの間にか」「何となく」大学生になっていたり、学校を卒業して社会に出なければならなくなったりしている。自分は今日から大人になった、と本当に自覚できるような契機がない。

　また現在では、二十歳の成人式を過ぎても、学生であるために経済的に親におんぶしていたり、三十歳をすぎても結婚せずにいつまでも親元にとどまっていたりするのはあたりまえのことになっている。しかしかれらは身体的にはとうの昔に大人と呼ぶにふさわしい状態になっているし、また、性体験などもはやばやとすませている例が多い。

　つまり、ここには、近代社会が作り出した、人間の成長・成熟に関する大いなる「ずれ」が存在する。「生理的大人」と呼ぶにふさわしい年齢と、「社会的大人」と呼ぶにふさわしい年齢との間に、途方もないギャップが開いてしまっているのだ。これは、「子どもから大人になる」とは私たちの社会にとって、いったい何を意味するのか、社会は、年少者に対して、どの時点、どの契機をもって「おまえは大人になった」「今日からおまえは一人前だ」と一般的に宣言できるのか、そういうことがわからなくなってしまったということでもある。

　同じことを、成長していく個人の側から言いかえると、私たちの時代は、自分が大人になったという自覚を、(3)**ある外面的な形式**によってあたえられるのではなく、それぞれが自分の体験的・内在的な契機から見つけ出していかなくてはならない時代であるということになるだろう。そして(4)**それ**は、人により著しく異なった多様なかたちでしかたしかめられないことなのである。

生理的大人と社会的大人の「ずれ」、また同じことだが、「子どもが大人になる節目の一般的な消失」という近代が作り出した状態はまた、家族関係において、親の子離れ、子どもの親離れがスムーズにできにくくなり、現代特有のさまざまな親子問題、養育問題を引き起こす原因ともなっている。

世に、若者の幼児性を批判するむきが多いが、そうなるにはなるだけの社会的必然があるのだ。だから、若者の幼児性、非社会性を倫理的に非難してもはじまらない。(5)**私たちはいわばみんな共犯者であり、同時にある場合にはその共犯の被害者自身なのである。**

（小浜逸郎『大人への条件』による）

注※1「ライフステージ」：人生のそれぞれの段階

※2「烏帽子名（えぼしな）」：昔、成人のときに新たにつけた名前

※3「さかやき」：江戸時代、男が額から頭の中央にかけて髪の毛を剃った部分

※4「フィリップ・アリエス」：フランスの歴史学者

《設問》

問一 傍線部①〜⑤のカタカナ部を漢字に改めよ。

問二 近代以前において、「大人になる」とはどのようなことであると筆者は言っているのか。文中の語句を用いて四十字以上六十字以内で説明せよ。

問三 空欄（　1　）を補う語句として最適なものを次の中から一つ選び、記号で答えよ。

A　全く同一である　　B　全く相反する

C　一見合致する　　D　一見矛盾する

E　無関係のように見える

問四 傍線部(2)「子ども期は近代になって発見された」とあるが、どういうことか。その説明として最適なものを次の中から一つ選び、記号で答えよ。

A　近代以前、子どもは大人により「小さな大人」として扱われていたのが、近代になり、共同体による子どもの保護が始まると、身体的に未成熟な子どもは社会的にも未成熟であるという、新たな子ども観が発生したということ。

B　近代以前の社会で大人と子どもを分けていた成人になるための儀式が、近代になってなくなったので、そのことが逆に子ども期を明確にクローズアップし、初めて子ども期というものが社会的に認識されるようになったということ。

C　近代以前、学校教育は必要なかったが、近代になり、資本主義が発展するにともない、社会が学校教育のシステムを整えると、子どもたちは自分たちが段階的に成長するのだと知り、自分たちが「子ども期」にいると自覚するようになったということ。

D　近代以前、家族は一般的社会から自立していなかったが、近代になり、資本主義的生産の発展により家族が一般的社会から自立すると、子どもの労働力への期待というものが薄れ、初めて大人たちの関心が子どもの知的発達に移っていったということ。

E　近代以前、大人たちは子どもに対して無関心であったが、近代になると、資本主義的生産が発展を遂げ、家族が一般的社会から自立し、大人たちにとって子どもが家族の中で保護し教育すべき対象として初めて意識されるようになったということ。

問五　傍線部(3)「ある外面的な形式」を別の表現で表した語を文中より四字以内で抜き出して、答えよ。

問六　傍線部(4)「それ」の指示する内容を文中より抜き出して答えよ。

問七　傍線部(5)「私たちはいわば～被害者自身なのである」の説明として最適なものを次の中から一つ選び、記号で答えよ。

A　青年たちが精神的に成長しにくい社会を作り上げたのが大人であるという点で大人たちには責任があり、一方現代に生きる大人たちも、精神的な成長がむずかしい社会を生きざるをえないという点で被害者でもあるということ。

B　若者の幼児性はそのように彼らを教育し育てあげた大人たちの責任であるという点で大人たちは共犯者であり、現代に生きる大人たち自身も常に幼児性を持たざるをえなくなるという点では被害者でもあるということ。

C　子どもを成長させるという本来のつとめを果たさず、子どもを批判してばかりいるという点で大人たちには責任があり、その大人もかつてはみんな子どもであり、今の子どもたちと同様の体験をしてきたという点でも被害者であるということ。

D　大人になりたくないと思う青年の増加の原因は大人のだらしなさであるという点で大人たちには責任があり、そのような青年がこれから作りだす未来を大人たちも生きなければならないという点で被害者でもあるということ。

E　青年たちの幼児性・非社会性を非難してばかりいるのが大人だという点で大人たちには責任があり、時には自分の幼児性・非社会性を同じ大人に指摘され、非難される場合もあるという意味で被害者にもなりうるということ。

問八　この文章の筆者の考えと合致するものを次の中から一つ選び、記号で答えよ。

A　「七五三」や「成人式」など現代にもかろうじて残っている成長のための儀式を大切にすることは、現代人が大人になるために必要なことである。

B　社会的な自己が確立しにくい現代において、既成の大人社会に同一化できないままでいる青年の増加に対して批判するだけでは意味がない。

C　子どもが親離れできず、親も子離れできないという現代の親子問題は、近代が生み出した家族制度が崩壊することでしか解消されない。

D　自分らしさを発見できない青年は大人になれず、アイデンティティ不定に悩んでいるが、この悩みを解消させるためには、共同体の復活が重要である。

E　現代の青年が大人になったと自覚することは、「自分とは何者か」がわからないようにされている時代状況から考えて不可能なのである。

●アドバイス●

問二　「認識」がキーワード。第三段落に「かつては、大人になることは……資格を得ること」とある。これにこの段落の中から適切な語句を加えて指定字数内にまとめる。

問三　(1)の直前の「一方では……」に注目。逆接的な表現が続くという印象を受ける。

問四　近代以後の「認識」を述べた部分をよく読む。

問五　近代以前の社会に存在したものを探す。

問六　「同じことを……」の段落の中にある。

問七　「若者の幼児性を批判する」が「そうなるだけの社会的必然がある」という表現に注目し、「私たち（大人）」と「若者（青年たち）」との関係をはっきりととらえる。「共犯者であり、被害者自身」という表現の意味をよく考える。

問八　最後の段落をよく読む。

第49日 説明文 ―― 国立工業・商船・電波工業高専

次の文章を読んで、後の問いに答えよ。

今のような障子は、昔「明障子《あかりしょうじ》」といわれていて、平安末期から使われ始めるが、(a)普及するのは鎌倉《かまくら》以後である。『徒《つれ》然草《づれぐさ》』に、障子の切り張りの話が出てくる。鎌倉幕府の執権であった北条時頼《ほうじょうときより》の母松下禅尼《まつしたのぜんに》のところに、ある日、息子の時頼が(ア)タズねてくることになった。そこで、「すすけたる明障子の破ればかりを、禅尼手づから、小刀して切り廻《まわ》しつつ張られければ」兄の義景《よしかげ》が、全部張り替えた方がいいでしょう、とすすめるのを、

尼も、後は、さはさはと張り替へんと思へども、今日ばかりは、わざとかくてあるべきなり。物は破れたる所ばかりを修理して用ゐる事ぞと、若き人に見習はせて心つけんためなり。

つまり、後ですっぱり張り替えようとは思っているが、今日のところは若い人に見習わせて注意させるために、わざとこうしているのだ、といっているのである。

これは『徒然草』だけに出ている話であるが、よほど有名になったらしく、後に川柳に盛んに詠《よ》まれている。一つ紹介しよう。

切り張りは大事をしゃうじより教へ

「しゃうじ」に小事と障子とをかけている。天下を治める「大事」を「しゃうじ」で教えているということであろう。教育熱心な母親というのは、いつの世にもいたということである。

さて、明障子が普及する(b)背景には、和紙の生産が(イ)ノびたことが挙げられよう。日本で漉《す》かれた年代の明らかな最古の紙は、正倉院に伝わる七〇二年の美濃《みの》（現在の岐阜《ぎふ》県の南部）、筑前《ちくぜん》（福岡県の北西部）、豊前《ぶぜん》（福岡県東部と大分《おおいた》県北部）の(c)戸籍用紙であるという。奈良《なら》時代に(d)既に紙漉きが行われていたことがわかっている国は約二〇か国あり、各国府(注)で製紙場を(ウ)モウけて生産していたらしい。生産した紙は地元でも使い、上質のものを中央に納めていたのだろう。平安

時代には紙を納める国も四二か国に増えている。このころには日本のすみずみまで製紙技術が行きわたっていたことが知られる。中世には各産地によって特色のある紙が生まれ、紙の(e)銘柄品も生まれている。以後、領主などの庇護《ひご》のもとで紙の生産は順調にのびていった。

エもっともそれは一九〇〇年代の初めごろまでのことで、以後、洋紙に押されて急速に衰えていった。特に第二次大戦中は男手がなくなったり、コウゾ、ミツマタの生育地がイモ畑に変わって生産を中断するなどで、戦後もオごく限られた和紙の生産を(f)除いて減少する一方で、一九七二年には一〇〇〇戸と(エ)スイテイされていた和紙製造業者が、一九八二年には六〇〇戸足らずとなってしまっている。現在、国も、和紙を重要無形文化財や伝統工芸品に指定して保護策をとっているが、(オ)ハたして歯どめが［Ⅰ］ものかどうか。そのうち、上等の手漉き和紙は(カ)キチョウな品となってしまうかもしれない。

『枕草子』のあとがきを読むと、［Ⅱ］が、仕えていた皇后定子から紙をたくさんもらい、それに書いたものであることがわかる。その紙は、皇后の兄、藤原伊周《ふじわらのこれちか》から時の帝《みかど》に献上されたものである。おそらく(キ)ゴクジョウの品であったろうエ。それを皇后からじきじきにいただいた嬉《うれ》しさ、晴れがましさが、そのまま筆のはずみとなって、後世に残る名随筆が誕生したということができようオ。

（筒井迪夫《つついみちお》の文章による）

（注）国府＝主に奈良・平安時代、各国ごとに置かれた役所。

《設問》

問一 本文中の［Ⅰ］には、「歯どめが」に呼応して慣用表現となる語が入る。最も適当なものを、次のアからオまでの中から選び、記号で答えよ。

ア　くずれる
イ　かかる
ウ　なりたつ
エ　われる
オ　はずれる

問二 本文中の［Ⅱ］に入る『枕草子』の作者名をかけ。（平仮名でもよい。）

問三 〰〰線部のアからオまでの語の中には、他と品詞の異なるものが一つある。それを選び、記号で答えよ。

ア　すっぱり
イ　わざと
ウ　よほど
エ　もっとも
オ　ごく

問四　＝＝線部のアからオまでの「う」「よう」の中には、他と意味の異なるものが一つある。それを選び、記号で答えよ。

ア　紹介しよう
イ　挙げられよう
ウ　いたのだろう
エ　あったろう
オ　いうことができよう

問五　本文中の「生産」と語の構成が同じものを、次のアからオまでの中から一つ選び、記号で答えよ。

ア　中断　　イ　注意　　ウ　熱心
エ　製紙　　オ　保護

問六　――線部「若い人に見習わせて注意させるために、」とあるが、松下禅尼はどのようなことを、「見習わせて注意させ」たいのか。それを表している部分を、本文中の『徒然草』の原文の中から抜き出し、その初めの五文字を書け。

問七　本文中の――線を引いた(ア)から(キ)までの片仮名の部分を、漢字に改めよ。(楷書《かいしょ》で書くこと。)

(ア)　タズねて　　(イ)　ノびた
(ウ)　モウけて　　(エ)　スイテイされて
(オ)　ハたして　　(カ)　キチョウな
(キ)　ゴクジョウ

問八　本文中の――線を引いた(a)から(f)までの漢字の読みを平仮名で書け。

(a)　普及する　　(b)　背景　　(c)　戸籍
(d)　既に　　(e)　銘柄品　　(f)　除いて

●アドバイス●

問三　この文章の中での使用例に注意。一つだけ接続詞が入っている。
問四　「意志」と「推量」との違い。
問五　「生産」は二字とも類義の語が重なっている。

第50日　小説

——同志社高校

次の文章を読んで、後の問いに答えなさい。

一夜の木枯らしにざくろの葉は散りつくした。その葉は、ざくろの木の下を円く残して、そのまわりに落ちていた。雨戸を開けたきみ子は、ざくろの木が裸になったのにも驚いたが、葉がきれいな円を描いて落ちているのも不思議だった。風に散り乱れそうなものだった。

梢《こずえ》にみごとな果実があった。「おかあさん、ざくろの実」と、きみ子は母を呼んだ。「ほんとうに……。忘れていた」と、母はちょっと見ただけで、また台所へもどって行った。忘れていたという言葉から、きみ子は自分たちのさびしさを思い出した。縁先になっているざくろの実も忘れて暮らしているのだった。

半月ばかりまえのこと——いとこの子供が遊びにくると、［A］ざくろに目をつけた。七歳の男の子ががむしゃらに木に登るのに、きみ子は生き生きしたものを感じて、「まだ上に大きいのがあるわよう」と、縁から言った。「うん、だって、取ったら、僕おりられないよう」［B］、両手にざくろを持っては、木からおりられない。きみ子は笑いだした。子供が非常にかわいかった。

①子供が来るまでこの家ではざくろの実を忘れていた。それからまた今朝まで、ざくろの実を忘れていた。子供の来たときは、まだ葉の間にかくれていたが、今朝はざくろの実が空にあらわれていた。このざくろの実も、落ち葉に円くかこまれた庭土も、凛《りん》と強くて、きみ子は庭にでると、竹竿《たけざお》でざくろの実を取った。熟しきっていた。盛り上がる実の力で張り裂けるように割れていた。縁に置くと、粒々が日に光り、日の光は粒々を透き通った。②きみ子はざくろにすまなかったように思った。

二階に上がって、さっさと縫い物をしていると、十時頃、啓吉の声が聞こえた。木戸が開いていたが、いきなり庭の方へ回ったらしく、a気負い立った早口だった。

「きみ子、きみ子、啓ちゃんが来たよ」と、母が大声に叫んだ。〔C〕糸の抜けた針をきみ子は針山に刺した。「きみ子もね、啓ちゃんが出征する前に、一度会いたいって言い言いしてたんだけど、こちらからはちょっと行きにくいし、啓ちゃんもなかなか来てくれないしね。まあまあ、今日は……」と、母が言っている。昼飯でもと引き止めるが、啓吉は急ぐらしい。【1】「困ったわねえ。……これうちのざくろ、おあがり」そうしてまたきみ子を呼んだ。

きみ子がおりて行くと、啓吉は眼《め》で迎えるように、その眼は待ち切れぬように、きみ子を見ているので、きみ子は足がすくんだ。啓吉の眼にふとあたたかいものが浮かびかかった時、「あっ」と、啓吉はざくろを落とした。二人は顔を見合わせて微笑した。微笑し合ったことに気がつくと、きみ子は頰《ほお》が熱くなった。啓吉も急に縁側から腰を上げて、「きみちゃんも、体に気をつけてね」「啓吉さんこそ……」と、きみ子が言った時は、もう啓吉はきみ子に横を向けて、母にあいさつをしていた。【2】

啓吉が出ていってからも、きみ子がちょっと庭の木戸の方を見送っていると、「啓ちゃんもあわてものだねえ。もったいない、こんなおいしいざくろを……」と、母は言った。縁側に胸を当てて手を伸ばすと、ざくろを拾った。【3】割れきらないで、実の方をうつ伏せに落ちていた。

母はそのざくろを台所で洗ってきて、「きみ子」と差し出した。【4】③「いやよ。きたない」顔をしかめて、身をひいたが、ぱっと頰が熱くなると、きみ子はまごついて、素直に受け取った。【5】上の方の粒々を少し啓吉がかじったらしかった。④母がそこにいるので、きみ子は食べないとなお変だった。なにげない風に歯を当てた。ざくろの酸味が歯にしみた。それが腹の底にしみるような悲しい喜びを、きみ子は感じた。そんなきみ子に母は、〔D〕無頓《とん》着で、もう立ち上がっていた。鏡台の前を通って、「おやおや、大変な頭。こんな頭で、啓ちゃんを見送って、悪かったわねえ」と、そこに座った。

きみ子はじっと櫛《くし》の音を聞いていた。「お父さんが、なくなった当座はねえ」と、母は〔E〕言った。「髪をすくのが、こわくって……。髪をすいていると、ついぼんやりしちゃうのね。ふっと、やっぱりお父さんが、すきおわるのを待ってらっしゃるような、そんな気がしてね、はっとしたりすることがあってね」母がよく父の残しものを食べていたのを、きみ子は思い出した。⑤きみ子はせつない気持ちがこみあげて来た。泣きそうな幸福であった。母はただもったいないと思っただけで、今もただそれだけのことで、ざくろをきみ子にくれたのだろう。母はそういう暮らしをして来たので、つい習わしが出たのだろう。

きみ子は、秘密の喜びに触れた自分が、母に恥ずかしかった。しかし、啓吉に知られないで、心いっぱいの別れ方をしたように思い、また、いつまでも啓吉を待っていられそうに思うのだった。そっと母の方を見ると、鏡台を隔てる障子にも、日がさしていた。膝《ひざ》に持ったざくろに歯をあてることなど、もうきみ子には恐ろしいようだった。

語注 出征…軍隊の一員として戦地へ行くこと。

《設問》

問一 空欄A～Eに入る最適の語を次より選び、記号で答えなさい。（一語一回）

ア つまり　イ いっこう
ウ あわてて　エ ゆっくり
オ さっそく　カ なるほど
キ ときどき

問二 傍線部①とあるが、

Ⅰ なぜ「ざくろの実を忘れていた」のか。その理由として最適のものを次より選び、記号で答えなさい。

ア 父を亡くしたことによって、そのさびしささえ忘れるほど毎日の生活に懸命だったから。
イ きみ子は無邪気にざくろを取ろうとするほど幼くはなく、ざくろの成長にも興味はなかったから。
ウ 戦況をものともせず成長するざくろに我が身の不幸を思い知らされるようで、わざと無視していたから。
エ ざくろを見るとざくろの実が好きだった父のことを思い出すので、知らず知らずのうちに見ないようにしていたから。
オ 戦争によって身も心も疲れ果て、庭の木々に目をやるゆとりがなくなっていたから。

Ⅱ なぜ「今朝」はざくろの実を思い出したのか。四十字以内で答えなさい。

問三 傍線部②とあるが、そう思ったのはなぜか。その理由として最適のものを次より選び、記号で答えなさい。

ア　熟し切ったざくろの実を竹竿で取ってしまったから。
イ　ざくろの葉が散り尽くしてしまうのを防いでやれなかったから。
ウ　まだまだ熟す可能性のあったざくろを以前子供に取らせてしまったから。
エ　あまりにも力強いざくろのことを今まで忘れてしまっていたから。
オ　葉も落ち、実も張り裂けてしまうまでざくろを取らなかったから。

問四　点線部a・bの意味として最適のものをそれぞれ次より選び、記号で答えなさい。
a…ア　あわてている様子
イ　気持ちが奮い立っている様子
ウ　気乗りがしない様子
エ　過度に緊張した様子
b…ア　どうすればよいか分からずうろたえて
イ　どきどきしながらも決心して
ウ　いやいやながら仕方なく
エ　本心を隠すように取り繕って

問五　本文には次の一文が省略されている。補うとすればどこが最適か。本文中の【1】〜【5】の数字で答えなさい。
さっき啓吉は、眼の色があたたかくなりかかった時、自分で気がつかずに手を動かして、ざくろを二つに割ろうとしたはずみに、取り落としたのだろう。

問六　傍線部③に表れたきみ子の気持ちとして最適のものを次より選び、記号で答えなさい。
ア　地面に落ちたものを食べることを拒否する気持ち
イ　啓吉が口にしたものを再び自分に差し出す母の無神経に対する嫌悪感
ウ　地面に落ちてもまだ洗って食べさせようとする母の貧乏性に対する反発
エ　啓吉が口にしたものを自分も口にするということへの恥じらいを含んだ抵抗感
オ　啓吉が口にし、しかも落としたものをまた食べる意地汚さを恥じる気持ち

問七　傍線部④とあるが、なぜか。その理由として最適のものを次より選び、記号で答えなさい。
ア　きみ子がざくろを食べないと、せっかくの母の思いやりを無にすることになるから。
イ　きみ子がざくろを食べないと、啓吉のことを意識

していることを母に悟られそうだから。

ウ　きみ子がざくろを食べないと、母の父に対する思いを踏みにじることになるから。

エ　きみ子がざくろを食べないと、啓吉と心が通じ合った一瞬を壊してしまうことになるから。

オ　きみ子がざくろを食べないと、食料不足の戦争中に不自然だったから。

問八　傍線部⑤に表れたきみ子の気持ちにあてはまらないものを次より二つ選び、記号で答えなさい。

ア　髪をすきながら話す母の言葉に、父と母との言い知れぬつながりを感じている。

イ　父の亡くなった直後の母の気持ちを知り、父の死に対する悲しみを新たにしている。

ウ　初めて聞く母の弱音から母のさびしさに改めて気づき、母の本心に触れた気がして喜びを感じている。

エ　母がふともらした言葉に母の女としての感情をかいま見、またそれを感じることのできた自分に恥ずかしくも喜びを感じている。

オ　櫛の音を聞きながら、母がよく父の残しものを食べていたのを思い出し、自分と啓吉の間にもその何分の一かのつながりを感じている。

カ　夫の死に対する悲しみを振り切り、娘にみじめな思いをさせまいとしている母の気持ちにうれしさとつらさを感じている。

●アドバイス●

問一　A「くると、」すぐにという気持ち。　B　子どもの言うとおりという気持ち。　C「気負い立った早口」「大声に叫んだ」を受けることば。　D「無頓着で」にかかることば。　E　母はなくなった父の思い出をどのような口調で話しているか。

問二　Ⅰ　イ「興味はなかった」か、ウ「わざと無視していた」か、エ「知らず知らずのうちに見ないようにしていた」か、オ「戦争」が原因かなど確認する。

Ⅱ　最初の段落から考える。

問三　直前の「熟しきっていた」「盛り上がる実の力」「粒々が目に光り」に注目。

問五　補う文中の「ざくろを二つに割ろうとしたはずみに、取り落としたのだったろう」に注目。

問六　「顔をしかめて、身をひいたが、ぱっと頰が熱くなる」に注目。

問七　そのざくろを食べないと啓吉に対して特別な気持ちを持っていると知られると思ったのである。

問八　「あてはまらないもの」という設問に注意する。

第51日 説明文・古文

慶應義塾高校

次の問題文を読み、質問に答えなさい。

勝左衛門太郎維寅《これとら》（一八〇二〜一八五〇）は、勝海舟の父である。彼は[1]旗本男谷《おだに》平蔵《へいぞう》三男《みつお》の子として江戸深川に生まれ、七歳の時、[2]幕臣勝甚三郎元良の養子となり小吉と称し、三十七歳で早くも家督を譲り隠居し、夢酔と号している。夢酔は、自らの四十九年の生涯を、悪戯《いたずら》・喧嘩《けんか》・出奔《しゅっぽん》騒ぎ、果ては謹慎籠居《ろうきょ》を命ぜられるような（Ⅰ）の連続で、（Ⅱ）した人生と意識していた。「家名を傷付けた」という（Ⅲ）の意識が[a]彼をして、『夢酔独言《むすいどくげん》』と名づけられる一冊の（Ⅳ）の記録を[b]書かしめたのである。彼は、この書を教訓・家訓を残すつもりで書いている。

このように、『夢酔独言』は、公刊を考えずに書かれた私的文書なのであるが、日本語の歴史の面から見ると[3]「御家人ことば」（本江戸のことば）による言文一致体の記録として有名になった。『夢酔独言』を書かなかったら、勝夢酔は、おそらく単に勝海舟麟太郎の父であることにとどまったであろう。

おれほどの馬鹿な者は世の中にもあんまり有るまいとおもふ。故に孫やひこのために、はなしてきかせるが、能《よ》く〳〵不法もの、馬鹿者のいましめにするがいゝぜ。

これは、『夢酔独言』巻頭の一節、「出生」の語り出しである。この威勢のいい[A]伝法《でんぽう》な語り口は、夏目漱石の[ア]『坊っちゃん』の先祖がここにいたかと思わせるていのものである。『夢酔独言』は天保十四年（一八四三）に書かれているが、六十余年の歳月をふと忘れさせるものをもっている。

おれが五つの年、前町の仕ごと師の子の長吉といふやつと凧《たこ》喧嘩したが、向ふは年もおれより三つばかりおほきいゆゑ、[イ]おれが凧をとつて破り、糸も取りおつた故、むなぐらをとつて、切り石で長吉のつらをぶつた故、[c]くちべろをぶちこはして、血が大そう流れてなきおつた。そのときおれの親父が、にはの垣ねから見ておつて、[B]侍《さむらい》をよこしたから、内へかへつたら、親父がおこつて、[ウ]「人の子に疵《きず》をつけてすむか、すまぬか。おのれのやうなやつはすておかれず」とて、縁のはしらにおれをⓓくゝして、下駄であたまをぶちやぶられた。ⓔいまにそのきずがはげて、くぼんでいるが、さかやきをする時は、いつにてもⓕかみすりがひつかゝつて、血が出る。そのたび長吉の事をおもひ出す。

小吉は、喧嘩をして、一生消えぬ傷を頭に残している。漱石の「坊っちゃん」は、「山城屋」の「勘太郎」と喧嘩する。また、親類の者から貰《もら》ったナイフで親指に「死ぬまできえぬ」創痕《きずあと》を残している。小吉も「坊っちゃん」も短気で喧嘩早いのだ。

小吉は、「おれ、おやぢ、おふくろ、ぢぢい、兄き」という。「坊っちゃん」は、「おれ、おやぢ」とはいうが、「母、兄、婆さん」と多少上品になる。

『夢酔独言』には、「おれが爪」「取りおつた、なきおつた、見ておつて」、また「知らなんだ」「行かなんだ」の過去の打消し表現「なんだ」など、『坊っちゃん』にはない「御家人ことば」が多用され、江戸語の面影をつたえるが、この語り口は漱石の文体に直結するものであり、見事な言文一致体の文章と言ってよい。

『夢酔独言』の文体上の特徴は、会話体にある。会話の部分を言文一致にするのは、洒落《しゃれ》本、滑稽《こっけい》本など【Q】戯作《げさく》文学の伝統であり、このようなものを言文一致とすれば、言文一致の起源はさらにさかのぼる。『夢酔独言』の本文は、このような会話文、「語り」なのである。これが全体に及んでいるため、言文一致体のように見えるだけなのだ。夏目漱石の『坊っちゃん』も、新しいようだが、エ実は、この会話体で全編が貫かれている。流暢《りゅうちょう》な語り口は、文字通りの「語り口」なのである。『坊っちゃん』の文体の快さは、流暢な東京弁を聞く快さなのである。

《設問》

問一 波線部1～3の読みをひらがなで書きなさい。

問二 （Ⅰ）（Ⅱ）（Ⅲ）（Ⅳ）に入れるのに最も適した語を次から選び記号で答えなさい。

イ 罪　ロ 悪　ハ 失敗　ニ 苦労　ホ 失態　ヘ 懺悔《ざんげ》

問三 傍線部Aの意味として正しいものを次の中から一つ選び、記号で答えなさい。

イ 伝統的な口調

ロ　荒っぽい口調
ハ　若者ぶった口調
ニ　会話的な口調
ホ　説教的な口調

問四　傍線部Bの意味として正しいものを次の中から一つ選び、記号で答えなさい。
イ　長吉の父親がよこした侍の姿を見て小吉の父が家に戻った。
ロ　長吉の父親が仕返しのために侍をよこしたので小吉が家に逃げ戻った。
ハ　小吉の父親が喧嘩の仲裁に侍をよこしたので小吉が家に戻った。
ニ　小吉の父親が仕返しのために侍をよこしたので長吉が家に逃げ戻った。
ホ　長吉の父親が喧嘩の仲裁に侍をよこしたので小吉が家に戻った。

問五　点線部ⓐとⓑ、「彼をして書かしめた」を現代口語のわかりやすい言い方に直しなさい。（八字以内）

問六　点線部ⓒ〜ⓕをそれぞれ現代口語に直しなさい。（答はひらがなで書きなさい。）

問七　二重傍線部アはどういう意味か、文中の他の表現を使って言いかえなさい。（二十字以内）

問八　二重傍線部イを、主語・目的語が具体的にわかるように書き改めなさい。（二十字以内）

問九　二重傍線部ウ「人の子」の「人」の意味を漢字二字の語で答えなさい。

問一〇　二重傍線部エと同じ品詞の語を、同じ段落の中から一つ選んで書きなさい。

問一一　【Q】に入れるべき漢字二字の語を、本文中から選んで答えなさい。

●アドバイス●

問二　Ⅰは直前の「悪戯・喧嘩・失態」から考える。Ⅱは「（Ⅰ）の連続」は何か。Ⅲは武士の家で「家名を傷つけた」ならば何になるのかと考える。

問三　「伝法」とは、「粗暴な言動をすること」。

問四　侍をよこせるのは身分の高い旗本だからできること。けんかをしていた小吉は侍が来たので「内へかへった」とある。

問七　後の方の段落に注目。

問一〇　二重傍線部エは副詞。

問一一　「洒落本、滑稽本」はいずれも江戸時代に流行したある種の小説につけられた名称。

第52日　論説文

早稲田大高等学院

次の文章を読んで、後の問いに答えよ。

外国人憎悪――これは、特殊ドイツ的な問題だろうか？　そのように仮定することは、ぶざまなドイツに似合わなくもないが、綺麗《きれい》ごとにすぎる仮定であって、真実を逸することになる。仮に外国人憎悪がドイツに限られる問題だとしたら、解決はたやすい。ドイツを隔離しさえすれば、残りの世界は安堵《あんど》のいきをつけることになるわけだから。現実には、国外から移住してくるひとたちにドイツよりも遙《はる》かに厳しい手段を講ずる国、移住者を受け入れる率がドイツよりも遙かに低い国を、近隣にいくつか、たやすく指摘できる。しかし、そのような比較をしてみても不毛である。外国人ぎらいは、いうまでもなく普遍的な現象なのだ。合理的でない議論が横行するのも、ドイツに限られたことではない。どうやら世界のどこでも、この問題は、なかなか理性の手にはおえないものであるらしい。それなら、ドイツ人たちに見られる特異な点はどういうことだろう？　なぜこのドイツで、これほどに[1]極端な両極分解が、目立って現出しているのか？

　歴史的な罪責感がドイツ人たちにあるのは大いに理由のあることだけれども、罪責感からだけではこの事態は説明できまい。事態の理由はもっと深いところにまで及んでいる。つまり、この国民の自己認識があやふやであるところにも、理由がある。じっさいドイツ人たちは自分を、また互いを、好いてはいない。ドイツの統一にあたって露出した感情も、そのことをはっきり裏がきしている。自分自身を好かない国民は、[2]縁遠いひとを愛することが、ほかの諸国民に比べて、より難しいのではなかろうか。

　このことを示しているのは、異邦人に敵意を向ける側だけではない。異邦人への敵意は、明白な事実を否定すること（「ドイツは移民の国じゃないぞ」）から始めて、集団で暴行を働くことにまで至る、さまざまな段階の悲しむべき行為の連鎖となって表出されているが、しかしこのようなかたちで異邦人に敵意を向ける側だけでなく、これの反対側もまた、[3]同じコンプレックスに蝕《むしば》まれている。

　反対側が大いに重んずるのは、コスモポリタニズムの語法であり、身ぶりである。移民してきたひとたちを防衛する身ぶりは道徳家ぶったもので、自己正当化の極みといってよい。「外国人よ、ドイツ人を孤独にさせるな!」とか「ドイツ国は二度とごめんだ」とかいったスローガンは、パリサイびとふうの一八〇度の方向転換のあかしであって、[4]人種主義の常套句《じょうとうく》を裏返しただけのものでしかない。移民してきたひとたちを理想化する図式的なしかたは、かつての親ユダヤ主義を想起させる。差別的偏見の裏返しは、度を越すと、[5]多数派を差別的に蔑視することになりかねない。たとえば、著名人だと自認している多くのドイツ人が、「私は外国人の同類である」という嘘《うそ》を主張して目立ちたがったものだが、この場合には、自己憎悪が他者へ投影されているのだ。

　この反対派の側では、左翼の残党と聖職者たちとの奇妙な連合が成立している。似たような同盟はスカンディナヴィアでも見られる。この点から推測がつくのだが、この側の態度は、プロテスタンティズムの政治的文化とかかわりがあるのではなかろうか。山上の垂訓を告げ知らせることは、たしかに教会の任務のひとつといってよいし、その告知が無効だからといって、それが宗教の枠内でなされている限りでは、それにけちをつける種は少しもありえない。その告知はしかし、それが政治的な解決策だと主張しはじめると、偽善に転化する。アメリカ大陸征服から各地での大量虐殺に至る集団的犯罪の数かずを列挙したりしてひとの良心に訴え、世界中で苦しみ悩むすべてのひとびとに避難所を提供せよと、自国民に要求するひとがいるけれども、そのひとがもしそのような企ての結果を考えず、政治・経済の媒介を抜きにし、実現の可能性について思いめぐらしていないとしたならば、そのひとの言説は信ずるに足らず、そのひとの行動にはなんの力もない。根深い社会的抗争は、脱教ぐらいでかたがつけられるものとは違う。

　正しい思想は、それがひとびとに十分に説かれさえすれば、手にあまる現実をも動かすはずだ、とする迷信に、明らかに依然として左翼は、方向を見失いながらも、しがみついている。かれらはマルクスやエンゲルスをどう読んだのだろう?　社会主義が、数十年にわたって私利のために自己を欺いてきたことでもって、いま身に沁《し》みて味わっているすさまじい破産にも、かれらは注意を払っていない。正義派と自任しているこの少数派が、現実の民衆とは別の民衆を願望していることは、教育者としてのかれらの野心にはふさわしいことかもしれない。けれども、道徳的な圧力によっては、民衆の意識の変化が達成されることなど、ほとんどありえないことだろう。

「それならば／いっそ早道ではなかろうか、説教者たちが／ A を解散して／別の A を選出するほうが？」

(H・M・エンツェンスベルガー／野村修訳の文章による)

(注) ＊歴史的な罪責感　第二次世界大戦時にナチスドイツが犯した過ちに由来するもの。

＊コスモポリタニズム　世界全体をひとつの社会とみる考え方。

＊パリサイびと　形式主義者。偽善者。　＊常套句　決まり文句。

＊プロテスタンティズム　カトリックに対立しておこったキリスト教諸派の考え方。

＊山上の垂訓　新約聖書の一節。愛と正義を説く教え。

＊「それならば……選出するほうが？」　このことばは、ブレヒトが一九五三年に書いた「解決」と題された詩(「ブッコウの哀歌」のなかの一篇)の、もじりである。

《設問》

問一　傍線部1「極端な両極分解」とあるが、「両極」にそれぞれ相当する思想的立場を表していることばを、それぞれ文中から書き抜いて答えよ。

問二　傍線部2「縁遠いひと」とはどのような人か。文中から同じ意味で使われている5字以内のことばを三つ書き抜いて答えよ。

問三　傍線部3「同じコンプレクス」とあるが、この「コンプレクス」とは何か。そのことを端的に表している語を文中から書き抜いて答えよ。

問四　傍線部4「人種主義の常套句」とは、たとえばどのようなものだと思われるか。次のなかから最も適当なものを選び、記号で答えよ。

ア　外国人よドイツ人を孤独にせよ。
イ　外国人もドイツ人も同類である。
ウ　ドイツはドイツ人だけのものである。
エ　ドイツは多民族国家となるべきである。
オ　ドイツはもっと早く統一すべきである。

問五　傍線部5「多数派」とはどのような人たちか。答えとして適当な10字以上15字以内の部分を、文中から書き抜いて答えよ。（句読点などの記号も字数に数える。）

問六　空欄Ａ（２ケ所）には同一のことばが入る。適当なことばを、文中から書き抜いて答えよ。

アドバイス

問一　全文を読み通して、「両極」となる思想的立場となることばを探す。

問二　「自分自身を好かない国民は↓縁遠いひとを」と続く表現から、「縁遠いひと」とは外国人をさすとみて、第一段落・第三段落から探す。

問三　「異邦人に敵意を向ける側だけでなく、反対側も持っているコンプレックス。第二段落にある「自分自身を好かない」に注目。

問四　「人種主義」は自分の属する人種を絶対視する考え方であることを知って解く。

問五　「反対派」は「少数派」か、それとも「多数派」か。ドイツ人の考え方を全文の流れから読み取って解く。

問六　「宗教」や「思想」は「解散」したり、「選出」できない。「この反対派の側の……」の段落では、反対側が教会側と結びついて道徳的論理をふりかざしている。これに対し、筆者が批判的な意見を述べていることを理解した上で答える。「説教者たち」ということばもヒントになる。

第53日 古文 ── 1久留米大附設高校 2開成高校

1 次の文章を読んで、後の問に答えよ。

※博雅三位、月あかかりける夜、※直衣にて、※朱雀門のまへにてあそびて、①よもすがら笛をふかれけるに、②おなじさまなる人きたり、笛をふきけり。誰ならむとおもふほどに、その笛の音、このよにたぐひなく③めでたくきこえければ、④あやしくちかくよりて見れば、いまだ見ぬ人なりけり。われも物もいはず、⑤かれも物もいふ事なし。かくのごとく、月よごとに行きあひて、ふく事⑥よごろに成りぬ。彼の人の笛の音、ことにめでたかりければ、こころみに⑦かれをとりかへて吹きけるに、世になきほどの笛なり。その後、なほなほ月のころは行きあひて吹きけれど、もとの笛をかへしとらんともいはざりければ、⑧やがてながくかへてやみにけり。

（注）博雅三位（はくがのさんみ）……醍醐（だいご）天皇の孫。笛の名人。
　直衣（なおし）……天皇や貴族の日常服。　朱雀門（すざくもん）……平安京大内裏の正門。

《設　問》

問一 傍線部①「よもすがら」、⑥「よごろ」の意味として最も適当なものを、次の中からそれぞれ一つずつ選べ。

ア　夜がふけてしまうまで　　イ　夜がふけて
ウ　夜ふけ　　エ　夜どおし
オ　夜半　　カ　数夜

問二 傍線部②「おなじさまなる人」は、どういう格好をしている人か。問題文中の語を用いて答えよ。

問三 傍線部③「めでたく」、⑧「やがて」の意味として最も適当なものを、次の中からそれぞれ一つずつ選べ。

③　ア　めずらしい　　イ　祝うに値する
　　ウ　お人好しである　　エ　すばらしい

⑧　ア　すぐに　　イ　まもなく
　　ウ　そのまま　　エ　結局

問四 傍線部④「あやしく」は、だれがどう思ったのかを答えよ。

問五 傍線部⑤・⑦の「かれ」は、それぞれ何をさすか。問題文中の語を抜き出して答えよ。

問六 問題文は、どういう話として書かれているか。最も適当なものを次の中から一つ選べ。

ア 不気味で恐ろしい話　イ 風流で不思議な話

ウ 愉快でこっけいな話　エ 優雅でめでたい話

●アドバイス●

問二 博雅三位と同じ身なりをした人。

問五 「かれ」は人を指示するほかに広く事物を指示する場合にも用いられる。

問六 名も知らぬ相手と月夜ごとに笛を吹きあうのは「風流」なこと。また相手の正体もわからず、笛も交換したままになってしまったことは、「不思議なこと」である。

2 次の文章を読んで、後の設問に答えよ。

何某《なにがし》村に、昼、盗《ぬすみ》の入りしを主人《あるじ》はるかに見て、棒を提げ、その跡を追ひゆき、[1]今市といふ町を過ぐるにも声をかけず、町を*1一町《いっちゃう》ばかりも過ぎて、「待てよ盗人、町を過ぐる時声をかけなば、若き者どもの*2棒ちぎり木にて、馳《は》せ集まり汝《なんぢ》を害せんも計りがたし、ここにて呼びかけしは汝を助くる一計なり、盗みし物をことごとく返さば外に望みはなし、いかにいかに」と近寄りしに、盗人、土に手をつき詫言《わびごと》して取りし物はことごとく返して去りけるが、その後一年ばかり過ぎて、この盗人、「筑紫のかたより帰りぬ」とて、[2]よき*3脇差*4一腰をもて来たりて、過ぎし昼、盗みしてゆるされし命の恩をむくいんと言ひしかば、主人、[3]「汝が物をとらんとならば、その時そのままにてかへさんや」と[4]叱りたれば、盗人、涙を落として辞し去りぬとぞ。

（菅茶山《かんさざん》「筆のすさび」による）

（注）1 一町《いっちゃう》……「町」は、距離の単位。約一〇九メートル。

2 棒ちぎり木……喧嘩《けんか》などに用いる棒。

3 脇差《わきざし》……腰に差す小刀《しょうとう》。

4 一腰《ひとこし》……「腰」は、刀を数えるときの単位。

《設問》

問一 本文中には「 」を付した箇所以外にも、会話部分が一箇所ある。その箇所を探して、最初と最後の五字を、抜き出して答えよ。

問二 ——線1「今市といふ町を過ぐるにも声をかけず」とあるが、主人がそうしたのはなぜか。一〇字以上、二〇字以内で答えよ。

問三 ——線2「脇差一腰《わきざしひとこし》」を盗人が持ってきたのはなぜか。一五字以上、二五字以内で答えよ。

問四 ——線3「汝が物をとらんとならば」とは、どのような意味か。最も適切なものを次の中から選び、記号で答えよ。

ア　おまえの物を私がもらわないならば
イ　おまえが私から物をうばわないならば
ウ　おまえの物を私がもらうつもりならば
エ　おまえが私から物をうばうつもりならば
オ　おまえが私から物をもらうつもりならば

問五 ——線4「叱《しか》りたれば」とあるが、主人が盗人を叱ったのはなぜか。その理由として最も適切なものを次の中から選び、記号で答えよ。

ア　盗人の持ってきたものが気に入らなかったから。
イ　盗人が脇差を持って、仕返しに来たと思ったから。
ウ　主人は見返りなど期待していたわけではなかったから。
エ　せっかく逃がしてやったのに、盗人が自分から戻ってきたから。
オ　盗人の顔など二度と見たくなかったのに、わざわざやって来たから。

アドバイス

問一「と言ひしかば」に注目。
問二　あとの主人の言葉に注目。
問三「恩をむくいん」は「恩を返そう」という意味。「む(ん)」は意志を表す助動詞。
問四「汝が」の「が」は連体修飾を表す格助詞で、「の」の意。「とらん」は「とろう」の意。
問五「汝が物をとらんとならば……かへさんや(おまえの物をもらうつもりならば、あの時そのままではかえさなかった)」という主人の言葉に注目。

第54日 小説 ―― 東京学芸大附属高校

次の文章を読んで、後の問いに答えなさい。

「Nだよ。」

何べんも呼んだあげく、二階から降りてきて、度の強い眼鏡越しに訝《いぶか》るようにこっちを見据えている彼に、私は言った。

「Nか。何だ。だれかと思った。どうしたんだ。」

私は来たわけを話し、六時何分に夜行の急行列車の停《と》まるO駅へ行かねばならない予定を告げた。彼はただ「そうか。」といい、「散らかっているが。」とその二階へ私をつれて上がった。敷きっぱなしの寝床、どことなく書籍類の雑然としている中に、電気スタンド、顕微鏡、書きかけらしい原稿、灰皿などの散らかっている机、薬棚、箪笥《たんす》。その他《ほか》には何もないといっていい殺風景な様は、勤勉な貧乏書生の下宿さながらである。およそ装飾になる色気のある物の何一つない、そうした荒涼とも言うべき部屋の中に、ただ一つ*燦然《さんぜん》と輝いているのは顕微鏡で、商売道具とて、*一町歩の土地を売った値で買ったという、ツァイス製とかいうその顕微鏡は素人目にも普通の品よりも大きく、複雑らしく見え、(1)彼が「命の次に」大事なものというだけあると思われた。

「東京が何でそんなにいい。喧《やかま》しくて、うるさいだけじゃないか。」

こんな所でも住めば都かね、という私の言葉に、彼は答えた。もともと昔から変わり者で、仲間と賑《にぎ》やかに談笑などということはなく、いつもひとりで何か考えている。それが別に孤独というのではなく、他《ひと》を見下しているわけでもなく、超然とした風であった。

「東京へ帰ろということはたびたび勧められるし、こんな片田舎で*村夫子然《そんぷうしぜん》と一生くすぶって終わるつもりもべつにないんだがね。なじみになった者や患者たちが、しきりに離れないでくれといって、親切にいろんな物を持って来てくれたりすると、つい居てやりたくなるし、第一、この辺にはトラホーム患者がまだ相当多いんで、研究のためにはかえって東京より都合はいいんだ。それにどこにいたって結局自分に出来ることはおんなじだと思うもんだからね。」

まだトラホームの研究を続けているのかという私の問いに、

(2)「さあ、もう何年になるか、まだいつまで続くか。」と天井を仰いで、彼はそう続けた。何でも同じ名の病原菌によるこの眼病の治癒《ちゆ》には、世間の研究家はもう匙《さじ》を投げてしまったらしいのだが、無類に根気のいい彼はまだ匙を投げず、飽きずしがみついていると見える。そんなことも一つは経済的に彼が保証されているためであることも争われないであろう。大地主の家の後継ぎに貰《もら》われ、その方は終戦後の改革で大痛手を蒙《こうむ》ったと思われるが、それでも学究以外に何の余念もない無欲な彼一人の*糊口《ここう》を塗するくらいのことは何でもないのであろう。それに、私は、あれはどういうひとかなどと、聞こうとはしなかったが、五十恰好《かっこう》と見える品のいい婦人が、茶や火鉢の炭を持って来たりしたのが、彼の身の回りの世話を焼いているのだろうと思われた。果たして後に聞き知った噂《うわさ》によると、それは戦死したある艦長の未亡人だとのことで、そのひとに対する彼の言葉の親しさからも、(3)私はその時、心ひそかに彼のために祝杯を乾《ほ》したのだった。

それにしても、私には時間が切迫していた。それで、久しぶり彼と持参の酒を二三杯汲《く》み交わした後、彼の案内でこの海岸を見にぶらつき、そこからバスの停留所へ回ることにした。私が彼に何も勧めないのと同様、彼もまた何年ぶりに会った私のせわしない辞去を強いて引きとめはしない。それでも私の訪問が彼を喜ばせたことは十分わかっているのである。

半ば老い枯れた松並木の、高い砂丘がちょうど堤防のように*蜿蜒《えんえん》と続いているので、砂丘に登らないと海の眺めは見えない。その代わり、それが防風の用をなしているので、村は割に安静なのだろうが、それにしてもそれは珍しい光景であった。

人っ子一人見えない海岸にはおよそ岬というものが見えず、ほとんど真一文字のようにのべたらな浜辺は何里続いているかと思われる。港とか入り江とかいうものはこの近所にはどこにもなく、船の停泊のしようがないから、漁船の影一つ見えない。

日はすでに黄昏《たそがれ》に近く、凍《い》てついたような重い暗灰色の雲の下の水平線に近く、淡い焔《ほのお》色に夕陽《ゆうひ》の映えた断層が一条、*炉中の剣のように流れている。そのほのかな光を受けて、水面には、冬らしい靄《もや》を透かしてほんのり桃色が夢のように射している。

「大洋なのにいやに静かだね。まるで湖水だ。」

砂浜に彼と並んで[b]腰を下ろした私はいった。

「(4)これなら音に弱い君も波の音に弱らされることもないだろう。」

「ここの海は波打ち際からいきなり深いんだ。もちろん風の強い日はかなり高く海鳴りはするがね。ふだんは大抵こんな小さな波がぴたぴた寄せるくらいのものだ。」

しかしじっと動かずにいると寒いので私達はまた静かな渚《なぎさ》づたいに歩き出した。

「あれは何だ。」

夕闇《やみ》の水にそこはかと浮かんで[c]いる一羽の大きな鳥を見つけて、私は指さした。

「鵜《う》だ、あれはよく来るんで[d]、僕はおなじみなんだ。」

「あれってことが判《わか》るほどおなじみなのか。」

「判る。いつでも一羽で、年をとっているのか、背中に羽のはげたところが目印になっているんで[e]ね。」

「鵜はたいてい群をなしている鳥ではないのか。」

「何だか知らんが、あれはいつも一羽だ。ギャアギャアいう厭《いや》な声だが、ときどき寂しい声で鳴くよ。」

「普通のより大きいようだね。潜っている間も格別長いようじゃないか。」

実際私はその呼吸の続く長さには驚かざるを得なかった。姿が没したと思うと、うんと遠く隔たった所にまたぽかりと浮かぶそれまでの時間は、非常な長さに感じられた。

「水鳥だもの、あれくらい当たり前だよ。でなくちゃ餌《えさ》は獲《と》れやしない。」

彼は驚く私を笑った。しかしそれにしてもそれは異常に私には思われた。鵜は私の見ている前で四度も潜った。(5)そして四度目に潜った時は、もう白っぽい靄の中に吸われてしまったように、再び浮かび上がったその姿を認めることはできなかった。鵜はもうはるか沖《おき》の方へでも行ってしまったのか。それとも死期が来て、ただ漂うだけになってしまったのであろうか。そんなこともどっちとも判らず思われた。私たちは海岸を去り、停留所の方へ歩いた。一軒の荒物屋で私は煙草《たばこ》を買った。(6)「どうぞお当たり下すって。」といって、そこの主人が火鉢を押して勧めたりするのが、土地の人気のよさとともに、彼が「先生」としていかに皆から愛敬されているかを語っているように思われた。そこでしばらく待った後、私はバスに乗って、彼への別れの帽子を振ったのであった。

あいつもあの□＊みたような奴《やつ》だ。

このどことなく非凡な男について、バスの上の私は、そんなことを思うのだった。歳《とし》の癖でついふと、「また再び——会うことがあろうか。」なぞと。

（長与善郎《よしろう》の作品による）

（注）＊燦然＝まぶしく輝く様。
＊村夫子然と＝田舎紳士のように振る舞って。
＊蜿蜒＝どこまでも続く様子。
＊みたような＝「——のような」の意。
＊一町歩＝田畑などの面積で、約三千坪。
＊糊口を塗する＝貧しいながらも生活を立てること。
＊炉中の剣＝刀剣を作る時、炉の中に差し込まれ焼かれている剣。

《設　問》

問一　傍線部(1)「彼が『命の次に』大事なもの」とあるが、ことさら「命の次に」と括弧を付けて強調しているのは、「彼」がどのような人物であることによるか。これを最も端的に表す文中の十六字の部分を捜し、その初めの三字を書き抜くことで答えなさい。

問二　傍線部(2)「『さあ、もう何年になるか、まだいつまで続くか。』と天井を仰いで、彼はそう続けた。」とあるが、この答えぶりは「彼」のどのような気持ちを表しているか。その説明として最も適切なものを、次のア〜オのうちから一つ選び、記号で答えなさい。

ア　自分の体力が衰えてゆき、研究をいつまでも持続させることは無理な望みだと嘆いている気持ち。

イ 「私」の期待を寄せる心を感じ取り、その期待にどう対処すればよいのかと途方に暮れている気持ち。

ウ 容易には研究の成果が得られそうもないが、続けられる限りは進めようという思いを確かめている気持ち。

エ 「私」に唐突に質問を浴びせかけられたので、どう答えたらよいものかと思わずとまどっている気持ち。

オ 解決の目途《めど》がつきそうにない研究なので、近い将来投げ出してしまうことになるのではないかと恐れている気持ち。

問三 傍線部(3)「私はその時、心ひそかに彼のために祝杯を乾したのだった。」とあるが、「私」が心ひそかに祝杯を乾したのはなぜか。その理由の説明として最も適切なものを、次のア〜オのうちから一つ選び、記号で答えなさい。

ア 閉じこもりがちな「彼」の生活に生まれている明るさに対して期待を寄せることは余計な負担になると考えたので。

イ 孤独という看板を下ろしたと恥ずかしがるに違いない「彼」に決まり悪い思いをさせたくなかったので。

ウ 変わり者の「彼」の身の回りを世話する女性がいるとはと正直なところ信じきれない気持ちがしたので。

エ 「彼」の研究一筋の生き方に何か支障が生じるのではないかとその結婚を素直には喜べない気持ちだったので。

オ 独りを好む「彼」が親しく心通わせる女性を得たことを祝福する気持ちは言葉にしなくとも通うと思われたので。

問四 傍線部(4)「これなら音に弱い君も波の音に弱らされることもないだろう。」との「私」の言葉は、「彼」のどのような一面をふまえて言い出されたものか。その「彼」の一面を表している四十字以内の部分を捜し、その初めの三字を書き抜くことで答えなさい。

問五 傍線部(5)「そして四度目に潜った時は——どっちとも判らず思われた。」は「私」のある懸念に結びつく表現である。この「私」の「懸念」を表している部分を捜し、その初めの三字を書き抜くことで答えなさい。

問六 傍線部(6)「『どうぞお当たり下すって。』といって——愛敬されているかを語っているように思われた。」の部分は「私」のどういう気持ちを表しているか。その説明として最も適切なものを、次のア〜オのうちから一つ選び、記号で答えなさい。

ア 僻地《へきち》医療も続ける「彼」はすでに村人の一員として認められていると安心する気持ち。

イ 無医村の医療を続けている「彼」に村人が感謝し尊敬しているのを羨《うらや》ましく思う気持ち。

ウ　この村は「彼」にとってふさわしい居場所なのだと納得もし満足もする気持ち。
エ　どのように説得しても「彼」を東京に戻すのははりできないことだと悟り諦《あきら》める気持ち。
オ　土地になじんでいる「彼」は村人から研究の協力が得られるはずだと確信する気持ち。

問七　本文中の空欄□に補う最も適切な一字の語を本文中から捜して書きなさい。

問八　本文は大きく二つの場面に分かれるが、前半と後半をつなぐ役割をしている一段落を捜し、その初めの三字を書き抜くことで答えなさい。

問九　二重傍線部a〜eの「で」について、文法的な働きが同じものの組み合わせとして適切なものを、次のア〜カのうちから一つ選び、記号で答えなさい。

a　この辺にはトラホーム患者がまだ相当多いんで、研究のためにはかえって東京より都合はいいんだ。
b　砂浜に彼と並んで腰を下ろした私はいった。
c　夕闇の水にそこはかと浮かんでいる一羽の大きな鳥を見つけて、
d　鵜だ、あれはよく来るんで、僕はおなじみなんだ。
e　背中に羽のはげたところが目印になっているんでね。

ア〔abe・cd〕　イ〔ac・bde〕
ウ〔acd・be〕　エ〔ad・bce〕
オ〔ade・bc〕　カ〔ae・bcd〕

アドバイス

問一　「命の次に大事なもの」とは、身の回りにある物の中で一番大事なものということ。顕微鏡を最も大事にしていると考え、「彼がどのような人物であるか」をはっきり表現している文を探す。

問二　直後に「無類に根気のいい彼は……」とある。

問三　直前に「そのひとに対する彼の言葉の親しさ」と、述べている点に注目。

問五　この懸念は鵜に対するものでなく、「私」の懸念と関わるものとみる。

問八　前半は「彼」が中心、後半は「私」の心情が述べられている。

問九　「で」が一語の接続助詞の「で」か、普通なら「ので」と言うべきところを「んで」となまった理由を表す接続助詞「ので」の「で」か区別する。

第55日 随筆

——早稲田大高等学院

次の文章を読んで、後の問いに答えよ。

ある日の夜、私は自分の部屋の畳に、長々と横になって、本を読んでいた。そして、しばらくして、あッ、また本を読んでいる、と自分のしていることに気づいた。横になって頁《ページ》をクり[a]、眼《め》で活字を追っているうちに、私は、私が本を読んでいるという、そのことを忘れてしまっていたのだった。

そういうことが、よくある。

本を読む、というのは、私の癖、というのか、日常に[1]はまりこんだ、とりたてた特徴のない仕草の一種になっていて、一々、意識に上ってきにくいものらしい。

トイレに行く時も、風呂《ふろ》に入る時も、ごろっと横になる時も、私は本を手にしている。ことが済めば、内容はきれいさっぱり忘れていることがほとんどであって、つまりそれは、特に言うこともない仕草であり、同時に[A]仕草、ということであるようだ。

内容をたいてい忘れてしまうのだから、私は「読書家」などというたいそうな者では、むろんないが、しかし、本というものが、私の、一種の「生活必需品」であることは、どうやらまちがいない。「生活必需品」とは、新たな知識を得るとか、娯楽するとか、あるいは、その内容について種々考えをめぐらせるとか、そういう本の、本来のヨウト[b]はもちろんだが、私にとって、[1]それ以外の要素が多分に、本には含まれている、という意味である。

そんなことを考えながら、想《おも》い起こしてみると、もの心ついたころから、ずい分、多量の本を読んできたことになる。思い出すことのできる、いちばん古い本は、小学校に上がる前に読んだ、「ターザン」であり、風呂の中に本を持ちこんだ最初の記憶は、小学校上級生の時、「三国志」か何かの、少年向け講談本だった。その本は、貸本屋から借りて来た本だったが、母親が不意に風呂場の入口に現れたので、とっさに湯の中に[2]つけて隠した。おかげで、紙がだいぶふやけてしまい、返す時に、貸本屋で言い訳に苦労したのを憶《おぼ》えている。

そんな風にして、だんだんに小説や詩に読み耽《ふけ》り出し、いわゆる「乱読」をしはじめていったのだったが、しかし、そのころのことを想い返すと、自分でも奇妙に思われることがある。それは私がその時に、感動や感激や、時には震撼《しんかん》すら覚えたそれらの本の、その内容や筋を、後になるとまるで思い出せないことが多い、ということだ。そして一方、感動や感激の方は、それぞれの塊のようにして、今でもはっきりと、私の中のどこかに存在している。つまり、その塊だけが、私の骨身に残されている。

何かの折に［3］思い出した、美しい一行か二行の、その題名も筆者も思い浮かばないこともあって、私は時にはその感動の塊だけを頼りに四苦八苦して、ようやくそれらに到達するということもある。

いや、その一行か二行は、必ずしも、美しいものであるとは限らない。道をただ、ぽつぽつと歩いているような時に、ふっと「ひどい雨降りだった。」という、それ自身は美しくも何ともない、平凡きわまる一行が浮かび、そして同時に、それを読んだ時に感じた、とても平凡どころではない、吐息や悲哀や絶望や、それらの塊が、どっと押し寄せてくることもある。しかしこういう時には、その題名にも筆者にも、到達することはほとんど不可能である。

そうすると、しかし私にとって、本を読むとは、一体どういうことなのだろうか。内容、筋はおろか、題名、筆者すら本当は何も関係ないとしたら、私はなぜ本の中のおびただしい活字を一々追いかけるなどという、七面倒くさいことを毎日毎日アきもせずにくり返しているのだろうと、妙な自虐めいた思いのすることもある。感動の塊さえ眼の前にあれば、何の面倒もないことだろうに。

ある時、機会があって、文芸雑誌や詩誌や歌誌、その類の雑誌を一年間、読みつづけたことがあった。毎月、その月の雑誌を机に積み上げると、それだけで［4］重い気分がしたが、とにかく、片端から読んでいった。日ごろの慣《なら》わしどおり、トイレ、風呂、畳の上のごろ寝で、私は読みつづけた。

そうやって読んでいる間、私はふと、私が無意識に、今、読んでいるものとは、まったく別のことを考えていることに気づいた。たとえば家出少年と少女とが、真っ暗な街並みをイチモクサンに駆け抜けて行くような情景を読んでいると、私の頭に、蓮《はす》の葉に落ちた雨の一滴、その一滴に宇宙が宿る、という禅にある話のような、そんな一見、まるで無関係な想いが、上の空のように漂い出してくるのだった。

しかし、それはどうやら、私の、上の空のせいではないようだった。そうではなく、一見まるで無関係と見えて、しかし、私の読んでいるものは確実に私の体のどこかに響き、その響きが、私の体からそういう想いを誘い出しているようなのだった。そして、そこに書かれている筋も内容も、私の想いと、意味のつながりはまるで持っていない。

そうやって、私は一年間、毎月、いのちのことや、瞬間のことや、光のことなどを想いに浮かべることになった。

私は今、本を読む自分のことを、撞木《しゅもく》に撞《つ》かれる鐘のようにも、思うことがある。本という撞木に撞かれて音を出す自分という鐘の、その音色を結局、私は読んでいるのかもしれない。撞かれてどんな音色が出るのか、私自身にはわかりはしない。

（辻章の文章による）

《設問》

問一 傍線部a・b・f・gのカタカナを漢字に改めよ。

問二 傍線部c・d・eの読み方をひらがなで答えよ。

問三 空欄1〜4に入れる語を、次の中からそれぞれ選び、記号で答えよ。

ア うっかりと　イ ぐったりと
ウ すっぽりと　エ ずぶずぶと
オ べったりと　カ ぽっかりと

問四 空欄Aに入れるのにふさわしいものを、次の中から選び、記号で答えよ。

ア あったほうがいい
イ なくてはならない
ウ あってもなくてもいい
エ なくてもしかたのない
オ あってもしかたのない

問五 傍線部1「それ以外の要素」とは何か。次の中からもっとも適切なものを選び、記号で答えよ。

ア 少年のころの懐かしい読書の経験を思い出すこと。
イ 感動や感激の塊をできるかぎりたくさん残すこと。
ウ 平凡な一行から日常的な悲哀や絶望を強く感ずること。
エ 読んでいる本の内容とは別の想いがふと誘発されること。
オ トイレ、風呂、畳の上などでの日常生活の暇をつぶすこと。

問六 傍線部2でいう「奇妙」なことの説明として正しいものを次の中から選び、記号で答えよ。

ア 本を読んだ感動の塊だけが残り、「私」がその内容や筋を忘れていること。
イ 本を読んだ感動が強すぎたため、「私」がその内容や筋を思い出せないこと。
ウ 本を読む感動を追求するあまり、「私」がその内容や筋に興味をもてないこと。
エ そのころ小説や詩を、なぜか、「私」がいっしんに読み耽るようになったこと。
オ 美しい一行か二行かを読んだときの、その感動の塊が、ふっと「私」に浮かんでくること。

問七　傍線部3「それら」は、何を指しているか本文中の語を用いて8字以内で答えよ。(句読点などの記号も字数に数える。)

問八　傍線部4「そういう想い」を具体的に述べている25字以内の部分の最初の5字を抜き出せ。(句読点などの記号も字数に数える。)

問九　傍線部5「私自身にはわかりはしない」とあるが、なぜわからないのか。その理由として正しいものを次の中から選び、記号で答えよ。

ア　本を読むことで生まれる私の想いは、その本の内容や筋とつねに関係があるとは限らないから。

イ　本を読むことで私に生ずる想いは、いのちや瞬間や光などという、深遠なことにかかわりがあるから。

ウ　「撞木に撞かれる鐘」とは「本を読む自分」をたとえた表現であり、実際に音が聞こえるわけではないから。

エ　私が読んだ本と、本を読むことによって生じた私の想いとの間には、意味的なかかわりがまったくないから。

オ　本を読むことで、私の中にはさまざまな想いが生じるのだが、それぞれの想いの間には、意味的なつながりがまったくないから。

●アドバイス●

問四　Aの直前に「特に言うこともない仕草であり」を受けて「同時に」とある。次に前と並列する表現が続くと考える。

問五　本の持っている「生活必需品」としての要素以外の筆者自身のもの。文章の後半から読み取る。

問六　直後の「それは」以下にこの部分が説明されている。

問七　この段落は、次の段落に関連している。

問八　直後の「私の想いと、意味のつながりはまるで持っていない」に注目。前の段落にも同じような表現があるのに気づいて、適切な部分を探す。

問九　「撞木で鐘を撞く」とは何をたとえているのか。「撞木」は「本」、「鐘」は「自分」である。本の筋と内容と自分の想いと意味のつながり、本を読むことにより自分はどうなるのかなどを考えて解く。

第56日 論説文

広島大学附属高校

次の文章を読んで、後の問いに答えなさい。

冬になると、(注1)加茂川《かもがわ》に何千羽というユリカモメがやってくる。川の上を高く低く、カモメ特有のとびかたで舞う彼らの姿は、何とも可憐《かれん》で美しい。河床《かわどこ》や河原にはたくさんのユリカモメがとまっており、それらもまた、何を合図にしているのか知らないアが、あるときいっせいに空へ舞いあがる。

鳥が好きか、自然が好きな人なのであろう、このユリカモメたちに餌《えさ》をやりにくる老人の姿も、一人や二人ではないイ。カモメたちはそれらの人々の近くに恐れるところもなく群がり、餌をもらっている。

けれど、ある人はこういった――「カモメなんて川の魚をとって食べてしまう、いわば害鳥です。それに餌をやってたくさん寄せるなんて。いったい何のために、努力して川をきれいにしているかわからないウじゃありませんか。」たしかにそういえるかもしれないエ。この人もまた、加茂川の(a)オセンをうれい、きれいな加茂川の流れに、昔のように魚が泳ぐことを願っているのだ。だがそれだからこそ、カモメには反対なのだ。意見の相違は、開発論者と環境保護論者の間にだけあるのではない。環境保護論者と環境保護論者との間にもあるのである。

いったい環境とは何なのか、いったい自然とは何なのか、ということは、論じはじめたらきりがない。生態学の本をくってみると、客観的環境と主観的環境ということばにでくわすことがある。客観的環境とは、①客観的に認定できる環境であって、温度いくら、光量いくら、騒音いくら、(注2)NO_x(注3)何ppmというようなものなのであろう。

それに対して、主観的環境とは、だれかが見、感じている環境であって、そういう科学的なメジャーでは測ることができない。[A]、後者は科学的な議論の(b)タイショウとはならない、というふうに書いてある場合もある。

主観的環境の問題は、じつはずいぶん古くに(c)テイキされている。ドイツの動物学者ヤーコプ・フォン・ユクスキュルは、この問題を徹底的に追求した最初の人である。その著『生物から見た世界』で、彼は人間とイヌとハエが見た部屋《へや》の情景を(d)ソウテイしている。

部屋の中にはテーブルといすがあり、一隅に本棚がある。テーブルの上には食物がおいてあり、上からシャンデリアが下がっている。これは人間が見たときのこの部屋である。

イヌが見たとソウテイしたときの絵ではテーブルといすと食物は明るい色に描いてあるが、その他のものは暗い背景になっている。イヌにとって本棚など存在しないに等しいのだ。

ハエにとってこの部屋は、もはやテーブルの上の食物と光っているシャンデリアでしかない。その他のものはハエにとっては無に近い。

②この三枚の有名な絵は、ものをごく単純化して示したものである。ユクスキュルはさらに、動物にとっての世界(彼はこれを単なる「環境」と区別して「環世界」または「環境世界」と呼んだ)は、その動物の生理的状態、おかれている状況によってさまざまに変化することも論じているからである。

しかし、考えてみると、客観的環境とはいったい何なのであろう。われわれが客観的環境と考えている花畑からは、紫外線も大量に反射されているはずだが、われわれは紫外線を見ていない。一方、紫外線が見えて赤が見えないモンシロチョウから見ると、花畑の様子はまるっきりちがって見えるはずである。おそらくモンシロチョウはそれを「客観的」なものと思っているであろう。

たしかにわれわれ人間は、紫外線フィルターやカメラを使い、あるいはさまざまな測定機器を用いて、実感はできない紫外線や放射線の存在や強さを知ることができる。[B]、それも、たとえば紫外線というものに注目したときにはじめてできることであって、はじめからすべてを計測することはない。

そして、多くの人々が実際に「環境」と感じているのは、じつに感覚的な環世界なのであって、物理的に測定された「客観的環境」なるものは、よほどのときでない限り、問題にされないことのほうが多い。

今さらいうまでもないことだが、いちばん困るのは、この[C]が、いつのまにか[D]とすりかわってしまうことである。モンシロチョウがその環世界を「客観的」なものと思っているかどうかわからないが、人間が人間の環境世界を「客観的」なものと思ってしまっていることはかなりたしかである。しかも、その環境世界は、人間の場合、個人個人によってちがい、しかも他の動物における同様に、情況によってちがう。③どうしようもないという感じである。少なくともわれわれは、他の動物にはできないであろうこと、つまり、④環世界の相対性ということをよくよく理解する必要があろう。

（注1）京都市内を流れる川。
（注2）窒素酸化物。
（注3）大気中にその物質がどれだけ含まれているかを表す単位の一つ。

《設問》

問一 〰線部(a)〜(d)のカタカナを漢字に改めなさい。

問二 ═線部ア〜エの「ない」の中で一つだけ品詞が他と異なるものを選び、記号で答えなさい。

問三 文章中の空欄［A］、［B］にはどういう言葉があてはまりますか。次のア〜エからそれぞれ選び、記号で答えなさい。

ア　だが
イ　さて
ウ　たしかに
エ　したがって

問四 ──線部①と置き換えることができる言葉を、文章中より探して、六字で書き抜いて答えなさい。

ただし、句読点や記号も一字として扱うこと。（以下の各問についても同様）

問五 ──線部②について、筆者は「この三枚の有名な絵」を挙げて何を説明しようとしたのですか。その内容を含んだ一文を文章中より探して、その初めの五字を書き抜いて答えなさい。

問六 文章中の空欄［C］、［D］にはどういう言葉があてはまりますか。文章中より探して、それぞれ七字以内で書き抜いて答えなさい。

問七 ──線部③について、なぜ「どうしようもない」と筆者は感じているのですか。次のア〜エから最も適当なものを一つ選んで記号で答えなさい。

ア　主観的環境は、客観的環境とちがい、科学的なメジャーでは測ることができないために、科学的に追求できないから。

イ　他の動物には見えても、人間には測定機器を用いなければその存在や強さを知ることができないものが多くあるから。

ウ　個人個人によって違うはずの環世界を、一律に他の人にもあてはめようとして、意見の食い違いや対立が起きるから。

エ　感覚的な環世界に比べて「客観的環境」は、よほどのことがない限り、あまり問題にされないことのほうが多いから。

問八　――線部④について、筆者の考えを文章中のユリカモメの例に当てはめていえば、どうなりますか。次の空欄に十五字以内で言葉を補い、文を完成して説明しなさい。

〈ユリカモメに餌《えさ》をやる人は、［　　　　　　］をよく理解する必要がある。〉

アドバイス

問二　「ない」を「ぬ」と置き換えられる「ない」（助動詞）と、「ある・ない」の「ない」（形容詞）と区別する。

問三　「主観的環境は……科学的なメジャーでは測ることができない」という文を受けてA直後に「科学的な議論のタイショウとはならない」と出ている。B前文の内容を軽く押さえて後文に続いている点に注目。

問四　同じくらいの字数で置き換えられる言葉を後ろの文より探す。

問五　三枚の絵は、「環世界の相対性」を重視している。「環世界の相対性」をわかりやすくした文をさがす。

問六　直後に「人間が環境世界を『客観的』なものと思ってしまっている」と述べられている。人間が主観的なものを客観的なものと混同してしまっているとみて解く。

問七　ア「科学的に追究できない」ことを「どうしようもない」と思っているのか。イ「他の動物」との関係を問題にしているのか。エ「客観的環境」が「問題にされない」ことを述べているのか。

問八　「環境世界は、人間の場合、個人によってちがい…」という文に注目し、ユリカモメの例にあてはめて解く。

第57日　小説

開成高

次の文章は井上靖『あすなろ物語』の一節である。時代は昭和初期、主人公の大学生・鮎太《あゆた》は、友人たちと佐分利《さぶり》家に親しく出入りしている。佐分利家には、裕福な若き未亡人・信子と未婚の二人の妹（英子・貞子）がいる。これを読んで、後の問に答えよ。

その秋、貞子の作品が帝展（＝帝国美術院主催の展覧会）に入選した。初入選の氏名の中に貞子の名を発見すると、鮎太は上野の美術館に彼女の絵を見に行った。

会場の真中頃《まんなかごろ》に、佐分利貞子の、隣家の洋館の側面を描いた絵が並んでいた。葉鶏頭《はげいとう》が、灰色の色調の建物の壁の前で、燃えるように赤かった。素直な感じの絵だった。何事にも控えめな彼女のおとなしい性格がそこには如実《にょじつ》に現われていた。鮎太がそこに立っていると、信子と貞子がやって来た。多勢《おおぜい》の入場者の中で、[1]二人の麗人は遠くからでも際立《きわだ》って目立っていた。

[2]「貴女《あなた》もとうとう檜《ひのき》になりましたね」

と鮎太が言うと、

「まだですわ、檜の子ぐらい」

貞子は謙遜《けんそん》して言ったが、さすがに悦《よろこ》びを包み匿《かく》せないで、自分の作品の前に立って、それをじっと見つめていた。

その日、鮎太は初めて佐分利夫人と二人だけで上野公園を歩いた。貞子が絵の先生の家へお礼に行くと言って、一人で先に帰ったからである。

小春日和の気持ちのいい日であった。鮎太は[3]眩《まぶ》しい気持ちで信子の右側に添った。その時、歩きながら、信子は、

「木原さんはこんど伊太利《イタリア》へ交換学生で行くかも知れないんですって、二、三日前、報告に来ましたわ」

それは鮎太には初耳だった。

「そうすると、彼もとうとう檜ということになるかな」

と鮎太は言った。

「そう大沢さんも、金子さんも、木原さんもみんな、どうやら檜ですわね」

「貞子さんも英子さんも」

「あの人たちは、まだ檜の子」

「僕だけかな」

「何が？」

「翌檜《あすなろ》なのは！」

「だって、貴方《あなた》は翌檜でさえもないじゃありませんか。翌檜は、一生懸命に明日は檜《ひのき》になろうと思っているでしょう。貴方は何になろうとも思っていらっしゃらない」

　言われてみれば、その通りであった。鮎太《あゆた》は何になろうとも思っていなかった。親からの仕送りで、毎日毎日を、のんべんだらりと、怠惰に送り暮らしているに過ぎなかった。哲学書を耽読《たんどく》していると言っても、それで学者になれるわけでも、それによって生活の資が得られるわけでもなかった。

　一生何をやろうという当てもなかった。そろそろ卒業論文に取りかからなければならぬ時期だったが、それさえも億《おっ》劫《くう》になっていた。

　翌檜でさえないという信子の言葉は、鮎太には労《いた》わりのこもった優しいものに聞こえた。彼の□を、信子はそっとかばってくれているようであった。

　広小路《ひろこうじ》の方へ降りる坂の途中で、

「でも何かなさらないと、人間いけないんではないですか、どうして、そんな暗い顔ばかりしていらっしゃるの」

「暗い顔をしていますか」

　鮎太は自分が暗い顔をしているとは思っていなかった。

「気持ちをふっ切って、外国へでもどこへでも行く気持ちにおなりになったら?」

「外国へなんか、第一金がありませんよ」

4「お金なんか!」

変なことを言うと思っていると、

「貞子が貴方となら結婚していいんですって! 自分の仕事を理解してくれそうな気がするんですって」

鮎太は顔を上げて、信子の顔をみた。彼がこれほど真直《まっす》ぐに信子の顔を見つめたことは、これまでに一度もなかった。

鮎太はここ何年かの信子への思慕が、それはそれなりに、木原や金子や大沢のそれに較《くら》べて、それに勝るとも決して劣るものとは思っていなかった。

5鮎太は発作のようにおかしさが込み上げてくるのを感じた。軽く声を出して笑った。笑いはとまらなかった。

「どうなさったのよ、嫌な方」

「おかしいんです」

「何が?」

「何もかもが」

笑いがとまると、鮎太は用事を思い出したといって、信子に別れて、行先を確かめずに真先に来た市電に乗った。

《設問》

問一 ——部1「麗人」と同じ意味の熟語を、次から選び、記号で答えよ。

ア 佳人　イ 寡婦　ウ 才女
エ 淑女　オ 貞女

問二 ——2「貴女《あなた》もとうとう檜《ひのき》になりましたね」とあるが、文中では「檜」という言葉をどのような意味で用いているか。三十字以内で説明せよ。(句読点も一字と数える。)

問三 ——3「眩《まぶ》しい気持ち」の説明として、もっとも適切なものを次から選び、記号で答えよ。

ア 小春日和の中を信子と二人で歩くことに喜びを感じ、すがすがしい気持ち。

イ　美しい信子と二人きりで歩くことに気後れしながらも、嬉《うれ》しく思う気持ち。

ウ　信子の美しさに引かれながら、それと釣り合わない自分を嫌悪《けんお》する気持ち。

エ　美しい年上の未亡人を連れて歩くことに照れながらも、誇らしく思う気持ち。

オ　信子への思いを胸に秘めながら、それを口に出せず、緊張し高ぶった気持ち。

問四　文中の空欄に補うべき語句として、もっとも適切なものを次から選び、記号で答えよ。

ア　片思い　　イ　卑屈さ　　ウ　暗い内面

エ　劣等意識　　オ　怠惰な性質

問五　――部４「お金なんか！」と言った信子の気持ちとして、もっとも適切なものを次から選び、記号で答えよ。

ア　お金なんか親の仕送りでどうにかして、外国で一生懸命勉強してきてほしいという気持ち。

イ　お金なんかよりもっと価値のあるものが、外国に行けば見つかるに違いないという気持ち。

ウ　お金なんか自分が出してもよいから、貞子と二人で外国へ行くことを勧めたいという気持ち。

エ　お金なんかなくても、働きながら外国で勉強するくらいの気概を持ってほしいという気持ち。

オ　お金なんかにこだわらず、貞子を幸せにできる度量の大きな男になってほしいという気持ち。

問六　――部５「鮎太は発作のようにおかしさが込み上げてくるのを感じた」とあるが、「おかしさが込み上げて」きた理由を七十五字以内で説明せよ。（句読点も一字と数える。）

●アドバイス●

問一　「麗人」の「麗」は「奇麗」の「麗」。

問二　貞子は展覧会に入選したので檜になったと言った。木原がイタリアへ交換留学生になって行くと聞いて「彼もとうとう檜ということになるかな」と言っていることから考えてみる。

問三　「まぶしい」状態とはどんなものか。また、ア〜オの文中、本文と一致しないものを除く。

問四　自分だけが「翌檜（あすなろ）」だという鮎太の言葉に注目。

問五　傍線部４前後の信子の言葉に注目。

問六　傍線部５直前の段落から鮎太の信子への思いを確認して答える。

第58日 随筆 ―― 灘高

次の文章を読んで、後の問いに答えよ。

中秋の名月も良いが、向寒の夜の月光はさらに冴《さ》える。今夜も研究室での仕事を終えて、「愛車」で（つまり電動式自転車で）家路につくと、比叡山《ひえいざん》の山裾《やますそ》にさしかかるころ、天空に団々たる満月が浮かんだ。周囲の群星はもとより、山上にひときわ輝く金星をも圧倒している。

夜ひそかに虫は月下の栗《くり》を穿《うが》つ　芭蕉《ばしょう》

（穿つ――穴をあける。）

私もひそかに月下のペタルをこいでいる。[1]人も虫も大差はない。月も昔と今とでは変わらない。もっとも、まったく変わっていないわけではない、ということにもすぐに気がつく。すでにこの自転車がそうだ。〝ママチャリ〟自転車だったら、この急な坂道ではあごが出て、優雅に月を見ながら走るというわけにはいかない。地上のネオンの光が月光を遮るようになってからすでに久しいが、ここでは[2]現代技術が月見の余裕を支えてくれる。自転車の走行とともに月も早く動く。そのような仕方で動いて見える月は、籠《かご》で旅した時代には無かったはずだ。

月は視覚の中で変化しただけではない。一九六九年にアポロ11号が月に着陸して、二〇キロの土や石を持ち帰って以来、遠く隔絶して眼《め》で見るだけの月世界は「触覚」においても地上とつながった。アポロ計画で持ち帰ら[3]れた月面の土や石は、四〇〇キロにのぼるという。それらの土や石は月世界の誕生と進化の研究対象として世界中で分析され、その結果、いまではスーパーコンピューターが、月の成立プロセスをほぼ再現し得るに至った。月の起源をさかのぼれば、それは地球と同一の天体だったのだ。

地球と月との関係は、空間的には今も変化しつつある。手元にとどいた地球環境問題雑誌を開いたら、月は一年に約三・八センチずつ地球から遠ざかりつつあるという記事があった。

月の潮汐《ちょうせき》力によって地球の海面は月の方向とその反対側に膨らもうとする。しかし、実際の海面の変化には時間がかかり、膨らむ方向の海面変化は、地球の自転方向に少しずれて生じる。そのずれた方向に月の引力が作用し、地球の自転を遅くする。その反作用で月は公転のエネルギーをもらい、その結果として地球から離れていく。

一年に三・八センチということは百年で三・八メートルということだ。阿倍仲麻呂《あべのなかまろ》が遠い異境の地で「天の原ふりさけ見れば春日《かすが》なる三笠《みかさ》の山に出《い》でし月かも」4と痛切な望郷の歌を詠んだのは八世紀のことだった。そのときの月は今より四〇メートルほど地球に近かったはずだ。逆にいえば、月は今、阿倍仲麻呂のころよりも「遠い」。

あと百万年たてば、月はさらに約四〇キロメートル離れる計算だ。天文学的な時間単位で測れば、引力で結ばれた地球と月との関係はいつか解消するに違いない。かつて地球と同体だった月が遠ざかるということは5触覚においてつながった月の「近さ」と逆説をなすようにもみえる。

月の「遠ざかり」は、宇宙空間においてよりは、文化空間において、もっと顕著だ。月世界が地上と遠く隔絶した別世界であったとき、月は地球上の生活世界にむしろ近かった。望郷の思いを募らせる月は、生活に密着した月だ。西洋でも東洋でも、人々は月の満ち欠けをそのまま[6]に利用した。

いろいろの「月待ち行事」が行われ、中秋には「月見」が行われた。月の形に応じて、上弦の月、下弦の月、十六夜《いざよい》の月、弓張り月、等の名が生まれた。しかし近代的オフィスや住宅では、秋冷の冴えた月も春宵《しゅんしょう》のおぼろ月も、生活の実感には結びつかなくなっている。上記の月の名前も、今はほとんどが死語となっている。

月と地球の関係は文化世界でも不変ではない。地域によって、また情勢によって、月との関係はさまざまに異なるはずだ。砂漠の月と密林の月とは、同じに見えることはあるまい。7戦火の絶えないパレスチナと遊牧の民が暮らす中央アジアとでは、月を見上げる心情が異なるだろう。一昨年、ベルリン高等研究所に滞在したとき、秋から冬にかけての住宅街の夜空の月があまりに美しいのに感嘆した。近くに森がひろがる静寂な住宅街には夜の空を遮るビルもネオンも無かったから、夜空がことさらに美しかったのだ。とはいえ、月見の散歩客にはついに出会わなかった。

8西洋では「月」は、文学や詩とはなっても「月見」の風習は生まなかった。そのことは、西洋に「桜」はあっても「花見」はない、ということと似ている。月見もまた、日本文化の現象として捉《とら》えてよいだろう。9その現象は都会ではほとんど消えた。月世界に地球環境が、そして地球の文化史が、映っているのだ。

（大橋良介「遠ざかる『月世界』」による）

《設問》

問一 傍線部1「人も虫も大差はない」とあるが、どういう点において大差がないのか。本文に即して具体的に説明せよ。

問二 傍線部2「現代技術」とは何を指しているか、問題文中から抜き出して答えよ。

問三 傍線部3「れ」と同じ用法の「れ」を含む文を、次のア〜エから選び、記号で答えよ。

ア お客様が、貴重品の入ったかばんを失われた。

イ おかしなことを言って、今日友人に笑われた。

ウ 届いた絵はがきを見ると、故郷がしのばれた。

エ 今年は修学旅行に校長先生も付いて行かれた。

問四 傍線部4「痛切な望郷の歌」とあるが、どういう点でそうなのか、説明せよ。

問五 傍線部5「触覚においてつながった月の『近さ』」とは、どういうことを言っているのか、答えよ。

問六 [6]に入れるのに適当な漢字一字を、自分で考えて答えよ。

問七 傍線部7「戦火の絶えないパレスチナと遊牧の民が暮らす中央アジアとでは、月を見上げる心情が異なるだろう」を、筆者はどういうことの一例として挙げているのか、簡潔にまとめて記せ。

問八 傍線部8「西洋では『月』は、文学や詩とはなっても『月見』の風習は生まれなかった。そのことは、西洋に『桜』はあっても『花見』はない、ということと似ている」とあるが、筆者はつまりどういうことを言おうとしているのか、次の文の[A]には十字以内の語句を、[B]には漢字四字の熟語を、それぞれ自分で考えて答えよ。

西洋でも日本でも[A]点は同じだが、「月見」「花見」といった[B]という形で日常生活に取り入れたという点に、日本文化の独自性がある。

問九 傍線部9「その現象は都会ではほとんど消えた」とあるが、日本でも月を見る風習がほとんど消えた実情を端的に述べている一文を問題文中から抜き出し、最初の五字で答えよ。

アドバイス

問一 芭蕉の句と筆者の行動を比較して答える。
問二 筆者は何によって月を見る余裕を与えられているのか。
問三 「持ち帰られた」の「れ」は、他から何かをされた、つまり受け身の助動詞。
問四 歌の内容は「異境の地で見た月が、故郷の三笠山の上に出た月を思い出させている」という意味。
問五 「触覚」は、アポロ計画で持ち帰った月の土や石。「近さ」は、不明な点が少なくなったこと。
問七 傍線7がある段落冒頭の二文をまとめる。
問八 A「月」と「桜」に注目。B「月見」「花見」など一年の間にきまって行われる行事ということに注目して四字の熟語を探す。
問九 第九段落に注目する。

漢字書き取り 9

(1) ありが**ムラ**がる。
(2) 罪を**オカ**す。
(3) ノートを書き**ウツ**す。
(4) 勝敗を**キソ**う。
(5) 使命を**オ**びる。
(6) 便りが**タ**える。
(7) 受付を**モウ**ける。
(8) 無法者を**オソ**れる。
(9) 毛糸で帽子を**ア**む。
(10) 百円で**タ**りる。
(11) 調子を**トトノ**える。
(12) 地獄の**セ**め苦。
(13) **フタエ**まぶた。
(14) 余分なものを**ハブ**く。
(15) **コマ**かい計画。
(16) 東京に**イタ**る。
(17) 母によく**ニ**ている。
(18) からだが**フル**える。
(19) 気温が**ノボ**る。
(20) 潮が**ミ**ちる。
(21) 大金を**ヒロ**う。
(22) 高い**クライ**につく。
(23) 木の**ミ**が落ちている。
(24) 友と**アラソ**う。
(25) 仕事を**マカ**せる。
(26) **ツノブエ**の響き。
(27) 家を**オサ**める。
(28) 気だての**ヤサ**しい人。
(29) 音楽を**カナ**でる。
(30) 単語を**オボ**える。
(31) 矢が**マト**を射抜く。
(32) 遭難者を**スク**う。
(33) 浮世の**サダ**め。
(34) 良薬口に**ニガ**し。
(35) 罪人を**サバ**く。
(36) かぜによく**キ**く薬。

第59日　説明文 ——ラ・サール高校

次の文章は、助詞について解説したものである。これを読んで後の問いに答えよ。

日本語の品詞の一つ。古来〈てにをは〉とよばれているものにあたる。〈雨が降る〉〈学校から帰る〉の〈が〉〈から〉などがそれである。この品詞に属する語は、文節の構成にあたって、つねに他の語の後に伴われ、文節の頭に立つことがない。この点で助動詞とともに、名詞、動詞、形容詞、副詞、接続詞などの自立語と区別して付属語とよばれるが、さらに付属語の中で活用の体系をもたないと認められる点で、助動詞と区別される。

助詞の役目は、名詞、動詞、形容詞などが、客観視される事態そのものを表すのに対して、それらの事態についての言語主体（話し手）の意味づけに関係する。そして接続、切れ続きなどの形態上の特色によって分類され、橋本進吉の分類では、つぎの十種類になる。

A　接続助詞　用言にのみついて接続する。

B　並立助詞　種々の語について接続する（桜ト梅、犬ヤねこ、京都カ大阪、兄ダノ姉ダノ、右にヤラ左にヤラ、打つナリけるナリ）。

C　準副体助詞（連体助詞）　種々の語について体言に続く（私ノ本、海からノ風）。

D　格助詞　体言にのみついて用言に続く。

E　係助詞　種々の語について用言に続く。

F　副助詞　それ自身では切れ続きが明らかでないが、(1)連用語の用法と体言の用法とをもつ（君ダケに話す、君ダケ話す、男マデが泣く、酒バカリのむ）。

G　準体助詞　体言の資格を与える（長いノがいい、君ノを見た、五つホドに切る）。

H　準副助詞　副詞の資格を与える（寝ナガラ読む、我ナガラおかしい、着たママ入る）。

GとHには助詞か形式名詞かの問題がある。

I　終助詞　一文を終止完結する。疑問、詠嘆、勧誘、禁止など、話し手の陳述様式を示す。

J　間投助詞　文節を切るが、必ずしも文を終止しない。

助詞は多く文節の構成にあずかるものであるが、文節成立の必要条件ではない。(2)ただ助詞のない文節にも、格助詞その他に相当する意味づけが行われている、と見ることができる。

歴史的には、古代から基本的には著しい変化はない。日本語としての特色は奈良時代にすでに自覚され、その後、漢文訓読の際のヲコト点の組織と相まって、これらの語を〈てには〉〈てにをは〉とよぶ習慣を生じ、和歌、連歌、俳諧《かい》の上で重視され、研究も比較的早く起こった。

《設問》

問一　次の①～⑤は、もと右の文章の一部だったが、どの助詞の用例に相当するか。助詞の種類を記号で記せ。

① (花ガ咲く、花ヲ見る、都ニ住む、都へ上る、都カラ下る)

② (それでネ、私がサ、これをデスネ、食べるサ)

③ (雨にハあわない、それでコソ男だ、雪よりモ白い、君ダッテわかる)

④ (行くカ、行くナア、行くヨ、帰りナ、帰るナ)

⑤ (見テ帰る、聞けバ話す、安いカラ買う、見るガ見えない)

問二　次の①～⑦も、もと上の文章の一部だったが、どの助詞の補足説明にあたるか。助詞の種類を記号で記せ。

① 前件が後件の事物への限定であることを示す。

② 事物の間の対照・並列・選択などを示す。

③ 作用の及ぶ範囲程度を限定して示す。

④ 前件が後件の成立条件・理由・不適合共存条件などであるような、叙述と叙述との間の関係を示し接続詞の役目をする。ある語形は自立して接続詞ともなる。

⑤ 一文の中でその文節が、種々のニュアンスで強調すべき問題点をもつことを示す。

⑥ 相手の注意の要求(文脈の誘導)、相手への態度などを表す。自立して感動詞となるものがある。また

続く文節につく場合と切れる文節につく場合とでイントネーションに差がある。書きことばには普通現れない。

⑦　前件の事物が後件の作用に対して主・目的・場所・道具等々であることを示す。

問三　傍線部⑴・⑵はそれぞれどういう意味か。本文中に用例がある場合はその用例をあげて、適当な用例がないと思う場合は新しい用例を作成して、具体的に説明せよ。

●アドバイス●

問一　助詞を「格助詞」「接続助詞」「副助詞」「終助詞」の四つに大別する場合は、C・Gは格助詞に、E・Hは副助詞に、Jは終助詞に含まれる。ここは十種類の分け方で答える。Jは「文節を切る」、しかし「必ずしも文を終止しない」に注目。文節を区切るときに用いる「ネ・サ・ヨ」がこれに当たる。

問二　説明文と（　）の中の用例を手がかりに。

問三　⑴「連用語」とは用言に続く言葉。つまり連用修飾語になる言葉ということ。「体言の用法」とは、体言と同じ働きをすること。

漢字書き取り 10

⑴ 判断をアヤマる。
⑵ ココロヨい朝だ。
⑶ 両親をヤシナう。
⑷ 赤くソめる。
⑸ キビしい寒さ。
⑹ 日がテりカガヤく。
⑺ クビスジがはれる。
⑻ ツチフまずをもむ。
⑼ キきズてならない話。
⑽ 車をツラねて旅行。
⑾ 年賀状をスる。
⑿ ワケのわからない人。
⒀ 母をセオう。
⒁ 恩にムクいる。
⒂ 安全をタシかめる。
⒃ ひもをムスぶ。
⒄ ナりアがり者。
⒅ 堤をキズく。
⒆ 学問をココロザす。
⒇ 左右をミクラべる。
(21) 家にイる。
(22) ナマアげを注文する。
(23) 実験をココロみる。
(24) クチベニをつける。
(25) 人生のタビジ。
(26) カオアわせをする。
(27) 古都をオトズれる。
(28) 学生をミチビく。
(29) ヒタイに玉の汗。
(30) 老人をウヤマう。
(31) オモナガの顔。
(32) 案をネる。
(33) 川が太平洋にソソぐ。
(34) 大金をツイやす。
(35) 仏前にソナえる。
(36) ヤドヤに着く。

第60日　論説文

——慶應義塾高

次の文章を読んで、後の問いに答えなさい。

日本語は大体において冗語性(注)が低いのであるが、文学においてことにその傾向は[a]顕著である。冗語性がすくなくなると、論理的にわかり切っていると考えられる部分から脱落して行く。まず主語が消える。また、はっきりしていれば目的語なども省略[ア]される。（イ）

日本人は動詞が現在形か過去形であるかという[①]ジセイについてはっきりした自覚をもたずに日々生活することが可能である。（ロ）

[X]「古池や蛙飛びこむ水の音」の「飛びこむ」は現在形なのか、進行形なのか、現在完了形なのか、ヨーロッパの言語に馴《な》れた人は疑問にするけれども、多くの日本人はそういうことを考えることがない。（Ⅰ）、ヨーロッパの人なら「古池」に冠詞がつかないと落ち着かない。「蛙《かわず》」は単数か複数かも問題になる。ところが日本人にとって、[A]蛙が一匹か複数かという疑問をいだくこと自体が救いがたい[Y]野暮の[②]コッチョウになる。受け手に対する高度の信頼がないと、こういう冗語性の低い言葉によって、きわめて短い詩を定立させることは困難であろう。（ハ）

冗語性の低い言葉ではどうしてもいわゆる論理が風化する傾向がある。論理をかりに線状のものと考えると、風化がすすむにつれて点のようなものになると想像[イ]される。[1]禅問答のようなものである。禅にはそれなりの論理があることは、このごろではヨーロッパやアメリカの知識人の間でも常識になりつつあるが、禅の論理は長い間の島国言語の歴史がある特定の社会の中で論理を風化させて残った点的論理である。また、文芸様式としては、こういう言語を切り詰め削り落として、これ以上冗語性をすくなくしたら詩はもちろん、言語表現にもならないところまで攻めて行ったのが俳句である。（ニ）

俳句には、アリストテレスの論理学ではとらえられない[B]風化したロジックがある。ヨーロッパ人が近年それにたいへん③キョウミをもち出したというわけである。知的な問題としてこれがおもしろいのは当然である。それを何か古くさくて不完全なもののように考えてきたわれわれ日本人の方がむしろおかしいのである。彼らは東洋のb発想に関心をいだき、われわれは逆に東洋のものより西洋のものの方が優れているにきまっていると考えて向こうのものに㋒惹《ひ》かれる。（ホ）

日本語の論理は線状のものを表現するのにとくべつ適していないのではなく、馴れていないのである。④カッテがちがうからうまく行かないことがあるかもしれない。しかし、省略的、飛躍的な点の論理には⑤ヒルイなき力を⑥ハッキできる。碁をうつとき、初心者は石をべた並べないと何となく㋓切られるような気がして安心できない。ざる碁は駄目な石をうつのである。（Ⅱ）、上手になると、かなめのところへ一石を投じて、そのあたりの地を2活《い》かしたり殺したりすることができる。こういう上手の⑦フセキのようなものが日本語の論理だと思えばよいかもしれない。

（Ⅲ）、日本語が論理的でないというのは、まったく見当違いの考え方であって、日本語の特質を考えないで、外国の物差しによって日本語を⑧サイダンしたためにおこった痛ましい誤解である。Ⓐそういう誤解を何と百年もの間もちつづけて来たのはなぜか、という点は大いに反省されなくてはならない。たとえば、ヨーロッパの言語ではあいまいということに対してつよい抵抗があり、二十世紀になるまで、Cそういうことに目がひらかれてしかるべき文芸においてすら、あいまいな表現の積極的機能に気づく人がなかったほどである。それに引きかえ、冗語性のすくない島国言語の社会では、あいまいはもっとも重要な言語の美学の⑨ゲンセンであり、早くからそれへ人々の眼が開かれているのである。（ヘ）

喩《たと》えで言うと、ヨーロッパの言語は煉瓦《れんが》のようなもので、しっかりした形と堅さをもっている。積み重ねると仰ぎ見るような大建築を造ることができるような、そういう構造を⑩ソナえている。それに対して日本語は豆腐のようなものである。豆腐を煉瓦のように積み重ねればかならず崩れる。おいしい絹ごしなら、二、三（Z）重ねてもう崩れてしまう。われわれは豆腐のような言語を発達させてきたが、ヨーロッパには煉瓦造りの建築がある、われわれもああした建築を造ってみようというので、いろいろ豆腐の建築みたいなことを試みた。しかし、どうもうまく行かない。そこでやけをおこしたのではないが、日本語は論理的ではないのだと当りちらすようになったのではあるまいか。豆腐は豆腐らしく使う必要があるはずである。

注　むだで余計な言葉を費やす性質や傾向

《設問》

問一　傍線部①～⑩のカタカナを漢字で書きなさい。
問二　二重傍線部1・2の読みをひらがなで書きなさい。
問三　二重傍線部a・bに最も近い構造をしている熟語を、次の中から選んで記号で答えなさい。
ア　地震　イ　既知
ウ　伝言　エ　起伏
オ　試験
問四　傍線部Xの作者の代表的な紀行文を何といいますか。
問五　傍線部Yの反対語をひらがなで答えなさい。
問六　（Z）に入る適切な語を漢字一字で答えなさい。
問七　点線部㋐～㋓の「れる」には、一つだけ意味・用法の異なるものがありますが、それはどれですか。記号で答えなさい。
問八　（Ⅰ）～（Ⅲ）に入る最も適当な語を、次の中から選んで記号で答えなさい。
ア　そして　イ　しかし
ウ　また　エ　したがって
オ　つまり

問九　本文は次の文が抜けています。（イ）～（ヘ）の、どの位置に入れたらよいですか。記号で答えなさい。
そこに奇妙なすれ違いが起こる。
問一〇　網掛けAはなぜそうなるのですか。次の中から最もふさわしいものを、一つ選んで記号で答えなさい。
ア　蛙が一匹か複数かは問題でないから。
イ　蛙が一匹か複数かは自明のことだから。
ウ　日本語は冗語性の低い言語だから。
エ　日本語は線状のものを表現するのに馴れていないから。
オ　日本語ではあいまいということに対して抵抗があるから。
問一一　傍線部Bと同じ意味を表している語句を、この段落以降の本文から抜き出して十二字以内で答えなさい。
問一二　傍線部Cは何を指していますか。本文中から抜き出して答えなさい。
問一三　波線部Ⓐの理由を三十字以内で述べなさい。

●アドバイス●

問七 助動詞「れる」の添える意味「可能・受身・自発・尊敬」のうちのどれであるかを確かめる。

問八 Ⅰ空欄の前後でヨーロッパ人と日本人を対比する具体例が挙げられている。Ⅱ「ざる碁」(下手な囲碁)と「上手」(うまい囲碁) は対照的な内容である。Ⅲ前の段落との関係をよく考える。

問九 直前に「すれ違い」を引き起こす原因が述べられているのは三例のうちどれか。

問一〇 芭蕉の俳句は、日本語の冗語性の低さの例。第一段落の「冗語性がすくなくなると、論理的にわかり切っていると考えられる部分から脱落して行く」と「一匹か複数かという……野暮のコッチョウ」の両文をよく考えてみる。

問一一 「ロジック」は「論理」のこと。俳句と禅は日本語の「点的論理」の具体例である。日本語の論理性について述べた次の段落に注目し、指定字数で答える。

問一二 直前の内容に注目する。

問一三 「喩えで」説明した直後の段落をよく読む。

漢字書き取り 11

(1) 白と黒を**マ**ぜる。
(2) 台風が**アバ**れまくる。
(3) 一家を**ササ**える。
(4) 山で薬草を**ト**る。
(5) 夕日に**ハ**える景色。
(6) **ホガ**らかな少年。
(7) **マナコ**をとじる。
(8) 用件を**ウケタマワ**る。
(9) 人類の和を**トナ**える。
(10) 港に**ノゾ**む丘。
(11) **ツヨゴシ**に出る。
(12) 不足を**オギナ**う。
(13) 生徒を**ヒキ**いる。
(14) **ヘダ**てのない態度。
(15) かこを**カエリ**みる。
(16) 豚が**コ**えている。
(17) 歳月を**ヘ**る。
(18) 書物を**アラワ**す。
(19) はたけを**タガヤ**す。
(20) 王はその国を**ス**べる。
(21) 多くの役職を**カ**ねる。
(22) 地震に**ヨ**る被害。
(23) 道に**マヨ**う。
(24) 弟を**ハゲ**ます。
(25) 理解し**ガタ**い。
(26) 新聞紙で**ツツ**む。
(27) 時勢に**サカ**らう。
(28) のどが**カワ**いた。
(29) 風習に**ナ**れる。
(30) 表情が**ヤワ**らぐ。
(31) 人口が**ヘ**る。
(32) 授業料を**オサ**める。
(33) 胃腸を**ヤ**む。
(34) **マズ**しい階級。
(35) 秋の夜は**ヒ**える。
(36) 川の水が**マ**す。

新版　プランアップ国語長文問題60日完成

2002年10月20日　初版発行
2015年10月10日　５版発行

著　者　等　々　力　　肇
発行者　竹　下　晴　信
印刷所　㈱ 平 河 工 業 社
製本所　有限会社 友 晃 社 製 本

発行所　株式会社　評　論　社
（〒162-0815）東京都新宿区筑土八幡町２-21
電話 営業(03)3260-9409　FAX(03)3260-9408
編集(03)3260-9403　振替 00180-1-7294
ISBN978-4-566-03583-6 落丁・乱丁本は本社にておとりかえいたします。

高校受験

国語長文問題60日完成

新版

解答編

評論社

1

問一　㋐そ(え)　㋑預　㋒夢中　㋓きげん　㋔きんちょう

問二　例　良太が一度も手紙を寄越さないので、みつ子は見捨てられたような気持ちになり、思いきって手紙を書こうという気になったのかもしれない(63字)

問三　小さな不満

問四　例　聡の母親がみつ子の手紙にいろいろ注意したり意見を言って自分の思うとおりに書かせようとする(こと)

問五　例　(みつ子の気持ちもわかるが、)みつ子の世話を喜んでしている母親の気持ちを思うと、おせっかいはやめればとは言いづらい(という思い)

問六　うかがう

2

問一　㋐こうがい　㋑つぶ　㋒いきお　㋓あんい

問二　例　すっかり(すべて)

問三　例　望郷の念にかられ久しぶりに故郷を訪ねてみたものの、むかしの面影は残っていなかった。

問四　記憶の入口

問五　気づきます

問六　ウ

問七　例　過ぎ去る(移りゆく)

問八　例　絶えず変わりつづけながら、すこしも変わらないものが、川面のかがやきの中にはある。流れ去ると同時にみずから映すものを残している、その一瞬のような映像のうちに時の持つ意味がある、と筆者は述べている。(97字)

3

問一　①さ　②ひんど　③たぎ　④きせき

問二　ア

問三　例　地球の自転は経験的事実ではないので、「日が西に傾く」の方が正確な表現と言える。(39字)

問四　(はじめ)対象を的確(終わり)切り替える

問五　㋐　例　相手や状況に応じて何が正確であるか(17字)

㋑　例　一文一文のつながりを明らかにする(16字)

4

問一　(1)aすぐ(れた)　bさんいつ　(2)イ

問二　自然の秩序

問三　(1)④　(2)(前段)例　資料

収集の目的（後段）資料の価値

問四　A例　価値の定まった（資料）B例　価値の定まっていない（資料）

問五　例　それぞれの地域で育まれた固有の文化や固有の歴史を掘り起こすこと。（32字）

問六　例　民具が使われていた当時の人々の暮らしぶり。

5

問一　あ　じごく　い　たの　う　笑

問二　一匹の青虫

問三　例　人間はみんな虫にうまれるはずであるということ。

問四　例　食べものはみんないのちであり、そのことに気づく人こそ、気持ちのやさしい、感情のこまやかな人であるという考え。

問五　例　この作品を読み、人のいのちは他の生物のいのちに支えられていることを知った。今後はこのことを忘れずに生活しようと誓った。（59字）

6

1

問一　①おだ(やか)　②こうよう　③しこ(み)

問二　エ

問三　例　夜桜見物の気分を表現した歌であるという解釈から、恋する女性の気持ちが表現された歌であるという解釈へ変わった。

問四　ウ　問五　ウ

2

問一　C　問二　イ

問三　Aエ　Cア

7

問一　集中的

問二　短時間おきに集中対象を交互に切り換えている（21字）

問三　脳のリズムに乗せて勉強をすること（16字）

問四　(5)　問五　ア

8

1

問一　ア

問二　例　つり針をのみこんで、死にそうにしている一匹の鯉。

問三　エ

2

問一　①むこうる　②こうしょう

問二　エ

問三　股引の～すうる

問四　予

問五　a旅　b古人　cア

9

問一 ③届(けて) ④てま ⑦だんぱん

問二 いまから思

問三 例 私は友人と観劇に行く約束をしておきながら、うっかり忘れてしまった。

問四 Aオ Bア

問五 ウ

問六 例 (喜助さんは)スミさんが死んだこと(を知っていたと思われる。)

10

問一 A平和 Bせいおん Cと D確

問二 ア

問三 胸のときめきを感じる(10字)

問四 海草が岩礁に砕けるときに発散される揮発性物質が複合されて(発する。)

問五 例 海にまつわる幼児体験は、人によってさまざまであるから。

問六 エ

問七 例 祝

11

問一 側面 難(しい) 関心 予想

問二 イ 問三 エ

問四 世界中が同一原理に支配されている(から。)

問五 蒸留水のようにすっきりしたもの(15字)

問六 ウ・オ 問七 ウ

12

問一 ㋑いっしょ ㋒(お)いく(つ)

問二 例 階段を上るとき、肩を貸して腰を支えること

問三 (2) 問四 (1)

問五 (4) 問六 (1)(と)(6)

13

問一 ア しげ(らせた) イ けんまく ウ (お)じぎ エ すんぽう

問二 オ

問三 うんざり(です)・いらいら(します)

問四 例 女の子二人の、老女の剣幕にたえてはいるけれど硬直している様子(30字)

問五 ウ

問六 例 思いがけず

問七 C

問八 イ(と)ウ

問九 エ

14

問一　燃やす　領域
問二　自分探しの旅
問三　今の自分が打ち込めること
問四　1
問五　三
問六　A 2　B 5　C 3

15

問一　①ぶんぷ　②こし　③かしこ　④めば　⑤きょうきゅう　⑥たも　⑦けつじつ
問二　③
問三　Aエ　Bウ
問四　[3]
問五　植物に触れたとたんに、バラバラと種子が地上に落ちてしまう（28字）　穂についている種子が、落ちる前に穂についたまま発芽を始める（29字）
問六　たくさんの
問七　例　種子の発芽する能力を長く保つこと（16字）

16

問一　①あつか　③さっかく　④うらはら
問二　思わず
問三　例　語りかけてくる（7字）
問四　ピアノを弾
問五　鳥はだ立ってくる（8字）　こぶしが震えていた（9字）
問六　イ

17

問一　こご（えた）　危険
問二　ア
問三　ウ
問四　たたずまい
問五　春の訪れ
問六　エ　問七　イ

18

問一　ⓐ営（み）　ⓒ警告　ⓔ機能　ⓕ深刻
問二　イ
問三　十一（画目）
問四　例　子供たちが、パソコンに夢中になり、人間との対話がなくなる点。（30字）
問五　他人と～生きる
問六　Aエ　Cオ
問七　ア
問八　対話
問九　例　話す相手を心の中にしっかりとおさめ、相手が自分の中に伝わり、自分が相手の中に伝わるように話すこと。（49字）

19

問一　[1]　問一　こしらえ

問二　イ

問三　例　小坊主が半弓を折ってしまったということ。

問四　例　武家に仕えるものが弓を手に取ってみたのは、感心なことと言えるから。

例　肝心なときに折れてしまったら、日ごろ励んできたかいがないから。

2

問一　ウ　問二　まいる

問三　ア　問四　ア

問五　ウ

20

問一　1したく　2いっしょ　3ゆず(って)

問二　ウ

問三　手にアカマツを釣った時の感触がよみがえるようだった。(26字)

問四　エ

問五　例　何十四も魚を釣ったのは、釣りをするために生まれてきた、と感じたあとだからです。(40字)

21

問一　㋐ のうり　㋑ せま　㋒ よい

問二　簡単に　問三　エ

問四　例　現在形が使われている。

22

問一　記号—ア　品詞名—形容詞

問二　ウ　問三　エ

問四　情報の価値は利用者が決める(13字)

問五　例　必要度が低い情報は価値評価が低くなる（から。）(18字)

問六　3（段落から）

問七　6（段落まで）

問八　イ

23

問一　ウ

問二　例　教室の黒板に自分の文字を書き残して帰ること。

問三　例　季語自体には季節感がなく、あくまでも題であるから。

問四　例　死んだ言葉にすぎない季語を、俳句の作品の中で生き返らせる表現の過程。(34字)

問五　エ

問六　例　日常の平凡な場面から受けた小さな感動を、俳句として自己表現するきっかけとなる働き。

24

問一　エ

問二 例 しかし(3字)(だが〈2字〉・けれども〈4字〉)
問三 ア
問四 エ
問五 ウ
問六 例 明るい希望(5字)(明るい展望〈5字〉・明るさ〈3字〉・明るい光〈4字〉・希望の光〈4字〉)

25

問一 ア　問二 4
問三 往復　問四 判(定)
問五 思いおこさせる
問六 ウ
問七 うず
問八 絶えず〜らない
問九 一度鳴〜びえた
問一〇 エ
問一一 (一) あ掃除 い喜び
(二) イ (三) ウ (四) イ

26

問一 イ　問二 ウ
問三 例 息苦しい雰囲気を和らげることや、共感を確かめ合うことができるというよさ。(36字)
問四 ア
問五 (一) エ
(二) 自分とは異なるさまざまの考え方、感じ方がある(22字)
問六 例 言葉の問題に関心を持ち、読書の大切さを指摘した中学生の文章を読み力強く感じた。(39字)

27

問一 ③
問二 孝次は堪らない気恥ずかしさに襲われた。(19字)
問三 ウ
問四 (一) ⓐ孝次 ⓑ兵太郎
(二) 例 幾子は、孝次が落としたみかんの方へは、孝次が受け止めようとしてみかんの転がる方へ走るが、兵太郎が落としたみかんには、関心を示さなかった。
問五 例 幾子が孝次の落とすみかんの方にばかり関心を示すので、美しいたのしいものを独占しているような気がして、兵太郎に気兼ねする気持ちがわいて来たから。
問六 エ
問七 Ⓐ慣 Ⓑいっしょ Ⓒう

28

問一 うかんむり
問二 ア
問三 例 蚊やブヨの大群に襲われること。(16字)
問四 オ

問五　五感のすべて
問六　イ
問七　演奏者
問八　例　森のすべての生命がそれぞれの役割をにないながら、ともに一つの大きな生命体として生きているようす。(48字)

29

問一　イ　問二　ウ
問三　ア　問四　ア
問五　例　中学三年生ともなると、生徒会活動やクラブ活動でも重要な役目が回ってくる。高校受験のための勉強もあって時間が足りない。

しかし、時間が足りないと愚痴をこぼしていても問題は解決しない。そこで、私は時間の能率的な使い方について考えた末、一日の行動のスケジュール表を作って、時間を守った生活をすることにした。ささやかな実践だが、毎日の生活にけじめをつけて、限られた時間を有効に利用していくつもりである。(196字)

30

1

問一　あわれなり
問二　イ
問三　三つ
問四　いま秋風吹かむをりぞ来んとする。まてよ。
問五　イ

2

問一　ウ
問二　(1)こうこう
(2)いかにかく〜給ひなむや
問三　魚のあはせ
問四　イ

31

問一　3　問二　2
問三　4　問四　3
問五　1　問六　4
問七　2

32

問一　aつか　cと　dりふじん
問二　2
問三　父の顔
問四　3
問五　4
問六　例　どちらにしても結局母は父に怒られたと思われるから(24字)
問七　3
問八　例　うろたえて父が怒った時にもその本心を見抜いて許した心の広い母に感心させられる思い(40字)

33

問一 (a) 公益的機能
(b) レクリエーション機能
問二 ウ　問三 ア
問四 イ
問五 例 最近、環境問題や自然破壊がやかましく議論されており、地球に優しいことを売り物にするコマーシャルもよく見かける。
　自然の保護、破壊された自然の回復も叫ばれているし、大切なことだが、人間が自然を保護してやるということではなく、人間も自然の一部だという古い日本人の考えに立ちもどって、自然との共栄を目指すべきである。
　私は世界中の人々と協力して具体的に何をしていくかを考え、実践していきたいと思う。(194字)

34

問一 (1) 例 少しうれしかった。
(2) 例 自分が飼っているおおるりの啼き声が、入院患者たちのなによりの楽しみになっているという話を聞いたから。
問二 例 おおるりの声を、もっと艶のある高いものにするため。
問三 例 美しいおおるりを入院中の夫にも見せてやれるという期待を持ったが、来春にならないと捕ってこられないと知り、夫の命がそれまでもたないと思い、がっかりした。
問四 (1) 例 女の人を病人に付き添う妻ではなく、病院の付添婦だと思い込んでいたから。
(2) 例 女の人の話の内容や質素な外見から、仕事で病人の世話をしている付添婦と誤解したから。
問五 例 おおるりの声を聞いて楽しんでいた病人がすでに亡くなり、病人の妻が最後のあいさつとしての礼を述べに来たのだと改めて気づいたから。
問六 ウ

35

問一 イ　問二 エ
問三 例 消えたもの……純粋さ(無垢・単純など) 例 加わったもの……経験(知識など)
問四 幼児の目
問五 土佐日記
問六 ア　問七 ア
問八 ウ　問九 イ
問一〇 例 幼児のとらわれない無垢な目はうらやましいが、そ

の幼児の目は暗黙の脅威に転じる瞬間があるから。（46字）

36

問一　A除去　B遺跡　C征服　D対照　E荒廃

問二　例　植物が繁茂すると、建物の崩壊が加速されたり、湿気がいつももたらされたりする点。

問三　植物をビルの屋上に繁茂させることで、外部の熱を遮断し冷房の効率がぐっとよくなること。

問四　オ

問五　ウ

問六　例　崩壊を加速させる自然と対立し自然に抵抗し、もとの形のままを保とうとする（建築）。

問七　エ

37

問一　ウ　問二　エ

問三　①あやしき下　②あやまちは

問四　ア　問五　ア

38

問一　例　父は母といっしょに夜逃げ同然で上京して十五年目、思いもかけず「お屋敷」に住める身分になったことがうれしくてたまらず、苦労を共にした妻と一緒に撮りたかったから。

問二　折角家計に〜やであった

問三　Aオ　Bウ

問四　例　難しい聖書を、苦労しながら読んでいる。

問五　ウ

問六　C　例　必ず損をする人がいるはず（12字）

D　例　不当に儲けた金で聖書を買え（13字）

問七　ア

問八　（私の）予期していた通り（8字）

問九　㈠　例　思いもかけなかったほどの私の言葉にあきれ果てている様子。

㈡　例　即座に答えられず、言葉につまっている様子。

問一〇　勝利

問一一　例　子供の論理は単純だが明白で純粋な正論であるが、大人の論理は現実的だが不純で清らかなものではない。

問一二　エ

39

問一　a誇　b断　c依　d抑　e索

問二　ア

問三　Aイ　Bイ　Cア
問四　たか
問五　例　一個の人格を持つ存在へと歩み始めている人間（21字）
問六　子どもであることのリアリティ（14字）
問七　イ・エ・カ

40

問一　(ア)一興　(イ)実地　(ウ)予告　(エ)織　(オ)圧縮
問二　第二段
問三　野心
問四　ロ
問五　作品はつねに断念され損なわれた作者の意図
問六　作品
問七　(a)作品を豊かに育てていく読書法。（15字）　(b)書物の園芸術

41

問一　c庶民　d命題　e悠久　f示唆
問二　a栄誉　b絶望　g非凡
問三　①共感　⑥不毛
問四　②　父と子という人間の動かしがたい宿命（17字）
　③　無価値なものと見える物（11字）
問五　ウ
問六　飢えて死んだ兵士のように
問七　自分の死後も、私を忘れないでほしい。ただ悲しんでいるばかりでなく、父の死を乗り越え、人間の悠久の歴史に目を開き、価値あるものを見つめ、力強く生きていってほしい。（80字）

42

問一　例　父の死を知らせて葬儀への参列を頼むため。（20字）
問二　ア
問三　ⓐ　例　長年使い古した道具類だが把手が金色に近くなるほど、一生懸命に仕事をしてきた人物。（40字）
　ⓑ　例　自分が文字を書けるように、ずいぶん長いこと文字の練習に励んだ人物。（33字）
問四　オ
問五　例　ロバートを彼の父の跡取りと考え、一人前の大人の仕事仲間、一家の主人として、対等に扱おうとしている。（49字）
問六　イ　　問七　カ

43

問一　Aカ　Bエ　Cア　Dイ

問二　女子大国文科の新入生（10字）
問三　絵画
問四　才能が無い（5字）
問五　なんのために役に立つのかわからない（17字）
問六　Ⅰ　知らない
　Ⅱ　知っている
問七　a　ア　b　エ
問八　①挙　②派手　③強烈　④流行　⑤誘　⑥怠　⑦注釈　⑧次第　⑨惜　⑩全

44

問一　①泊　②固　③通
問二　ア
問三　カ
問四　A　例　自分の町の生活文化やくらし感覚を客観的に見て歩くこと。
B　例　一人で生きるのは心細いという、人恋しい気持ちが強くなって、先行きが不透明な志のある生き方のできない時代。
問五　(a)　例　（Xは）集団でにぎやかに出かける、ごく短い一泊程度の旅である。（Yは）一カ所に一カ月程度も滞在して孤独を静かに楽しむ、旅である。
(b)　例　日常を忘れて頭をからっぽにする点。
問六　例　生活の日常性と旅の非日常性が分かちがたく共存している旅。
問七　例　奥の細道
問八　カ

45

問一　4　問二　2
問三　2　問四　2
問五　3　問六　3
問七　3　問八　3
問九　3・5

46

問一　a 抑揚　b 巧　c 勧　d 誘拐　e 疑惑
問二　A　ア　B　イ
問三　宣教師は何
問四　ア　問五　エ
問六　ウ
問七　例　少女が、十二月二十五日をクリスマスと答えず、自分の誕生日だと、思いがけない、無邪気な答えをしたから。（50字）
問八　罪のない問答の前に娑婆苦を忘却した（から）（17字）
問九　イ

47

問一　①終日　②かんじょう　③習性　④きょくほく　⑤従順

問二　小梨の花（4字）

問三　例　絶え間なくさえずる小鳥たちを、時にはうるさく感じながらも、悪童扱いにして、ほほえましく見守っている。（50字）

問四　(1)　人間

(2)　確かに自分らと同じ生きものらしいが、ただ黙りこくって鳴かない（30字）

問五　例　ささやかな家々で、茂った樹木の間に散らばっている様子。（27字）

問六　例　他の人より早く避暑地にやってきた人たち。（20字）

問七　イ

問八　エ

48

問一　①端的　②要請　③射程　④規範　⑤隔離

問二　例　ひとつの精神のもとに統一性を保つ共同体の精神を心身両面において理解し、個人が属すべき共同体の一員としての資格を得ること。（60字）

問三　D

問四　E

問五　通過儀礼（4字）

問六　自分が大人になったという自覚

問七　A

問八　B

49

問一　イ　問二　清少納言

問三　エ　問四　ア

問五　オ　問六　物は破れた

問七　(ア)訪　(イ)伸　(ウ)設　(エ)推定　(オ)果　(カ)貴重　(キ)極上

問八　(a)ふきゅう　(b)はいけい　(c)こせき　(d)すで　(e)めいがらひん　(f)のぞ

50

問一　Aオ　Bカ　Cウ　Dイ　Eエ

問二　Ⅰ　ア　Ⅱ　一夜の木枯らしで葉が散りつくして、ざくろの実が空に見えるようになっていたから。（39字）

問三　エ　問四　aイ　bア

問五　3　問六　エ

問七　イ　問八　イ・カ

51

問一　1はたもと　2ばくしん　3ごけにん

問二　Ⅰホ　Ⅱハ　Ⅲイ　Ⅳへ

問三　ロ　問四　ハ

問五　彼に書かせた（6字）

問六　cくちびる　dくくって　eいまだに　fかみそり

問七　例　漱石の文体に直結する

言文一致体である。（19字）
問八 例 長吉が、小吉の凧を奪いとって破り（16字）
問九 他人
問一〇 さらに
問一一 江戸

52

問一 人種主義・コスモポリタニズム
問二 外国人・移住者・異邦人（3字）
問三 自己憎悪
問四 ウ
問五 異邦人に敵意を向ける側（11字）
問六 教会

53

1
問一 ①エ ⑥カ
問二 直衣を身にまとう（人）。
問三 ③エ ⑧ウ
問四 例 博雅三位が笛の音の主は誰かと不思議に思った。
問五 ⑤おなじさまなる人 ⑦笛
問六 イ

2
問一 過ぎし昼、〜をむくいん
問二 例 盗人が若者達から害されるのを避けるため。（20字）
問三 例 盗みを許され、命まで助けてもらった恩を返すため。（24字）
問四 ウ 問五 ウ

54

問一 学究以 問二 ウ
問三 オ 問四 仲間と
問五 歳の癖 問六 ウ
問七 鵜 問八 それに
問九 オ

55

問一 a繰 b用途 f飽 g一目散
問二 cかたまり dほねみ eといき
問三 1ウ 2エ 3カ 4イ
問四 イ
問五 エ
問六 ア
問七 本の題名や筆者名（8字）
問八 蓮の葉に落
問九 エ

56

問一 (a)汚染 (b)対象 (c)提起 (d)想定
問二 イ
問三 Aエ Bア
問四 物理的に測定
問五 しかも、そ

問六　C　感覚的な環世界(7字)
D　客観的環境（5字）
問七　ウ
問八　例　カモメを害鳥とする人もいること（15字）

57

問一　ア
問二　例　自分が進むべき道を自覚し、そのために努力して成果を上げた人。(30字)
問三　イ
問四　エ
問五　ウ
問六　例　鮎太は信子を他の人以上に慕っていたのに、信子は妹を結婚相手に勧めてきた。それで、自分が一方的に信子に恋していたことがわかり、こっけいに思えたから。(74字)

58

問一　例　静かな月夜だが、虫はひそかに栗に穴を開け、筆者は愛車のペダルをこいで家路を急いでいる。そのようにそれぞれが活動しているという点。
問二　電動式自転車
問三　イ
問四　例　異境の地でながめる月が、遠い故郷の三笠の山の月をありありと思い出させている点。
問五　例　月の土や石に実際に触れて月の世界の誕生と進化が解明できるほど、月のことがわかるようになったこと。
問六　暦
問七　例　月と地球の関係が地域や情勢によって異なること。
問八　A例　月や桜が存在している(10字)　B例　年中行事

59

問一　①D　②J　③E　④I　⑤A
問二　①C　②B　③F　④A　⑤E　⑥J　⑦D
問三　(1)　例　副助詞がついて「男マデも泣かす」のように(格助詞に続く）体言の役割をする場合と、「男マデ泣かす」のように用言を修飾する場合がある。
(2)　例　「あなた行く?」のように（どの文節にも）助詞がない文も、「あなたハ行くカ」というように話し手の意味づけを持っている。

問九　しかし近代

60

問一　①時制　②骨頂　③興味　④勝手　⑤比類　⑥発揮

⑦布石　⑧裁断　⑨源泉（原泉）
⑩備

問二　1もんどう　2じ

問三　aオ　bウ

問四　例　奥の細道

問五　いき

問六　丁

問七　㋑

問八　Ⅰウ　Ⅱイ　Ⅲエ

問九　ホ

問一〇　イ

問一一　省略的、飛躍的な点の論理（12字）

問一二　あいまいということ

問一三　例　日本語の特質を考えず表現の積極的機能に気づかなかったから。（29字）

漢字書き取り 1

(1)観察 (2)容易 (3)原因 (4)放任 (5)破壊
(6)副業 (7)誤解 (8)清潔 (9)均整 (10)裁判
(11)供養 (12)欲望 (13)服従 (14)起床 (15)申告
(16)所帯 (17)非難 (18)率直 (19)説得 (20)態度
(21)推測 (22)尊敬 (23)勧告 (24)引用 (25)組織
(26)記憶 (27)皮肉 (28)期待 (29)均等 (30)提案
(31)漁師 (32)暗黙 (33)規模 (34)任期 (35)順延
(36)極意

漢字書き取り 2

(1)努力 (2)奮起 (3)競走 (4)歓迎 (5)警戒
(6)会釈 (7)発揮 (8)経験 (9)専攻 (10)温厚
(11)興味 (12)準備 (13)辞退 (14)旺盛 (15)圧倒
(16)卓抜 (17)老練 (18)愛護 (19)精巧 (20)未熟
(21)妥協 (22)無益 (23)適応 (24)仲裁 (25)燃料
(26)疑念 (27)異存 (28)自叙 (29)更新 (30)的確
(31)企画 (32)故意 (33)便利 (34)鋭利 (35)認識
(36)観測

漢字書き取り 3

(1)慰安 (2)配置 (3)負担 (4)抱負 (5)酷使
(6)意識 (7)刺激 (8)純真 (9)洗練 (10)貴重
(11)至急 (12)典型 (13)氷点 (14)構想 (15)近似
(16)純粋 (17)危険 (18)賛成 (19)認証 (20)磁石
(21)管理 (22)内申 (23)引率 (24)規定 (25)縁起
(26)圧縮 (27)富豪 (28)権利 (29)相違 (30)休息
(31)指揮 (32)至近 (33)機知 (34)極端 (35)克服
(36)思案

漢字書き取り 4

(1)最期 (2)招待 (3)侵害 (4)暗記 (5)衛星
(6)比較 (7)補充 (8)始終 (9)調節 (10)最愛
(11)往復 (12)風致 (13)応接 (14)応答 (15)永遠
(16)採択 (17)綿密 (18)迷信 (19)奮闘 (20)協議

(21)維持 (22)複雑 (23)追憶 (24)細心 (25)刑罰
(26)色彩 (27)品評 (28)横領 (29)切望 (30)看護
(31)展示 (32)委任 (33)師範 (34)拡張 (35)失笑
(36)検討

漢字書き取り 5

(1)覚悟 (2)自覚 (3)明朗 (4)穀物 (5)待機
(6)旧宅 (7)呼吸 (8)納税 (9)来歴 (10)貯蔵
(11)印象 (12)有象 (13)寒暑 (14)雷鳴 (15)基礎
(16)違反 (17)類例 (18)寄港 (19)積極 (20)収集
(21)州 (22)童心 (23)断面 (24)資源 (25)支配
(26)視察 (27)検挙 (28)達筆 (29)快気 (30)受理
(31)警備 (32)異色 (33)等量 (34)必然 (35)防除
(36)視界

漢字書き取り 6

(1)夫婦 (2)蔵書 (3)放射 (4)奉仕 (5)味覚
(6)混雑 (7)具体 (8)公正 (9)制作 (10)形勢

---

(11)交互 (12)批評 (13)反響 (14)知恵 (15)温暖
(16)手段 (17)兼任 (18)史跡 (19)弁護士 (20)対
(21)測定 (22)首尾 (23)胃腸 (24)遺愛 (25)安易
(26)林立 (27)山積 (28)婚約 (29)積年 (30)折半
(31)採掘 (32)穏便 (33)重宝 (34)栄枯 (35)優越感
(36)類似

漢字書き取り 7

(1)功績 (2)挙動 (3)宮内 (4)名代 (5)参内
(6)浄化 (7)示談 (8)徒労 (9)究明 (10)功徳
(11)糾明 (12)丁重 (13)体裁 (14)雑木 (15)境内
(16)忍耐 (17)名誉 (18)出納 (19)俗名 (20)穏健
(21)普及 (22)特徴 (23)融通 (24)享受 (25)自尊心
(26)閑静 (27)微笑 (28)簡単 (29)習慣 (30)専門
(31)温暖 (32)展開 (33)効果 (34)約束 (35)反映
(36)困難

漢字書き取り 8

(1) 著 (2) 映 (3) 勤 (4) 務 (5) 努 (6) 心得
(7) 営 (8) 除 (9) 欠 (10) 構 (11) 述 (12) 備 (13) 険
(14) 速 (15) 飯 (16) 配 (17) 断 (18) 預 (19) 扱
(20) 表向 (21) 織 (22) 授 (23) 慣 (24) 疑 (25) 負
(26) 招 (27) 係 (28) 採 (29) 柔 (30) 下 (31) 固
(32) 孫 (33) 仕 (34) 交 (35) 器 (36) 衣

漢字書き取り 9

(1) 群 (2) 犯 (3) 写 (4) 競 (5) 帯 (6) 絶
(7) 設 (8) 恐 (9) 編 (10) 足 (11) 整 (12) 責
(13) 二重 (14) 省 (15) 細 (16) 至 (17) 似 (18) 震
(19) 上 (20) 満 (21) 拾 (22) 位 (23) 実 (24) 争 (25) 任
(26) 角笛 (27) 治 (28) 優 (29) 奏 (30) 覚 (31) 的
(32) 救 (33) 定 (34) 苦 (35) 裁 (36) 効

漢字書き取り 10

(1) 誤 (2) 快 (3) 養 (4) 染 (5) 厳 (6) 照・輝
(7) 首筋 (8) 土踏 (9) 聞・捨 (10) 連 (11) 刷
(12) 訳 (13) 背負 (14) 報 (15) 確 (16) 結 (17) 成・上
(18) 築 (19) 志 (20) 見比 (21) 居 (22) 生揚 (23) 試
(24) 口紅 (25) 旅路 (26) 顔合 (27) 訪 (28) 導 (29) 額
(30) 敬 (31) 面長 (32) 練 (33) 注 (34) 費 (35) 供
(36) 宿屋

漢字書き取り 11

(1) 混 (2) 暴 (3) 支 (4) 採 (5) 映 (6) 朗 (7) 眼
(8) 承 (9) 唱 (10) 臨 (11) 強腰 (12) 補 (13) 率
(14) 隔 (15) 顧 (16) 肥 (17) 経 (18) 著 (19) 耕 (20) 統
(21) 兼 (22) 因 (23) 迷 (24) 励 (25) 難 (26) 包 (27) 逆
(28) 渇 (29) 慣 (30) 和 (31) 減 (32) 納 (33) 病 (34) 貧
(35) 冷 (36) 増